주식투자의 9할은
심리 싸움이다

Inside the Investor's Brain
The Power of Mind Over Money by Richard L. Peterson

Copyright © 2007 by Richard L. Peterson

Korean translation copyright © 2025 Smart Business Publishers Co.

All Rights Reserved. Authorised translation from the English language edition published by John Wiley & Sons Inc. Responsibility for the accuracy of the translation rests solely with Smart Business Publishers Co. and is not the responsibility of John Wiley & Sons, Inc.

No part of this book may be reproduced in any form without the written permission of the original copyright holder, John Wiley & Sons, Inc.

This translation published under license with the original publisher John Wiley & Sons Inc through Amo Agency, Seoul, Korea.

INSIDE THE INVESTOR'S BRAIN

주식투자의 9할은 심리 싸움이다

투자 심리로 해부한 '주식투자의 본성!'

리처드 L. 피터슨 지음 | 조성숙 옮김

Sb
smart business

─── • 머리말 • ───

인간의 뇌는
주식투자를 잘하게 설계되어 있지 않다!

이성적으로 투자해서 모두가 위대한 투자자가 될 수 있다면 시장의 거품이나 패닉, 가난, 중독, 부당한 탐욕도 생기지 않을 것이다. 하지만 이 세상 어떤 투자자도 이 문제와 무관할 수 없다.

생각하는 뇌는 1만 년 전부터 진화하기 시작했지만 감정을 처리하는 뇌는 여전히 가장 원시적인 속성을 유지하는 데다 반려동물과의 교감이 가능한 것도 그런 이유에서다. 이 둘은 항상 사이가 좋은 것은 아니기 때문이다.

금융시장이라는 거친 세상에서 이 두 개의 뇌를 적절히 관리하는 방법을 알아보는 것이, 이 책의 주제다. 우리는 금융시장에서 투자 결정을 내릴 때 대부분은 합리적인 과정을 따르기는 한다. 하지만 결정적인 순간에 그 합리적 과정이 번번이 붕괴되어 버린다.

개인투자자든, 포트폴리오 매니저든, 재무 전문가든, 트레이더든, 애널리스트든, 아니면 투자위원회의 일원이든, 아마도 시장을 뒤흔드는 강력한 투자 심리의 효과를 경험해보지 않은 사람은 없을 것이다.

이 책은 투자자를 위해 다음의 두 가지 질문에 대한 답을 제시한다.

① 심층적인 곳에서 투자 행동을 이끄는 '비이성적인' 힘은 무엇일까?
② 이런 힘들을 적절히 관리하려면 어떻게 해야 할까?

좋은 투자를 하려면 기본적인 재무 교육은 필수다. 이것은 가장 쉽게 해결할 수 있는 부분이다. 하지만 진정으로 훌륭한 투자를 하려면 '자기 자신을 관리하는 기술'을 배워야 한다. 이 기술은 책만 가지고는 배울 수 없다. 시장의 지형과 정신의 지형, 둘 모두를 이해해야 가능하다.

◆◆◆

이 책은 기본 지식을 갖춘 투자자개인투자자, 포트폴리오 매니저, 벤처투자자, 증권인수 담당자 등, 금융 애널리스트증권 애널리스트, 펀더멘털 애널리스트, 기술적 애널리스트, 트레이더를 대상으로 한다.

이 책을 통해 독자들은 재무적 의사결정에서 저지르기 쉬운 잠재의식적 실수, 바로 '편향'을 파악하는 방법을 배울 것이다. 심리적 편향을 불러일으키는 뇌의 기원을 이해하고, 편향이 발생하는 순간을 인식하는 방법을 익히며, 더 나아가 재무적 의사결정을 개선하기 위한 여러 기법을 터득하게 될 것이다.

그러나 단지 언제 실수하게 될지 안다고 해서, 그 실수를 온전히 막을 수 있는 것은 아니다. 편향은 두 가지 방법을 통해 익힐 수 있는데 본인이 직접 경험하든가, 타인의 사례를 연구하는 것이다.

경험하는 것이야 좋지만, 그 대신 값비싼 대가가 동반한다. 그래서 타인의 사례에서 적절한 교훈을 얻을 수 있도록 **이 책은 심리적 편향에 빠진 투자자들, 그런 편향을 극복한 투자자들, 그리고 위대한 투자자들의 의사결정 전략을 소개한다. 그리고 효과적인 의사결정에 도움이 되는 투자 환경을 만드는 방법도 소개한다.**

여기서 소개한 투자자들의 편향에 대한 연구 대부분은 행동재무학 분야의 연구를 바탕으로 하고 있다. 행동재무학을 연구하는 학자들은 이 분야를 개척하면서 체계적인 행동 편향을 숱하게 발견했다. 대다수 행동 편향은 뇌의 회로 깊숙한 곳에서 시작되기 때문에, 투자 결정에 자동적이며 무의식적으로 영향을 미친다.

신경과학, 행동재무학, 실제 시장 참가자들이 보여준 증거를 취합하면 더 넓은 관점에서 근본적인 문제를 바라보고 치료법을 찾아낼 수 있다.

◆◆◆

각 챕터의 첫머리는 인용문으로 시작한다. 어떤 인용문은 비극적이거나 희망적인 분위기를, 어떤 인용문은 상식에서 약간 어긋난 분위기를 풍긴다. 하지만 그 속에는 저마다 전달하려는 교훈이 담겨 있다.

본문에 나오는 투자자들의 일화는 그간 내가 만났던 사람들에게서 들은 이야기들을 각색한 것이다. 주위 누군가가 겪은 경험과 흡사하다고 해도 그건 우연의 일치일 뿐이다.

　모든 꼭지는 **① 특정한 잠재의식적 편향을 식별하고, ② 언제 사고와 분석이 투자 과정에 도움이 되거나 해를 끼치는지 파악하고, ③ 감정을 자각하는 능력을 개선하고, ④ 의사결정 과정을 향상시키는 방법을 익히기 위한 내용으로 이뤄져 있다.**

　다만 한 가지 주의할 점이 있다. 심리적 편향의 신경 기원을 강조하지만, 뇌와 투자 행동 사이의 직접적인 연관성에 대해서는 아직 입증된 부분이 부족하다는 사실을 유념해야 한다. 그럴지라도 나는 투자자들이 논지의 요점을 쉽게 파악하도록 돕기 위해, 각각의 개념 및 투자 행동과의 관계를 최대한 정확하면서도 단순하게 기술하려고 노력했다.

　감정과 동기, 인지 편향, 감정적 방어 기제들은 모두 잠재의식 속에 존재한다. 하지만 이런 성향들을 파악하게 되면 실제 투자에 활용할 수 있다. 감정들을 자각하고 자기 규율을 적용하는 방법을 익힌다면, 약점을 고치고 강점을 향상시키기 위한 행동을 취할 수 있다.

　저자로서 개인투자자들이 이 책에서 얻은 통찰력과 지식을, 일상의 투자 활동에서 유용하게 사용하기를 희망한다.

차례

| 머리말 | 인간의 뇌는 주식투자를 잘하게 설계되어 있지 않다!
| 들어가기 전 | 똑같이 반복되는 '탐욕과 공포'에 빠진 투자자들!

아이작 뉴턴과 '남해무역회사 거품 사건' | 마크 트웨인과 '은광 열풍'
헤지펀드 '롱텀 캐피털 매니지먼트의 몰락' | 행동재무학의 목표는 무엇인가?

PART I ◆ 비합리적인 시장과 투자 심리

Chapter 01 | 투자 심리를 지배하는 보이지 않는 손들 _ 24

왜 대부분의 투자자는 시장을 이기지 못하는가? | 애널리스트 VS 다트 게임 | 애널리스트의 예측 능력 | 집단 지성의 딜레마 | 날씨가 투자 결정에 영향을 미칠까? | 주가는 감정의 그림자다

Chapter 02 | 감정의 가격 ; 왜 기대에 배신당하고 믿음에 매달리는가 _ 41

감정적 투자자들의 인지 왜곡 | 기대치와 비교 기제 | 반사실적 비교의 함정 | 신념과 기대, 플라세보 효과 | 혹시 뉴스가 패닉의 원인은 아닐까? | 자기기만, 이성은 이미 늦었다 | 불편한 진실과 마주하는 용기

Chapter 03 | 직관은 어떻게 이익을 예감하는가 _ 64

분석과 직관, 당신은 어느 쪽인가? | 투자를 결정하는 본능적 직관 | 감은 무엇을 말하는가? | 생각하지 말고 직관에 귀 기울이기 | 감정 휴리스틱의 힘과 그림자 | 감성 지능이 리스크를 관리한다 | 투자를 조종하는 무의식의 신호들

PART II ◆ 감정이 투자에 미치는 영향

Chapter 04 | 감정의 덫 ; 투자자가 판단력을 잃는 순간들 _ 82

감정은 투자보다 먼저 움직인다 | 긍정적인 감정과 부정적인 감정의 차이 | 후회에 대한 두려움이 투자 실패를 부른다 | 슬픔은 사게 하고, 혐오는 팔게 한다 | 분노는 버티고, 두려움은 먼저 판다 | 투사 편향의 역설 | 감정이 의사결정의 지름길을 만든다

Chapter 05 | 탐욕의 신호 ; 어떻게 시장은 이것을 이용하는가 _ 104

왜 주가 조작에 반복해서 당하는가? | 누가 투자자의 비이성적 광기를 점화시키는가? | 주가 부풀리기의 해부도 | 탐욕, 인간의 기본 욕망 | 투자 배분 행동 전략(BIAS) 실험 | 리스크는 언제나 기회의 얼굴로 다가온다 | 구매 결정을 내리는 세 가지 신호 | 탐욕이 넘칠수록, 냉정함은 수익이 된다

Chapter 06 | 과잉 확신과 자만 ; 무너지는 투자자 _ 130

자만의 심리학 | 자신감을 넘어선 과잉 확신 | 정말 투자가가 상황을 통제하고 있을까? | 탐험정신의 신경화학적 특성 | 가장 무서운 리스크는 자만이다 | 투자에 필요한 좋은 자신감 | 실수에서 배우는 투자자의 조건

Chapter 07 | 패닉은 본능이고 대응은 기술이다 _ 149

공포는 전염되고, 기회는 그 끝에 있다 | '우려의 벽' 타고 오르기 | 두려움은 항상 앞서 나타난다 | 모든 것은 머릿속에 있다 | 투사 편향, 감정 이입의 함정 | 투자에서 얻는 교훈 | 리스크 속의 새로운 기회

Chapter 08 | 위대한 투자자는 어떤 사람들인가 _ 166

성공 투자는? 타고난 재능 vs 후천적 경험 | 성격을 결정짓는 5가지 요인 | 투자에 적합한 인성 | 신경증적 성향의 투자자 | 외향적이고, 경험 개방적이며, 성실한 투자자 | 투자와 인성의 상관관계 | 트레이딩의 심리학

Chapter 09 | 의사결정 ; 확률, 모호성, 신뢰의 문제 _ 187

수익이 아니라 감정에 베팅하는 사람들 | 잭팟의 함정 | 확률의 함정 | 생생한 상상의 힘 | 모호성 회피 심리, 가능성과 덫 | 지나치게 높은 가중치를 적용할 가능성 | 최후통첩 게임의 신경과학 | 뇌 속 호르몬, 금융 심리를 설계하다

PART III ◆ 돈을 생각할 때의 투자 심리

Chapter 10 | 프레임 ; 수익을 결정짓는 심리 메커니즘 _ 210

손실 회피의 역설, 이익은 팔고 손실은 버틴다 | 아버지와 아들의 주식 매매 | 프레임에 갇힌 투자자들 | 프레이밍의 리스크 | 손실 회피는 사람마다, 최근 사건마다, 제각기 다르다 | 성공적인 종목을 계속 보유하기 | 장기투자자들의 성공 비결

Chapter 11 | 손실 회피 ; 수익을 가로막는 심리 패턴 _ 230

팔지 못하고 주식에 집착하는 이유 | 손실 회피의 신경과학 | 주식 프리미엄 퍼즐 | 고의적인 풋옵션의 유혹 | 손실 회피를 어떻게 극복할까? | 확신보다 의심을 훈련하라 | 손실 회피 편향을 이기는 투자자들의 원칙

Chapter 12 | 쏠림 현상 ; 남들도 다 그렇게 한다 _ 248

남의 조언으로 주식 사면 망한다 | 쏠림은 본능, 수익은 선택 | 사회적 증명, 앞서간 사람들의 발자취 | 사회 비교, 타인의 성취가 나의 결핍이 되다 | 솔로몬 애쉬와 동조 현상 | 정보 캐스케이드 현상 | 좋은 옷, 빠른 차, 근사한 직함 | 애널리스트들의 권위 남용 | 추세를 거스르는 라이프 스타일

Chapter 13 | 차트 읽기의 심리학 ; 주식시장의 점성술 _ 274

인공신경망, 주식시장은 학습할 수 없다 | 데이터 마이닝과 자기기만 | 추세 VS 평균회귀 편향 | 차트를 믿는 순간, 확신이 된다 | 평균회귀의 함정 | 수차우 도박 실험 | 대재앙을 기다리는 사람들

Chapter 14 | 주의력과 기억력 ; 이름이 뭐였더라 _ 298

집중력 중독자, 스크린 앞에서 무너지다 | 과거의 수익률은 미래를 보장하지 않는다 | 좋은 기억 VS 나쁜 기억 | 사후 과잉 확신 편향, '그럴 줄 알았지' | 이름만 바꿨을 뿐인데, 주가가 오른다? | 이틀 만에 320배 오른 주식 | 뉴스에 부화뇌동하는 개인투자자들

PART IV ◆ 심리투자 실전편

Chapter 15 | 리스크 감수에 영향을 미치는 것들 _ 318

수익률을 거부하는 기억에 묶인 포트폴리오 | 투자 심리의 젠더 코드, 남성성과 여성성으로 작동한다 | 숫자를 믿는 남자, 신뢰를 따지는 여자 | 젊은 뇌는 베팅하고, 노년의 뇌는 분산한다 | 나이와 인지 능력의 상관관계 | 동양과 서양의 투자 심리

Chapter 16 | 성공 투자를 위한 투자자들의 단련법 _ 335

돈이 아니라 열정을 위해 투자하라 | 금전적 신호를 무의식에 새겨라 | 행복까지 지켜내는 투자 심리 | 신경 가소성과 투자 심리 훈련 | 약물로 조작된 수익은 반드시 무너진다 | 투자는 감정보다 자기 규율 | 투자 일지 기록하기

Chapter 17 | 행동재무학이 이끄는 새로운 투자 나침반 _ 352

리스크 프리미엄의 수확 | 리스크 프리미엄과 기대치 | 가치주 VS 글래머주 | 최적의 포트폴리오, 단기 모멘텀과 장기 인덱스의 균형 | 소문에 사고 뉴스에 판다 | 차익 거래의 한계, 알아도 못 사고 못 판다 | 행동재무학, 시장을 이기는 투자 전략

─── • 들어가기 전 • ───

똑같이 반복되는 '탐욕과 공포'에 빠진 투자자들!

이 책을 본격적으로 시작하기에 앞서, 널리 알려진 세 가지 금융 재난과 관련된 흥미로운 에피소드를 소개하고자 한다. 그 세 가지 사건은 다음과 같다. 아이작 뉴턴과 1720년의 남해무역회사 거품 사건, 마크 트웨인과 1860년대 은광 투기 열풍, 그리고 1990년대 말 헤지펀드 롱텀캐피털 매니지먼트의 몰락이다.

이러한 재난에서 우리가 배워야 할 점은 단지 회계 수치나 역사적 맥락에 그치지 않는다. 무엇보다 투자자들의 잘못된 의사결정 이면에 자리한 심리적 메커니즘에 주목할 필요가 있다.

다음의 사례들을 통해 그들의 성공과 자신감이 커지면서, 투자에 대한 의사결정도 어떻게 달라지는지도 유심히 살펴보기 바란다.

아이작 뉴턴과 '남해무역회사 거품 사건'

아이작 뉴턴은 명실상부하게 역사상 가장 영향력 있는 과학자 중 한 사람이다. 고전 물리학의 토대를 마련한 그는, 지상에서의 물체 운동뿐 아니라 천체의 움직임까지 수학적 법칙에 의해 지배된다는 사실을 입증했다. 광학과 음향에 관한 그의 연구 또한 수세기 동안 과학자들의 탐구에 기초가 되었다.

그러나 안타깝게도, 과학에선 천재였던 뉴턴도 투자에서는 그렇지 못했다. 오히려 당시 최대 규모의 금융 거품으로 기록된 사건에서, 그는 많은 재산을 잃었다.

그 역시 1700년대 초 영국 귀족들 사이에서 유행처럼 번진 남해무역회사 주식에 투자하고 있었다. 남해무역회사의 설립 목적은 두 가지였다. 첫째는 아메리카 대륙의 스페인령 식민지들과 영국의 무역을 독점하기 위함이었고, 둘째는 영국 정부가 매년 지급하는 비용을 장기 채권으로 전환하는 것이었다.

남해무역회사는 초기에 영국 정부에서 인가를 받아 고수익의 합법적인 독점 사업을 운영했다. 더욱이 사업을 확장하기 위해 영국 주식시장에서 자본을 조달하는 일에도 연달아 성공을 거뒀다. 그러나 성공이 이어지자 경쟁사들이 하나둘 등장했고, 남해무역회사의 독점권은 점차 위협받기 시작했다.

남해무역회사의 성공을 필두로, 여러 가지 투기성 짙은 모험사업을 제안하는 주식회사가 생겨났고, 그들은 주식을 매각해 돈을 불리기 시작했다. 머지않아 대중이 주식 거래에 열광하면서 주식 가격에 거품이 끼기 시작했다.

심지어는 사기성이 농후한 주식회사들마저 생겨나기 시작하자, 영국 의회는 1720년 6월에 정부의 인가를 받지 않은 주식회사들의 공모 행위를 금지하는 '거품 규제법'을 가결하기에 이르렀다.

거품 규제법이 가결된 이후에도 많은 회사들은 아랑곳하지 않고 사기성 사업을 위한 자본 조달을 계속 시도했다. 여전히 주식 공모는 이어졌고, 심지어 한 회사는 이렇게 광고하기도 했다.

"위대한 모험에 곧 착수할 예정입니다. 다만, 그 모험이 무엇인지는 아무도 모릅니다."

1720년 한여름에 뉴턴은 주식시장의 붕괴가 올지도 모른다고 예견하고서 7,000파운드의 차익을 남기고 남해무역회사의 주식을 처분했다. 그러나 주식을 매도한 뒤에도 주가가 계속 오르자, 뉴턴은 결정을 번복하고 더 높은 가격에 다시 매수했다. 하지만 오래 지나지 않아 주가는 급락하기 시작했고, 뉴턴은 주식을 팔지 않았다. 뒤이어 패닉이 발생했고, 결국 거품이 터졌다.

1720년 8월, 주식시장 붕괴로 인한 한바탕 소동이 가라앉은 후 뉴턴이 잃은 재산은 거의 2만 파운드가 넘었다 현재 우리 돈으로 환산하면 약 20억 원. 큰 재산을 잃은 뒤 그는 유명한 말을 남겼다.

"나는 천체의 운동은 계산할 수 있지만 인간의 광기는 계산할 수 없다."

더 높은 이익을 놓칠지도 모른다는 두려움과 탐욕 때문에 뉴턴은 결국 가격이 급등하는 주식을 샀던 것이다. 그리고 패닉이 불어닥치자, 그는 공포와 관성에 사로잡혀 아무것도 못하다가 재산 대부분을 잃고 말았다.

| 마크 트웨인과 '은광 열풍' |

미국의 저명한 작가, 마크 트웨인은 19세기 마지막 10년 동안 미국뿐만 아니라 해외에서도 이름만 대면 다 아는 유명인이었다. 그가 네바다 광산주 거품을 직접 경험하고 남긴 기록은 투기 광기에 휩쓸린 사람이 직접 쓴 최초의 그리고 아마도 가장 익살스러운 에세이 가운데 하나다.

남북전쟁 초기, 잠시 남부연합 의용군으로 참전했던 마크 트웨인은 곧 서부행 역마차 표를 끊었다. 형 오리온이 지사로 임명된 네바다 준주準州로 가기 위해서였다. 트웨인은 금과 은이 매장된 광산 지대, 버지니아 시티에서 기자로 일하기 시작했다.

그러던 어느 날, 부푼 꿈을 안고 황무지를 향해 떠나는 탐광꾼들을 부러움 가득한 시선으로 지켜보던 그는, 결국 자신도 은광 열풍에 휩쓸리고 말았다.

마크 트웨인은 두 명의 친구와 함께 은맥을 찾아 산속으로 들어갔다. 얼마 지나지 않아, 그들은 은이 다량 묻힌 광맥을 발견했고, '와일드 웨스트 은광'이라 이름 붙인 뒤 소유권을 신청했다. 소유권을 설정한 그날 밤, 세 사람은 들뜬 마음에 잠을 이루지 못한 채 일확천금의 꿈에 부풀어 있었다.

"어느 누군들 우리가 그날 밤 잠을 잘 수 있을 것이라고 생각할 수 있으랴. 친구와 나는 밤늦게 잠자리에 들었지만, 침대에 누워서도 말똥말똥 깬 채 이런저런 생각과 함께 공상하고 계획을 세웠다."

마크 트웨인의 기록에 따르면, 그와 두 동업자는 은맥을 발견하고 며칠 동안 잔뜩 흥분하고 혼란스러워하다가 소유권을 설정한 광산을 채굴하는 작업을 시작하지 못했다. 당시의 네바다주 법에 따르면 10일 안에 채광 작업을 시작하지 않으면, 광산 소유권 설정이 말소될 수도 있었다. 마크 트웨인과 친구들은 정신을 놓고 있다가 광산 소유권을 잃었고, 일확천금의 꿈도 잠시 미뤄둬야 했다.

하지만 마크 트웨인은 풍문과 새로운 기회에 주시했다. 풍부한 광맥을 찾은 일부 탐광꾼들은 채광 운영비를 마련하기 위해 뉴욕시에서 주식을 팔고 있었다. 1863년에 마크 트웨인은 은광 여러 군데의 주식을 사 모으는 한편, 생계비를 벌기 위해 가끔 기자로 일했다.

은광회사 주식에서 얻을 수 있는 이익을 극대화하기 위해, 마크 트웨인은 다음 두 가지 조건 중 하나가 충족되면 주식을 팔겠다고 마음먹었다. 첫째, 자신이 보유한 주식의 총 가치가 10만 달러에 도달하거나 둘째, 네바다가 투표를 통해 정식 주가 되는 경우었다. 그는 네바다가 주가 되면 정부의 규제가 강화되어 은광회사 주식의 장기 가치가 훼손될 것이라 판단했던 것이다.

1863년 은광회사 주식으로 상당한 차익을 실현한 마크 트웨인은 기자생활을 접었다. 그는 샌프란시스코로 여행을 가 상류사회의 생활을 만끽했다. 자신이 보유한 아홉 개 은광회사의 주가를 신문에서 확인하면서 자신도 이제 부자가 되었다고 생각했다.

"나는 최고급 호텔에서 지냈으며, 사람들이 많이 다니는 장소에 보란 듯이 옷차림을 뽐냈고, 오페라를 보러 다녔다. 나는 나비가 되기를 열망했고 마침내 나비가 되었다."

그러나 네바다가 정식 주가 된 후에도 마크 트웨인은 처음 계획을 무시하고 주식을 팔지 않았다. 어느 날 갑자기, 아무 예고도 없이 은광 주식에 대한 투기 열풍이 끝나 버렸고 마크 트웨인은 사실상 무일푼이 되었다. 그는 이렇게 말했다.

"나는 물 쓰듯이 돈을 펑펑 써대면서, 불운 따위는 나와는 상관없다고 생각한 쾌활한 멍청이였다. 하지만 이런저런 갚아야 할 돈을 다 갚고 나니, 지금 내가 가진 돈은 탈탈 털어도 50달러도 채 되지 않았다."

마크 트웨인은 생계를 유지하기 위해서 기자생활을 다시 시작했다. 그는 이후 오랫동안 근근이 생활을 이어 나갔다. 심지어 19세기 말에 그의 책과 순회강연이 큰 성공을 거둔 후에도, 계속된 그의 투자는 현명함과는 거리가 멀었다. 노년이 되어서도 마크 트웨인의 빚은 밝혀진 액수만도 엄청났으며, 가족을 먹여 살리기 위해서 그는 뼈빠지게 글을 써야 했다.

처음 마크 트웨인의 계획은 네바다가 정식 주로 승격하면 은광회사 주식을 판다는 것이었다. 그러나 주가가 급등하고 이익이 쌓이면서 주가가 떨어질 일은 절대로 없다고 믿게 되었다. 결국 그는 주식을 팔려던 계획을 접었고, 시장 펀더멘털을 예의 주시하는 행동도 중단했다. 그리고 결국에는 파산했다.

광산주 열풍에 휩쓸린 미국인은 결코 마크 트웨인이 처음도 아니고, 마지막도 아니었다. 수십 년 뒤 1900년대 초에 발행된 투자 전문 정기 간행물인 〈더 월드 워크〉에는 광산주에 대한 조언을 원하는 투자자들의 편지가 빗발치듯 쏟아졌다.

이 간행물은 투자자들에게 직설적인 답변을 해줬다.

"광산주 투자에는 감정이 지나치게 많이 작용합니다. 광산주 거래의 밑바탕에는 짧은 기간에 높은 이익을 얻으려는 탐욕과 우매함이 깔려 있습니다. 건전한 상식을 가진 현명한 투자자는 결코 그런 투자에 참여하지 않습니다."

| 헤지펀드 '롱텀 캐피털 매니지먼트의 몰락' |

1994년 2월, 당시 기준으로 역사상 가장 뛰어난 헤지펀드 중 하나로 평가받는 롱텀 캐피털 매니지먼트(이하 LTCM)가 문을 열었다. 운영은 극도로 비밀스럽고 폐쇄적이었지만, 월가와 학계에서 손꼽히는 인물들이 파트너로 대거 참여했다는 사실은 널리 알려져 있었다.

그 파트너들 가운데는 노벨 경제학상 수상자이자, 월스트리트와 학계 모두에서 명성을 떨친 마이런 S. 숄즈와 로버트 C. 머튼도 포함되어 있었다.

LTCM의 창립자는 존 메리웨더였다. 《라이어스 포커》의 저자이자, 메리웨더와 함께 1980년대 말 살로먼 브라더스의 채권 트레이딩 부서에서 근무했던 루이스는 메리웨더에 대해 이렇게 말한다.

"내가 보기에 LTCM의 창립자 존은 흔히 트레이더들을 파산시키는 두 가지 감정, '두려움과 탐욕'을 다스리는 데 탁월한 사람이었다. 그 덕분에 그는 겉으로는 고상해 보이면서도, 동시에 놀라울 만큼 집요하게 자신의 이익을 추구할 수 있었다."

메리웨더는 자신의 감정을 교묘히 숨길 줄 알았으며, 안팎에서 굉장히 똑똑한 사람이라고 인정받았다.

더욱이 메리웨더는 시장에 대한 의견을 내보일 때도 강한 자신감을 보였다. 시장이 그가 원하는 방향으로 움직인다 싶으면, 그는 베팅 규모를 늘렸다. 그는 수학 모델을 이용해 증권과 스프레드Spread의 적정 가치를 계산했다. 혹여 수학 모델이 적정 가격을 잘못 계산했을지라도 시장 가격이 언젠가는 적정 가치에 수렴할 것이라고 자신했다.

LTCM은 12억 5,000만 달러의 투자 자금을 모으면서, 당시까지 역사상 최대 규모의 헤지펀드로 시작했다. LTCM은 업계 평균통상적으로 순이익의 25%보다 높은 수수료를 책정했는데, 처음 4년 동안은 높은 수수료가 문제되지 않을 만큼 엄청난 고수익을 올렸다. 1994년 이 회사가 창립되었을 때 투자한 1달러는 1998년 4월에 수수료를 제외하고도 2.85달러로 늘어나 있었다.

LTCM에는 애석한 일이지만 꾸준한 고수익을 거두기에는 수학 천재들만으로는 부족했다. 다른 펀드 트레이더들도 LTCM의 전략을 모방하고 트레이드를 따라 하면서, LTCM의 수익성이 떨어지기 시작했다. LTCM의 수학자들은 자신들의 계량 모델을 적용할 새로운 시장을 탐색

했다. 그들은 새롭게 찾아낸 시장도 그전에 참가했던 시장과 같은 방식으로 움직일 것이라고 생각했다.

시간이 지날수록 LTCM은 점점 탐욕스러워졌고, 과도한 위험을 감수했으며, 스프레드 거래결제일이나 시장이 다른 두 개 이상의 선물계약에 서로 반대 방향으로 매매하는 투기 행위도 지나치게 벌어지기 시작했다. 창립 파트너들은 펀드 이익을 부풀리기 위해 투자자들이 맡긴 돈에 비례해 대단히 많은 레버리지차입금를 끌어다 썼다.

1998년 4월 이후, LTCM의 수익률 하락에 가속도가 붙었다. 1998년 4월부터 1998년 9월까지 5개월 동안 LTCM은 자산의 90%를 잃었으며, 자사가 보유한 1.3조 달러어치 포지션에 필요한 마진콜Margin call, 추가 증거금 납입 요건도 맞출 수가 없었다.

월스트리트의 대형 은행들 대다수가 LTCM에 저리로 증권을 빌려주고 있었고, 이제 일부 은행들은 이미 가치가 폭락한 LTCM의 포지션을 청산해서 '뱅크런대규모 인출 사태' 사태가 빚어진다면 돌이킬 수 없는 손실이 날 수도 있는 급박한 상황이었다.

LTCM 사태가 터지고 다섯 달 뒤, 1994년 펀드 초창기에 투자했던 1달러의 가치는 0.23달러로 줄어들었고 LTCM의 몰락으로 글로벌 금융 시스템 전체가 붕괴되기 직전까지 이르렀다. LTCM의 붕괴를 재무적으로 따지면 비유동 포지션에 대한 과도한 레버리지가 원인이었다. 그렇다면 레버리지를 그렇게 과도하게 끌어다 쓴 이유가 뭘까?

LTCM에 대한 언론 보도에 따르면, 이 헤지펀드가 급속히 몰락한 근본 이유는 심리적인 것이었다. **여러 해 동안 이어진 성공과 탐욕, 자만과**

교만으로 파트너들은 의사결정 능력이 오염되었고 소통 능력을 잃었다. 투자운용 사업에서 수학의 천재들은 단기적으로는 높은 성과를 거둘 수 있을지 모르겠지만, 수학 실력이 감성 지능을 대신하지는 못한다.

| 행동재무학의 목표는 무엇인가? |

시장의 광기가 벌어지는 대상은 변할지라도 투기꾼들의 심리는 수백 년 동안 놀라울 정도로 변한 것이 없다. 수학의 천재는 물론 노벨상 수상자, 천재 과학자, 저명한 소설가도 투자의 실패에서는 예외가 아니다. 이 책에서 계속 보겠지만, 단기적인 성공과 주위의 찬사가 실제로 성공 투자의 걸림돌로 작용한다.

앞에서 살펴본 세 가지 사건 모두 경고 신호가 분명했다. 하지만 투자자들은 자기 생각을 과잉 확신한 나머지 리스크를 무시하고, 신중한 자산운용을 하지 않고, 주의를 소홀히 했다. 그리고는 주식 가치가 증발하면서 손실이 나는 상황을 속수무책으로 바라보는 수밖에 없었다.

자신의 분야에서 아무리 성공을 거뒀을지라도 대다수 투자자는 시장보다 낮은 수익률을 거두며, 그 이유는 앞의 사례와 대동소이하다. **돈이 걸린 문제에서는 감정이 이성을 쉽사리 압도한다.**

시황이 좋을 때면 투자자들은 상승장을 당연하게 여기면서 리스크를 전혀 준비하지 않는다. 시장 상황이 돌변해 침체기가 되어도 투자자들은 여전히 정신을 차리지 못하면서 보유한 주식을 꽁꽁 붙들고 놓지 않는다. 그들은 현실 직시를 거부하면서, 언젠가는 강세장이 돌아올 것이라고 희망한다.

최근 들어 신경과학 연구소들은 투자자의 행동을 조사하는 새롭고 혁명적인 도구들을 선보이고 있다. 이 새로운 도구를 통해 과학자들은 뇌 기능의 변화를 실시간으로 관찰하면서, 투자자들의 의사결정 과정을 제대로 이해할 수 있게 되었다.

뇌에 대한 과학자들의 이해가 깊어지면서, 인간이 돈과 관련된 문제에서 어떻게 올바른 의사결정이나 잘못된 의사결정을 내리게 되는지 몇 가지 매력적이고 중요한 결과들을 도출해냈다.

'행동재무학'은 투자자의 행동과 재무 활동 간의 상관관계를 접목시킨 새로운 학문이다. 행동재무학의 핵심 주제는 두 가지다.

① 시장의 비합리적인 행태를 체계적으로 이용할 수 있을까?
② 투자자는 어떻게 하면 비합리적인 결정을 피할 수 있을까?

재무·심리·경제·신경과학 분야의 연구자들이 서로 협력해 공통의 문제를, 이를테면 인간이 왜 그리고 어떻게 해서 최적의 재무적 의사결정을 내리지 못하는지를 탐구한다. 더 나아가 심리학자, 정신과 의사, 신경과 전문의들은 최근 연구를 바탕으로 치료 기법을 적용해 일부 '심리적' 편향을 고칠 수 있다는 사실도 밝혀냈다.

PART I

비합리적인 시장과 투자 심리

Chapter 01
투자 심리를 지배하는 보이지 않는 손들

"시장이 항상 효율적이라면 나는 동냥 그릇을 들고 거리에서 구걸이나 하는 신세가 되었을지도 모른다." – 워런 버핏

금융시장에서는 매일 수조 달러의 돈이 오가지만 적극적 투자자 대부분은 자신만의 경쟁 우위를 찾아내지 못한다. 그들은 올바른 투자 결정을 방해하는 심리적 편향에 쉽게 사로잡히고 손실을 초래한다.

인터넷시대 데이트레이더들의 불운은 그 단적인 사례다. 이들은 대개 매일의 작은 가격 변동과 추세 속에서 수익을 얻고자 하지만, 대부분 금융 교육을 받지 않았거나 투자 경험이 부족한 비전문가들이다. 그들 중에는 높은 수익을 올리고픈 마음으로 데이트레이딩에 뛰어든 경우가 많다.

1998년 북미증권관리인협회NASAA의 후원을 받아 26명의 데이트레이딩 계좌를 임의로 선택해 분석하는 연구가 진행됐다. 1998년은 S&P 500 지수가 26%나 상승했으므로, 상식적으로 생각하면 데이트레이딩

실적도 좋아야 했다. 그러나 보고서의 결론은 비관적이었다.

"26개 데이트레이딩 계좌 중 18개 계좌70%가 돈을 잃었다. 더 중요한 점은 이들 18개 계좌의 거래 방식으로 보건대, 파산 확률이 하나같이 100%였다."

파산 확률은 자산 가치 변동에 기반해, 해당 계좌가 다음 해에 파산할 가능성을 계산하는 통계적 추정치다. 해당 보고서는 '26개의 계좌 중에서 단 3개의 계좌만이표집의 11.5% 단기 트레이딩으로 수익을 낼 능력이 있음을 입증했다'고 지적했다. 보고서의 주장에 따르면, 대다수 트레이더가 이익을 줄이는 행동을 하고 손실은 커지도록 방치하면서 '확실하게 파산으로 나아가고' 있었다.

1990년대 후반에 돈을 잃은 투자자는 미국의 데이트레이더들만이 아니었다. 타이베이 증권거래소에서 거래하는 타이완의 데이트레이더들을 분석한 결과에 따르면, 그들 중 대다수가 버는 수익은 거래 비용을 충당하기에도 모자랐다.

"일반적으로 6개월 단위로 봤을 때, 10명의 데이트레이더 중 8명 이상이 손실을 봤다."

단기 외환 트레이더들도 꾸준히 돈을 잃는 것은 주식 데이트레이더들과 매한가지였다. 포렉스 캐피털 마켓FXCM은 미국 최대 소매 외환 거래시장 중 하나다. 포렉스의 CEO인 드류 니브는 〈월스트리트 저널〉과의 인터뷰에서 이렇게 말했다.

"환차익을 거두는 외환 데이트레이더가 15%만 되어도 매우 놀랄 일이다."

단기트레이딩은 평균적으로는 돈을 잃는 편이지만, 미국과 타이완 모두 일부 데이트레이더들은 꾸준한 수익을 냈다. 타이완의 트레이더들 중에서도 과거의 실적이 높은 트레이더들은 계속해서 높은 수익률을 올린다. 그들이 매입하는 주식은 매도하는 주식보다 하루에 0.62% 더 높은 수익을 낸다. 하루에 말이다.

대다수 데이트레이더는 이 소수의 성공적인 집단에 합류하기를 열망한다. 하지만 잘못된 의사결정이 그들의 길을 가로막는다. 데이트레이더 대부분이 빈약한 실적을 거둘 수밖에 없는 근본 원인이 뭘까?

왜 대부분의 투자자는 시장을 이기지 못하는가?

연구자들은 대형 증권사에 계좌를 가진 투자자들의 일별 매매 기록과 월별 보유 포지션을 분석했다. 또한 200만 건 이상의 보통주 매매를 포함해 66,465계좌의 10년 동안 매매 기록도 검토했다.

연구자들은 주식 포트폴리오의 회전율을 기준으로 계좌를 다섯 개 집단으로 나눴다. 가장 적극적인 매매를 하는 20%의 투자자들은 매매 빈도가 평균인 계좌보다 연 순수익률이 7.7% 낮았다. 이런 연구 결과를 감안할 때 과도한 포트폴리오 회전율과 이에 부수되는 거래 비용이, 수익을 방해하는 중요한 원인인 것으로 풀이된다.

지나치게 빈번한 매매뿐만이 아니라, 매매 종목을 잘못 선택해도 수익을 악화하기는 마찬가지다. 개인투자자의 수익이 저조한 이유는 심리적 편향이 합리적인 투자 결정을 방해하기 때문이다.

또 다른 연구에서 연구자들은 1만 개 계좌의 6년 동안 매매 기록과 함께 162,000건의 보통주 매매도 분석했다. 그들은 손절하지 않고 주식을 계속 보유하는 것과 성공적인 주식 매도의 수익률을 비교했다. 계속 보유하고 있던 주식은 손절한 주식보다 수익률이 평균 3.2% 낮았다. **대다수 투자자는 이기는 주식은 너무 일찍 팔고, 지는 주식은 너무 오랫동안 보유했다.**

뱅가드 창립자 존 보글은 뮤추얼펀드의 수익률을 광범위하게 분석했다. 그 결과 1983년부터 2003년까지 증시는 연평균 13% 상승했다. 하지만 같은 기간 뮤추얼펀드는 10%, 그리고 뮤추얼펀드 투자자들은 6.3%의 수익률에 그친 것으로 나타났다. 다른 연구에서는 뮤추얼펀드 투자자들의 수익률이 인플레이션을 따라잡지 못한다는 사실을 여실히 드러냈다.

심리적 편향이 뮤추얼펀드 매니저들의 올바른 투자 결정을 방해한다. 1975년부터 1994년까지 뮤추얼펀드들이 거둔 순수익률을 분석한 연구 보고서에 따르면, 뮤추얼펀드 수익률은 전반적인 시장 지수보다 연평균 1% 낮았다. 뮤추얼펀드의 저조한 수익률은 펀드 매니저들의 지나치게 빈번한 매매 때문이다. 더욱이 뮤추얼펀드의 운용 수수료가 높을수록 수익률이 낮았다.

이것만 보면 뮤추얼펀드는 기본 가정이 수익보다 손실에 있다고 해도 과언이 아니다. 투자자 개인은 빈번한 매매를 억제할 수 있을지라도, 그 투자자의 돈을 굴리는 뮤추얼펀드 매니저는 자신을 억제하기가 힘들 수도 있다.

대부분의 뮤추얼펀드는 벤치마크보다 장기적으로 수익률이 저조하지만, 그래도 그중 3~4%는 매년 꾸준하게 고수익을 달성한다. 이런 스타펀드들이 거두는 꾸준한 성공은 극소수의 포트폴리오 매니저들이 투자에 적합한 '올바른 자질'을 갖추고 있음을 보여준다. 이들 스타펀드 매니저들의 심리 특성은 Chapter 8 〈위대한 투자자는 어떤 사람들인가〉에서 자세히 다룰 것이다.

평균적으로 뮤추얼펀드 매니저와 개인투자자 모두 심리적 편향으로 인해 시장 지수보다 상당히 저조한 수익률을 보인다. **지나치게 잦은 매매와 거기에 따르는 거래 비용은 저조한 수익의 원인이 된다. 거기에 더해 손실을 본 주식을 너무 오랫동안 보유하고, 처음에 마련한 리스크 관리 계획을 유지하지 못하는 행동 역시 앞서 나온 뉴턴, 마크 트웨인, LTCM의 투자 실패에 숨겨진 원인이다.**

하지만 모든 투자자가 심리적 편향 때문에 투자에 실패하는 것은 아니다. 경험이 쌓일수록 심리적 편향의 지배력이 줄어들어서혹은 심리적 편향을 이겨내려는 심리가 더 힘을 받고, 그 결과로 수익률이 높아진다. 더욱이 직접 돈과 관련된 결정을 내려야 하는 게 아니라면 편향에 좌우될 소지도 줄어든다.

최고의 실적을 기록하는 금융 전문가 중에서 일부는 직접 매매 결정을 내릴 필요가 없는 사람들도 있는데, 바로 주식 애널리스트들이다.

애널리스트 VS 다트 게임

뮤추얼펀드 매니저와 개인투자자는 시장수익을 따라잡기도 버거운 형편이지만, 주식 애널리스트의 매매 추천 종목은 대체로 꽤 정확한 편이다. 1967년 노벨경제학상 수상자인 폴 새뮤얼슨은 미 상원위원회에서 이렇게 말했다.

"일반적으로 뮤추얼펀드에 투자한 고객들이 다트판에 다트를 던져서 맞힐 수 없는 것은 뮤추얼펀드도 맞히지 못한다."

새뮤얼슨의 주장은 신문 주가시세표에 다트를 던져 무작위로 선택된 종목과 전문 애널리스트들이 선택한 종목 간의 수익률 경쟁을 촉발했다. 여러 대형 경제전문지가 이런 경합에 참여했는데, 개중 스웨덴의 한 신문사는 침팬지에게 다트를 던지는 훈련을 시키기도 했다. 가장 유명한 경합은 〈월스트리트 저널〉이 1982년부터 2002년까지 진행한 수익률 경쟁이었다.

〈월스트리트 저널〉이 142개월 동안 진행한 수익률 시합에서, 전문가들은 반기 평균 10.2%의 수익률을 거두며 다트 던지기의 실적을 크게 앞질렀다. 다트 던지기의 반기 평균수익률은 3.5%였고, 다우존스는 평균 5.6% 상승했다. 이런 점에서 주식 애널리스트늘의 추천 송복을 부자자들이 상당히 유념해서 들을 필요가 있다고 볼 수 있다.

하지만 전문가 추천은 투자자들이 시장을 이기는 용도로 활용되지 못했다. 애널리스트가 어떤 종목을 추천하면, 그 종목은 장이 시작되자마자 선날 종가보다 평균 4% 올랐다. 애널리스트가 가진 전문 지식의 이점은 매수 추천이 공표되는 즉시 사라져 버렸다.

일반적으로 주식 애널리스트가 강력 매수를 추천한 종목은 강력 매도 추천 종목보다 거의 연평균 9% 높은 수익률을 달성한다. 하지만 매번 애널리스트의 충고대로 투자하면, 빈번한 주식 갈아타기와 이에 따른 높은 거래 비용이 발생한다. 그렇기 때문에 전문가 추천을 따르는 전략으로 초과수익을 얻는다고 해도 시장수익을 월등히 앞지르지는 못한다.

애널리스트의 예측은 주가에 재빨리 반영된다. 그래서 그들이 걸핏하면 바꿔서 내놓는 의견에 따라 거래하면, 높은 거래 비용으로 인해 일반투자자들은 높은 수익률을 올리기가 힘들다.

많은 펀드가 전문 애널리스트를 고용해 그들의 투자 의견을 신속하게 접하고, 일부 헤지펀드는 대형 증권사에 근무하는 최고 애널리스트들로부터 '최우선 순위로' 투자 의견을 들을 권리를 얻기 위해, 그들에게 높은 트레이딩 수수료를 지급하기도 한다. 헤지펀드에서 받는 수수료가 훨씬 높기 때문에, 대다수의 실력 있는 애널리스트는 헤지펀드에 근무하면서 자신들의 투자 의견을 극소수에게만 비밀스럽게 알려준다. 이런 상황은 개인투자자에게 어떤 의미를 지닐까?

결국 **남들보다 우위에 서려면 자기 스스로 주식을 분석하는 법을 배우는 수밖에 다른 방법이 없다.** 그리고 그 목표를 달성하기 위한 첫걸음은 애널리스트들이 어떻게 사고하는지를 알아내는 것이다.

애널리스트의 예측 능력

애널리스트가 일반투자자보다 주가 예측을 잘하는 이유는 주가 움직임을 예상하는 능력이 더 뛰어나기 때문이다. 러스 풀러는 뮤추얼펀드인 풀러앤탈러 에셋 매니지먼트의 포트폴리오 매니저다. 풀러는 "시장보다 뛰어난 예상 능력을 기르는 것이 모든 알파수익의 어머니다."고 밝힌 바 있다.

알파란 포트폴리오 매니저가 벤치마크를 상회해서 거둔 수익률을 의미한다. 대개는 펀드가 매수하는 종목과 비슷한 규모, 성장, 가치 등을 지닌 주식들의 지수를 벤치마크로 삼는다. 그렇다면 투자자가 예상 능력을 길러 알파를 증가시키려면 어떻게 해야 할까?

풀러의 설명에 따르면, 투자자들은 세 가지 장점 가운데 하나를 발전시키면 된다.

① **기업 펀더멘털이나 시장에 대해 남들보다 우수한 비공개 정보를 얻을 수 있어야 한다.** 그런 정보는 리서치 과정을 개선해 기업의 성장 전망, 실적 분석, 제품의 생명력, 경영진을 면밀히 검사해 확보할 수 있다.

② **정보 처리 과정을 개선하는 것이다.** 컴퓨터로 행해지는 계량 정보 처리 과정을 바탕으로 펀더멘털과 재무 데이터 안에서 수학적인 예측 관계를 찾아낼 수 있다. 또한 일부 전문 애널리스트들은 기업이 발표한 데이터를 가지고 예측 가능한 관계를 파악하기도 한다.

③ **투자자의 행동 편향을 이해하는 것이다.** 부를 극대화하지 못하는 투자자, 정신적으로 총체적 실수를 저지르는 투자자들은 특정한 행동

편향을 보인다. 행동 편향이 주가에 미치는 영향을 찾아내려면 심리학적 지식이 필요하지만, 그럴 만한 가치는 충분하다. 풀러앤탈러 에셋 매니지먼트의 포트폴리오는 창사 이후 거의 연평균 4%의 알파수익률을 거뒀다. 이 회사를 모방해 여러 '행동재무학' 펀드가 우후죽순처럼 생길 정도로 좋은 실적이었다.

이 책은 예측 능력을 발전시키는 데 도움이 되는 기법들을 설명한다. 무엇보다도 분석과 모델링의 실수를 식별하고 없애는 데 도움을 주려 한다. Chapter 6 〈과잉 확신과 자만 ; 무너지는 투자자〉에서 설명하는 과잉 확신을 비롯해, 기업 경영진의 심리적 편향에 대한 논의는 펀더멘털 애널리스트들에게도 도움이 될 것이다. Chapter 15 〈리스크 감수에 영향을 미치는 것들〉에 나오는 데이터 해석의 실수 자기기만는 계량 및 기술 분석 애널리스트들에게 도움이 된다.

이 책에서는 행동 편향에 대한 내용이 주를 이룬다. 투자 전략에 행동 편향을 적절히 활용하려면 독자는 행동 편향이 언제 그리고 어디서 투자자 대다수에게 영향을 미치고, 시장의 가격 패턴에 반영되는지를 알아내야 한다.

집단 지성의 딜레마

마이클 모부신은 레그 메이슨 캐피털 매니지먼트의 최고 투자 전략가며, 컬럼비아 비즈니스스쿨의 재무학 교수다. 또한 복잡 적응계 이론과 행동재무학을 투자 철학에 접목한 석학이기도 하다. 그는 자신의 투자 철학을 구성하는 한 부분을 일컬어 '집단 지성'이라고 부른다.

모부신은 '개인투자자는 물론 전문투자자도 합의된 시장 가격 이상으로 정확하게 주식의 가치 평가를 추정하지는 못한다'고 주장하는 문헌들을 수없이 접했다.

항아리에 담긴 사탕의 숫자, 거세한 수소의 정확한 무게, 또는 폭탄의 위치를 알아내는 등의 질문을 받았을 때 개개인은 물론 전문가도 추정한 답은 실제와 다를 수 있다. 이런 개개인들의 추측을 합산해서 평균을 낸 추정치야말로 가장 신뢰할 수 있으며 정답에 가까울 수 있다. 여러 가지 점에서 주식시장은 경제의 미래에 대한 집단의 추정치를 반영하는 셈이다.

모부신의 설명에 따르면 시장에 참여하는 인간은 합리적 대리인이 아니고, 안정적으로 유지되는 시장 가격의 균형은 존재하지 않으며, 가격 변화는 정규분포를 따르지 않는다는 점에서 주식시장은 복잡 적응계다.

복잡계 가정에 따르면 현실 세계를 다음과 같이 설명할 수 있다. 시장은 합리적 사고가 제한된 대리인들로 구성되어 있으며개인은 심리 상태에 다소 좌우되는 편이다, 불균형 상태며심지어 새로운 정보가 없을 때도 가격이 불안정하다, 가격의 변화 분포는 '꼬리가 두터운' 현상을 보인다큰 폭의 가격 변동이 기대보다도 훨씬 자주 발생한다.

모부신이 지적하듯이 주식시장에는 정해진 결과가 없으며, 정해진 시한도 없다. **금융시장의 가격은 참가자들에게 미래에 대한 '정보를 주는'**

동시에 그들의 '심리에도 영향을' 미친다.

투자자들이 다른 투자자를 모방하거나 동일한 '정보 캐스케이드 Information cascades, 정보의 홍수로 원하는 정보를 찾거나 결정을 내리기가 어려울 때 개인들이 다른 사람의 결정을 참고해서 자신의 의사를 결정하는 현상'에 의존할 때 다양성 즉, 효율성이 사라진다. 정보 캐스케이드로 인해 시장 참가자들은 똑같은 신호를 바탕으로, 다른 참가자들도 비슷한 결정을 내릴 것이라고 생각하지 못한 채 동일한 결정을 내리게 된다.

모부신의 의견을 통해 여러 결론을 내릴 수 있다. 시장에서 우위를 찾으려면 투자자는 '다양성의 실패' 지점을 찾아야 한다. 다양성 실패가 발생하면 투자 집단 전체가 새로운 정보에 과도하게 반응하거나 아예 반응하지 않는다. 비록 언젠가는 가격이 제자리를 찾을지라도 다양성이 고장 나는 순간만큼은 가격이 잘못 결정된다. 주가가 엉뚱하게 매겨질 때, 또는 가격이 무너질 때도 투자 이익을 거둘 수 있다.

연구자들이 시장을 연구하는 기간 동안 획일적인 매매를 일으키는 뇌의 활동 패턴이 무엇인지를 찾아낸다면, 다양성 실패를 일으키는 뇌의 메커니즘이 무엇인지도 알아낼 수 있을 것이다.

모부신은 이렇게도 말한다.

"결국 투자자가 비합리적인지가 아니라, 그들이 똑같은 시기에 똑같은 방식으로 비합리적으로 구는지가 문제다. 개인의 행동 오류를 이해하면 투자자 본인의 투자 결정 능력을 향상하는 데 도움이 될 수 있지만, 그럴지라도 집단의 행동 역학을 제대로 이해하는 것이야말로 시장을 상회하는 수익을 거두는 열쇠다."

금융시장에서의 다양성 실패는 드물기는커녕 오히려 거의 매일 발생한다. 우리 인간은 공통의 생물학적 기관을 가진 존재기 때문에, 환경의 영향도 같이 받는다. 집단의 생각을 뒤흔드는 환경적 요인은 뉴스 보도처럼 확연하게 드러나는 것일 수도 있고, 보이지 않는 정신적인 인지일 수도 있다.

자연의 주기_{일조량의 변화 등}와 기상 조건_{운량과 자기 폭풍 등}도 집단의 분위기와 행동에 영향을 미친다. 이런 집단 차원의 감정과 생각의 변화가 시장 가격의 움직임에도 영향을 미치는 것이 입증되었다.

날씨가 투자 결정에 영향을 미칠까?

달력과 기상 조건은 놀랍게도 주가에 대단히 큰 영향을 미칠 뿐만이 아니라 더불어 전적으로 의식 아래에서 작용한다. **투자 행동에 영향을 미치는 단기적인 자연 현상은 크게 일조량, 운량**_{雲量}**, 수면 패턴의 붕괴, 폭염이나 혹한 같은 극단적 기온 변화, 달의 주기, 전자기 폭풍, 바람의 세기라는 여섯 가지로 나눠진다.** 투자자의 행동에 영향을 미치는 장기적인 생물학적 영향은 계절 변화에 따른 점진적인 햇빛의 증감을 들 수 있다.

오하이오 주립 대학교 허슬라이퍼 교수는 아침의 햇빛과 주식수익률 사이에 상관관계가 있다는 사실을 발견했다. 허슬라이퍼는 1982년부터 1997년까지 세계 26개 증시의 주가 지수를 분석했다. 그는 해당 국가의 최대 증권거래소가 있는 도시의 일조량과 운량도 검토했다.

"뉴욕의 경우 구름 한 점 없이 맑은 날 연평균 명목수익률이 약 24.8%인 반면에, 온종일 흐린 날의 연평균 명목수익률은 8.7%다."

허슬라이퍼는 증거를 인용해 햇빛이 투자자들의 기분을 고무시킨다고 말한다. 투자자들은 기분이 고양되면 리스크를 회피하는 성향이 줄고, 주식을 조금 더 적극적으로 매수한다.

캠스트라, 크레이머, 레비가 공동 발표한 연구 결과에 따르면 주식수익률과 계절 사이에는 상관관계가 높다. 이들은 추분_{한국 기준 9월 23일}과 춘분_{한국 기준 3월 20일} 사이 6개월 동안은 북반구의 주식시장 수익률을 분석하고, 남은 6개월 춘분부터 추분까지는 남반구의 수익률을 검토했다. 그 결과 주식시장이 전반적으로는 여름에 수익률이 저조하고, 겨울에는 상대적으로 실적이 높다는 사실을 알아냈다.

한 예로 오스트레일리아의 시드니_{북반구가 겨울일 때 일조량이 가장 높은 남반구의 주요 증시}와 스웨덴의 스톡홀름_{북반구가 여름일 때 일조량이 가장 높은 북반구의 주요 증시}에 똑같이 50%씩 투자한 포트폴리오의 수익률을 언급한다. 1982~2001년까지 동일한 가중치를 지닌 이 포트폴리오의 연수익률은 13.1%였다. 똑같이 50%씩 나누지 않고 일조량이 적은 반구에 투자했다면, 다시 말해 9월 추분부터 3월 춘분까지는 스톡홀름 증시에 전부 투자하고 3월부터 9월까지는 시드니에 전부 투자했다면, 연 21.1%의 수익률을 거뒀을 것이다._{반대 전략을 취할 경우의 수익률은 5.2%였다.}

이들은 계절성 우울증과 같은 생물학적 작용과 관련이 있는 감정 변화가 리스크 선호도를 바꾸고, 나아가 투자 집단 전체의 행동을 바꾼다는 가설을 세웠다.

그러나 괴츠먼의 2002년 논문은 1991~1996년 동안 투자자 79,995명의 거래 계좌를 분석한 결과, 개인투자자들의 매매 활동이 일조량이나 운량에 따라 달라지지는 않는다는 사실을 발견했다. 반면에 시장 조성자Market maker의 행동은 운량에 크게 영향을 받았다. 매매 가격 차이가 흐린 날 더 커진다는 가정은 시장 조성자들의 리스크 회피도를 반영하고 있었다.

다른 학자들 역시 시카고의 아침 운량과 풍속이 오후에 매매 가격 차이가 벌어지는 것과 상관이 있음을 알아냈다. 거래소가 소재한 도시의 날씨는 시장 조성자의 행동에 영향을 미치지만, 다른 도시에 거주하면서 거래소에 주문을 넣는 투자자들에게는 영향을 미치지 못한 것이다.

햇빛이 투자자의 기분과 매매 행동에 영향을 준다는 가설도 일리가 있지만, 훨씬 특별한 상관관계를 가지는 자연 현상이 있다는 것이 발견되었다. 학계 연구에 따르면, 태양 표면이 폭발해 거대한 지자기폭풍이 발생하면 이후 엿새 동안 전 세계 주식시장 수익률이 뚝 떨어졌다. 흥미롭게도 심리학 문헌이 입증하는 바에 따르면, 지자기폭풍과 이후 2주 동안의 우울증 인구 규모 사이에 상관관계가 있음을 보여주고 있다. 우울증이라는 정서 장애가 발생하면 일부이긴 해도 리스크 회피라는 특징을 동반하기도 한다.

일조량과 지자기폭풍 외에도 학자들은 부족한 수면이 평균 이하의 수익률을 거두는 한 가지 원인임을 알아냈다. 서머타임이 수면 장애시차

증를 불러일으키는 대표적인 원인이 되기도 한다. 캠스트라, 크레이머, 레비의 연구에 따르면 서머타임이 시행되면서 시계가 변경되는 주말, 다시 말해 금요일 장 마감부터 월요일 개장까지의 주말 동안 주식수익률은 평균 이하로 떨어진다 평상시보다 하락폭이 2~5배 정도 크다.

이들은 수면 장애에 이어 판단력 저하까지 발생해 이처럼 저조한 실적이 발생한다는 가설을 세웠다. 논문의 가설을 확대하면 주말의 시차증은 월요일의 주가 상승폭이 다른 요일보다 현저히 낮은, 이른바 '월요일 효과'가 발생하는 원인이라고 풀이할 수도 있다.

다른 환경 변수들도 투자자에게 영향을 미친다. 카오와 웨이의 연구 결과에 의하면 국내 최대 증권거래소가 있는 도시의 이상 기온은 주가에 영향을 미친다. 논문의 저자들은 심리학 연구를 인용해 기온이 예년보다 낮을 때는 물리적 활동량이 증가하는 반면, 이상 고온이 발생하면 무관심과 호전성이 높아진다는 것을 보여줬다.

유안, 젱, 주는 달의 주기가 세계 증시에 미치는 영향을 발견했다. 이들은 48개 나라에서 보름 전후의 날들보다는 그믐날 전후로 해서 주식시장 수익률이 더 높았다고 말한다. 그믐날 전후의 수익률이 보름일 때보다 연평균 6.6% 정도 더 높았다. 실제로 보름달 빛이 밤에도 깨어 있는 야간 각성을 일으키고 수면 장애를 불러와, 결국 다음 날 리스크 회피 증상을 유발한다는 것이다.

이런 자연 현상에 따른 시장의 이상 행동은 자연계가 투자자의 집단행동과 시장 가격에 영향을 미친다는 이야기에 설득력을 더해준다. **계절과 기상 요인이 집단의 정서를 변화시켜** 그 결과로 리스트 선호도까지 변화시켜

비정상적인 시장 가격의 움직임을 불러오는 원인이 될 수도 있다.

　위와 같은 연구 결과들은 시장의 예측 가능한 변동성에는 투자자들의 심리 상태도 일부 바탕에 깔려 있음을 의미한다. 예측 가능하고 유의미한 변동성일지라도 자연 현상에 따른 시장 패턴이, 집단 행동의 무의식적 변화에서 기인할 수 있음을 알아야 한다.

주가는 감정의 그림자다

　투자자의 감정 상태를 통해 시장 가격의 변화를 예측할 수 있다면, 시장 가격을 예상하기에 앞서 투자자들의 감정 상태를 측정하는 방법도 존재하지 않을까?

　물론 앞서 예로 든 논문의 저자들이 분석한 일조량이나 지자기폭풍 같은 환경 요인들은, 이미 인간의 행동과 기분에 영향을 미친다고 알려져 있다. 일부 금융 관련 논문들은 투자자들이 어떤 식으로 주가에 대해 낙관적이거나 비관적인 감정을 갖는지 설문 조사를 실시했다.

　연구 결과에 따르면 뉴스레터 작성자들과 개인투자자 모두 최근에 높은 수익률을 거두고 나면, 미래의 주가에 대해서도 낙관하는 태도를 보였다. 반면에 최근 12개월 동안 S&P 500이 하락했다면, 미래의 주가에 대한 투자자의 낙관주의도 주가 하락과 함께 줄어들었다. 투자자가 미래 주가를 예측할 때는 최근의 가격 추이가 그들의 감정에 반영된다.

　역설적이긴 하지만 피셔와 스태트먼의 논문에 따르면, 시장이 고평가

되어 있다고 믿는 투자자들의 숫자는 1998년부터 2001년까지의 시장에 대한 기대수익률과 상관관계가 있었다. 다시 말해 **투자자들은 시장이 '고평가되어' 있다는 사실을 알았지만, 오히려 고평가되어 있다고 생각할수록 기대수익률은 더 올라갔다.**

이 놀라운 연구 결과가 사실이라면 투자자의 지적 판단력이미 고평가되어 있군!이 심리 밑바탕에 깔린 낙관주의지금보다 더 올라갈 거야!에 아무 영향도 미치지 못하는 셈이 된다.

개인들이 정보를 처리하면서 보이는 생물학적 공통점, 이를테면 감정 같은 것이 원인이 되어 발생하는 생물학적 공통점이 시장 가격의 다양성 실패를 불러온다. 기상이변이나 태양과 달의 주기가 주가에 반복적으로 큰 영향을 미친다는 사실은, 미묘한 생물학적 힘이 투자 대중의 활동에 영향을 미치고 있음을 방증한다.

주가에 대한 지적 판단력이 감정과 분리되어 있다는 사실은 뇌의 여러 시스템이 의사결정을 조정한다는 것을 의미한다. 다양성 실패를 일으키는 신경 기원과 선동 요인을 모두 이해한다면 새로운 투자 전략을 개발하고, 심리적 편향을 제거하는 훈련 프로그램을 짤 수 있을 것이다.

Chapter 02
감정의 가격 ;
왜 기대에 배신당하고 믿음에 매달리는가

"인간을 궁지로 몰아넣는 것은 무지가 아닌 잘못된 확신이다." – 마크 트웨인

나는 정신과 수련의 과정을 밟는 동안 샌 마티오 병원의 정신의학과 응급실에서도 일한 적이 있다. 응급실에서 우리는 실리콘밸리 북부 지역에 긴급 정신건강 의료지원 서비스를 제공했다. 나는 엔지니어, 벤처투자자, 경영자 등 위기에 놓인 다양하고 흥미로운 사람들을 다양하게 접할 수 있었다.

2001년 8월 어느 날 밤, 더그는 들것에 실려 응급실로 후송되었다. 늦게까지 야근하던 그가 책상에 엎어져서는 누가 말리지도 못할 정도로 울고 있는 모습을 경비원이 발견했다. 죽을 것 같다는 더그의 말에 경비원은 911에 전화했다.

응급실에서 더그를 진찰하는 동안 그는 자신의 이야기를 들려줬다. 1999년 오라클의 회계사로 일하면서, 그는 주식 백만장자가 되었다. 오

라클에서 받은 스톡옵션이 대박을 터트렸기 때문이었다. 그러나 그가 보기에는 별일이 아니었다. 당시 그의 주위에는 백만 달러 이상의 주식을 가지지 않은 사람이 오히려 드물 정도였다.

더그는 근사한 자동차 두 대를 사고 큰 집도 한 채 마련했다. 그때 그는 자신이 중요한 무언가가 되었다고, 마침내 원하던 것을 다 이뤘다고 생각했다. 당시 세계 경제는 역사상 유례없는 활황기를 맞고 있었고, 그는 그 중심에 있었다. 더그는 젊었고 그때 서른 살이었다, 금전적으로도 탄탄했으며, 직장에서도 인정받았고, 인생도 즐길 줄 알았다. 비록 태어나고 자란 곳은 미국 중서부였지만, 그는 실리콘밸리에도 금방 적응했고 사람들과도 잘 어울렸다.

2000년 말과 2001년 초를 기점으로 주식시장이 폭락하기 시작하면서, 더그의 스톡옵션 가치도 함께 폭락했다. 하지만 그는 그 상황을 애써 회피하려 했다. 그는 '곧 올라갈 거야. 우리는 세상을 바꾸고 있어'라고 생각했다. 걱정스런 마음이 점점 커지자, 2001년 중반에 그는 스톡옵션의 가치가 얼마나 되는지 확인해봐야겠다고 생각했다. 결과는 충격적이었다.

더그가 내게 말했다.

"의사 선생님, 스톡옵션의 가치가 원래 가치의 10분지 1로 주저앉아 있더군요. 한창때만 해도 260만 달러나 되었는데, 지금은 남은 게 거의 없어요!"

이후 2주 동안 그는 공허함과 극도의 절망감에 시달렸다. 근무 시간에도 그는 틈만 나면 웹브라우저를 열고 시세표를 띄운 뒤 오라클 주가를 확인했다. 주가가 오른 날은 기분이 좋았지만, 그보다는 떨어지는 날이 더 많았기에 그는 점점 더 침울해졌다. 몇 주도 지나지 않아 옵션 가치가 완전히 바닥으로 떨어지면서 아무것도 남지 않았다.

갑작스러운 주식 손실과 끝없이 계속되는 오라클 주가 하락에, 아무것도 할 수 없었다. 그는 거듭해서 자신에게 되뇌었다.

"어쩌다 이렇게 된 거지?"

밤에도 잠을 잘 수가 없었다. 식욕도 사라졌다. 우울증으로 인해 직장에서도 극단적인 공포심에 사로잡혔다. 일도 더는 하기 싫었다. 긍정적인 마음을 유지하려고 노력했지만, 문득문득 자살이라는 극단적인 생각마저 들었다.

옵션 가치의 폭락에 심하게 절망한 나머지 더그는 자살을 생각하고 있었다. 하지만 그가 잃은 것은 '서류상'의 손실이었다. 주식 가치가 폭락하기는 했지만, 그의 인생에서 크게 바뀐 것은 전혀 없었다. 연봉이 줄지 않고 그대로였다. 연봉만으로도 주택 융자금 이자와 자동차 할부금을 내는 데 문제가 없었으며, 전체적인 수준에서 봐도 그의 재정 상태는 적자가 아니었다.

더그의 인생에서 '실제로' 바뀐 것이 전혀 없었음에도 그가 자살을 생각하게 된 이유는 무엇일까? 내 질문을 받자 더그는 오히려 되물었다.

"그 돈 없이 지금 은퇴할 수는 없지 않습니까."

내가 다시 물었다.

"서른 살인데 벌써 은퇴할 생각이세요?"

"네, 이제는 평생 일해야 하는 신세입니다. 그 돈이 없으면 내가 뭐가 되겠어요? 백만장자였던 제가 이제는 그저 그런 평범한 인간이 되고 말았습니다."

더그의 정체성은 돈과 깊은 연관이 있었고, 이제 그는 돈을 잃었다. 온갖 가능성으로 가득해 보였던 미래가 이제는 무섭고 외롭고 무의미하고 따분한 것으로 변해 버렸다. 캘리포니아에는 그가 마음을 나눌 친구가 없었고, 딱히 취미생활을 누리는 것도 아니었다. 재무 상태 말고는 그의 가치를 측정할 수단이 없는 셈이었다.

그런데 자신이 훌륭한 인간이라는 생각이 들게끔 해줬던 그 재산이 사라져 버린 것이다. 이제 더그는 자신이 만들어낸 가치 시스템의 관점에서 보자면 완전한 패배자였고, 그는 과거 가졌던 것을 다시는 되찾지 못할 수도 있다는 두려움에 빠져 있었다. 그는 살아갈 이유를 찾지 못했다.

우리는 더그의 재산과 실리콘밸리의 문화가 그의 가치관을 어떻게 바꿨는지 논의했다. 그의 어린 시절과 대학 시절에서 의미 있는 관련성을 찾아 대화를 나누고, 그보다 더 큰 우주에 대해 어떤 믿음을 가졌는지 이야기를 나눴다. 그는 숫자에 대한 열정 때문에 회계학을 공부하게 되었다며 신나게 말했다.

응급실에서 간단한 진료를 마친 후 나는 치료에서 요구되는 사항들이 적힌 종이 뭉치를 들고 더그와 함께 출구로 걸어갔다. 그가 내 쪽으로 몸을 돌리고는 어깨를 으쓱하더니 말했다.

"CFO가 다음 주에는 치고 올라갈 것 같다고 했으니, 아마 저도 괜찮아질 겁니다."

더그에게는 스톡옵션으로 번 수백만 달러가 꼭 필요한 것은 아니었다. 그만한 돈을 벌게 되자, 자신을 바라보는 시각이 바뀌었다. 돈이 사라지자 '인터넷 백만장자'라는 과거의 지위와 '장래가 불투명한 회계사'라는 새로운 정체성 사이에 생겨난 갈등이 그를 짓눌렀다.

하지만 더그의 인생이 근본적으로 바뀐 것은 아니었다. **그가 잃은 재산은 그저 서류상의 재산이었다. 유일하게 확실한 변화가 있다면 그건 바로 '인지의 변화'였다.**

감정적 투자자들의 인지 왜곡

인간이 재산의 변화를 어떻게 받아들이는지는 손실과 이익에 대해 개인적으로 어떤 의미를 부여하는지에 따라 달라진다. 개개인이 부의 변화에 압도되는지 아니면 영향을 받았다가 금세 회복하는지는, 물리적 현실보다 그 사람의 신념과 기대치에 달린 문제다.

삶을 조절하는 능력, 내재한 인격적 특성, 최근에 겪은 사건, 문화, 환경, 이 모두가 개인이 사건을 해석하는 방식에 영향을 미친다. 그리고 더그가 우울증을 겪은 데서도 보이듯이 사건을 해석하는 방식에 따라 강력한 감정적 반응이 발생할 수도 있다.

감정은 대체로 사고, 행동, 인지의 밑바탕으로 작용하는 데다 대부분은 무의식적으로 생겨난다는 점에서 이 책에서도 자세히 다룬다. 감정이란 뇌에서는 일종의 지름길Heuristics, 휴리스틱 기능을 하는 주관적 느낌이다.

특히 감정은 특정한 목표와 위협에 처했을 때 어떻게 행동해야 하는지를 알려준다. 예를 들어 무언가에 흥분한다는 것은 기회를 발견했음을 암시한다. 반대로 두려움은 잠재적 위험이 다가왔음을 알려준다. 두려움은 리스크 회피와 후퇴의 행동을 불러일으킨다.

단순히 말하면 감정이란 뇌의 신호등과 비슷하다. 기회인지 위험인지를 고민해야 할 때 감정은 리스크를 감수하고 전진해야 하는지흥분, 조심스럽게 진행해야 하는지주의, 중단하고 후퇴해야 하는지두려움를 알려준다.

이러한 감정은 '선행 반응'이다. 감정은 개개인이 위협이나 기회에 준비하도록 도와주며, 생각과 행동을 조합해 위험을 피하거나손실 회피 아니면 기회를 향해 나아갈 때보상추구 가장 중추적인 역할을 한다.

실제로 위협이 발생해 눈앞에 위험이 다가오면 인간은 패닉에 빠져 도망가거나, 공포로 얼어붙거나, 전투적인 자세를 취한다. 흔한 말로 '투쟁이냐, 도피냐'라는 반응을 만들어낸다. 이 반응은 위험을 인식한 후에 생겨나는 '후행 반응'이다. 위험이 예상되면 두려움이라는 감정이 생겨나지만, 위험에 대한 대응 자세를 취할 경우 '투쟁이냐, 도피냐'의 반응이 발생한다.

선행 반응과 후행 반응을 구분할 수 있어야 한다. 아마추어 투자자는 자신에게 유리한 방향으로 주가 변화를 예상한 다음에 주식을 매수한다. 긍정적인 선행 반응으로 인해 아마추어 투자자는 심리적 편향에 빠진 채 주가를 예상하고, 리스크의 크기를 부적절할 정도로 줄여서 인식한다.

또한 투자자들은 기대치보다 수익이 높거나 예상치 못한 악재가 터지면 사건에 대해 후행 반응을 보이면서 주식을 매도한다. 이런 식의 매도는 합리적 계획의 일환이라기보다는 감정적 충동에 기인하는 경우가 대부분이다.

감정은 생각과 인지에 영향을 미쳐서 긍정적 사고방식을 이끌기도 하고, 비관적 사고를 이끌기도 한다. 인지 편향에 사로잡힌 감정의 한 예로, 더그가 재무적으로 커다란 실망감을 맛본 뒤 자살이라는 달갑지 않은 충동까지 느꼈다는 사실을 들 수 있다.

또한 대다수 투자자는 두려움에 빠지면 침체장이나 가격 하락의 조짐이 조금만 보여도 조건 반사적인 반응을 보이면서, 때가 되지 않았는데도 리스크가 높은 자산을 처분한다.

하지만 두려움에 빠진 투자자에게 왜 손해를 보면서 주식을 파느냐고 물어봐도 그들은 "무섭기 때문이다."라고 대답하지는 않는다. 대신에 그들은 부정적인 경제 상황을 들먹인다. **감정적인 투자자들은 사실이 아니라 감정으로 유발된 인지 왜곡이, 자신들의 투자 전망을 주도한다는 사실을 알아채지 못한다.**

감정이라는 단어는 정서적 경험을 두루 지칭한다. 느낌, 기분, 태도 모두가 정서에 해당한다. 기분으로 인해 사고 과정이 단축되는 이유는 '감정 휴리스틱Affect heuristic'이 작동하기 때문이다.

여기서 '휴리스틱'이란 개인이 객관적이며 이성적으로 생각해서 결정을 내리는 대신에 '감Hunch'에 따라 결정을 내리는 일종의 '지름길'을 말한다. '감정 휴리스틱'이라는 말을 처음으로 만든 사람은 오리건 대학교 심리학 교수 폴 슬로빅이다.

감정 휴리스틱은 개인이 복합적인 판단을 내려야 할 때 사용하는 감정적 '태그꼬리표'를 의미한다. 예를 들어 구글과 IBM에 대한 의견을 물으면 투자자는 '구글은 훌륭하고 짜릿한 회사다'나 'IBM은 고리타분하다'라는 느낌이나 주관적 생각을 말할지도 모른다. 그 투자자가 이렇게 생각하는 이유는 머릿속에서 각각의 개념에 대해 감정적 태그가 붙어 있기 때문이다.

감정적 태그는 신속하고 간편하게 이용할 수 있는 판단 도구의 역할을 한다. 감정 휴리스틱은 시간이 촉박하고 불확실한 상황에서 빠르게 의사결정을 내릴 수 있도록 도와준다. 다시 말해 감정 휴리스틱은 고질적인 감정적 태그지만, 동시에 그 접착성은 높지 않다.

강력한 선행 반응과 후행 반응에 따라 판단이 바뀌게 되고, 더 나아가 추진할 목표를 만들어내고, 모니터링하는 뇌의 시스템을 통해 의사결정이 좌우된다.

광범위한 뇌의 시스템인 '비교 기제'가 기대치에 맞게 목표를 향해 움직이는지 아닌지를 평가한다. 기대치보다 목표를 향해 더 많이 나아갔으면 행복한 감정이 생긴다. 반대로 기대치가 충족되지 못하면 실망감이 생긴다. 대다수 인간의 동기와 행동에는 비교 기제가 깊숙이 밑바탕에 깔려 있다.

기대치와 비교 기제

뇌의 비교 기제는 목표를 향해 실제 얼마나 전진했는지와 '기대치로 정한' 진척도를 비교한다. 셀프 모니터링을 사용할 경우에 개인이 '기대치에 비해 상대적으로 얼마만큼' 진척해 있는지에 따라, 어떤 감정이 생기는지 그리고 차이를 메우기 위해 어떤 전략을 고려하게 되는지가 달라진다. 비교 기제는 동기를 유지하게 해주는 피드백 시스템이다.

기대치와 실제 달성치를 비교할 때 생겨나는 감정의 강도는 ① 기대치와 현실 간의 차이 크기, ② 비슷한 상황들에 대한 조절경험, ③ 유의미한 연상이나 기억이라는 세 가지 특성에 따라 달라진다. 기대치와 실제 달성치 사이의 차이가 크지 않으면 감정의 강도도 작지만, 차이가 크면 감정의 크기도 커지면서 동기도 강력해진다.

비교 기제는 보상 시스템목표 접근과 손실 회피 시스템목표 회피 모두에서 정보를 받아들인다표 참조.

보상 시스템의 동기부여 활동을 일컫는 '목표 접근'은 개인으로 하여금 자신이 원하고 기대하는 목표를 달성하도록 이끈다. 목표 접근의 진척도가 기대치를 초과할 때 행복감, 즐거움, 희열, 만족 등 커다란

	목표 접근	목표 회피
진척이 빠를 때	커다란 기쁨	안도
진척이 느릴 때	실망	불안

※ 뇌의 비교 기제는 목표에 접근하는 실제 진척도와 기대치 사이의 차이에 따라 각기 다른 감정을 만들어낸다.

기쁨과 관련이 있는 감정이 생겨난다. 목표에 접근하는 진척도가 기대치에 미치지 못하면 슬픔, 당황, 불안, 우울과 같은 실망스런 감정이 생겨난다.

'목표 회피'는 손실 회피 시스템의 기능을 일컬으며, 개인으로 하여금 위험한 상황을 피하거나 벗어나도록 이끌어준다. 손실 회피에 성공하면 안도감이 생겨난다. 위험을 예상하지도 피하지도 못한다면 불안, 걱정, 근심, 초조함 등의 감정이 생겨난다.

비교 기제 모델을 뒷받침하기 위해 뉴로이미징Neuroimaging, 의사결정을 이해하려 할 때 가장 많이 사용되는 기술로 이 책에서는 주로 기능적 자기공명영상을 사용한 뉴로이미징 연구를 참조했다은 기대했던 재무적 보상이 주어진 다음에는, 보상 시스템의 활성화가 낮아진다는 사실을 보여준다.

진척도가 기대치와 똑같으면 후행 반응은 생기지 않는다. 하지만 예기치 못한 보상이 주어지거나 혹은 기대하지 않고 있다가 보상받을 수 있다는 소식을 듣게 되면 보상 시스템이 크게 활성화되는데, 이는 양쪽 모두 실제 진척이 기대치를 앞서고 있기 때문이다.

흥미롭게도 가까운 미래에 보상이 주어진다는 소식을 들었지만 실제로 기대했던 보상이 주어지지 않을 경우, 뇌의 보상 시스템은 활동을 억누른다. 구체적으로 말해 기대했던 보상이 이뤄졌어야 하는 바로 그 시점에서, 보상 회로에서는 도파민 뉴런의 분출이 감소한다. 뉴런을 통해 실망감이 표현되는 것일지도 모른다.

반사실적 비교의 함정

자신이 처한 상황을 다른 사람들의 환경과 비교할 때도 감정이 발생한다. 심리학자들은 올림픽 경기의 시상대에 선 메달리스트들의 사진을 모아 한 가지 실험을 했다. 피실험자들은 누가 무슨 색 메달을 받았는지 전혀 모른 채, 메달리스트들의 표정만 보고서 기분이 좋아 보이는지 그렇지 않은지 점수를 매겨야 했다.

처음 예상대로 금메달 수상자들이 가장 기분 좋은 표정을 짓고 있었다. 다음으로는 예상을 깨고 동메달리스트들이 두 번째로 기분 좋은 표정을 지었고, 은메달리스트들은 세 번째였다. 은메달리스트들이 동메달리스트들보다 행복하지 않은 이유가 뭘까?

올림픽은 반사실적 비교의 예를 보여주고 있었다. 동메달리스트들은 '컷오프 효과'로 인해 하향 비교를 하기에 수상대에 한 자리를 차지했다는 것에 만족했다. 은메달리스트들은 상향 비교를 하기에 자신들보다 더 뛰어난 성적을 거둔 사람이 있다는 사실에 약간의 실망감을 느끼고 있었다.

반사실적 비교는 손익을 생각하는 감정에도 영향을 미친다. UC 버클리 대학교 바버라 멜러스 교수는 더 큰 손실을 피했음에도 약간의 손실을 보게 되었을 때 또는 돈을 더 벌 수 있었지만, 실제로는 약간의 돈만 벌게 되었을 때 손실 또는 이득에 대한 감정적 반응을 평가하는 도박 실험을 설계했다.

실험에서 피실험자들은 50 대 50의 확률로 도박을 해야 했다. 한 번의 실험에서 피실험자들은 8달러 또는 32달러를 벌게 된다 확률은 양쪽 모두 50%다. 또 다른 실험에서는 피실험자들은 8달러 또는 32달러를 잃게 되며, 이때도 양쪽 모두 확률은 50%다. 피실험자들에게는 선택권이 없지만 대신에 결과가 나온 후에 자신의 감정에 점수를 매겨야 했다.

피실험자들은 8달러의 손해만 보고 32달러의 손해를 피할 수 있었을 때 조금은 기분이 좋았다고 말했다. 반면에 그들은 32달러를 딸 수도 있었던 상황에서 8달러만 따게 되자 조금은 실망했다고 말했다. 피실험자들은 '어차피 잃는' 게임에서는 8달러만 잃었기 때문에 기분이 좋았으며, 반면에 '어차피 따는' 게임에서는 8달러를 딴 것에 약간은 불만이 생겼다.

실제 결과를 도박의 기대 가치이 실험에서 기대 가치는 어차피 따는 상황일 때는 20달러였고, 반면에 어차피 잃는 게임일 때는 -20달러였다에 비교한 것이, 피실험자들이 도박 결과를 생각하는 감정을 좌우했다.

이런 비교 현상은 눈에 보이는 결과를 가지고 자긍심과 성취를 측정하는 비즈니스 세계 전반에서 발생한다. 실리콘밸리의 억만장자들이 다른 억만장자의 요트 크기를 부러워하면서 서로 질세라 초호화 요트를 주문하기도 한다. 억만장자가 아닌 요트 주인들은 그저 그런 아름다운 요트들과 같은 선차장에 배를 대고 있다는 사실만으로도 기분이 좋아질지 모른다.

포트폴리오 매니저들도 비교 효과에 시달린다. 상승장에 편승하지 못한 매니저들은 원래 기대했던 실적을 달성하지 못해 실망하거나, 벤치마크 또는 동료들보다 수익률이 낮은 것에 초조한 마음이 들 수도 있다.

가끔 최고 실적을 거둔 머니 매니저에게는 온갖 찬사와 기대가 집중된다. 하지만 그런 다음에는 여지없이 실적이 저조해진다. 왜 이런 현상이 나타날까?

어쩌면 목표를 달성하도록 이끌어줬던 가장 중요한 요인인 의욕이 사라졌기 때문일지도 모른다. 다른 사람과 비교해서 자신의 성공을 측정할 경우_{이솝 우화의 〈토끼와 거북이〉 편에 나오는 토끼처럼} 자신이 더 낫다는 비교 결과가 나오면 득의양양하게 되지만, 이윽고 계속 열심히 움직이려는 동기도 사라져 버린다. 기대치보다 더 뛰어난 성과를 거두고 있는 마당에 계속 열심히 노력할 필요가 있겠는가?

그렇기에 다른 사람 혹은 외부의 벤치마크와 비교해서 성공 여부를 측정한다면, 성공 자체가 실적을 가로막는 덫이 될 수도 있다.

반대로 내부의 벤치마크, 이를테면 개선된 의사결정 과정이나 보다 명확해진 판단력에 따라 성공 여부를 측정한다면, 지속적인 동기부여가 가능해져 장기적인 성공을 이끌 수 있다. 의사결정 과정을 명확히 다듬고, 의문점을 확실히 규명하고, 건전한 투자 철학을 개발하는 포트폴리오 매니저들일수록 장기적으로는 뛰어난 실적을 달성한 가능성이 높아진다.

기대치에 대한 피드백을 받고 나면, 우리는 자연스럽게 비교 기제를 통해 감정이 만들어진다. 기대치에 얼마나 근접하였는지에 따라 목표와 관련된 피드백에 보이는 감정적 반응의 강도 역시 달라진다. 트레이더와 투자자들에게 명상과 관련된 책들이 인기 있는 것도 이런 이유다. 이런 책들은 과정이 아니라 결과를 객관적으로 보는 방법을 가르쳐주기 때문이다.

결과 비교는 감정을 불러일으킨다. **냉정하게 결과를 보는 자세는 감정적 자극을 줄이고, 감정에 이끌린 판단 편향을 감소시킨다.** 명상을 할 줄 아는 사람은 감정의 커다란 외침을 진정시키고, 직관이 내는 조용한 속삭임을 알아차린다. 불행히도 대다수 투자자는 트레이딩 결과에 집착하기에 후행 반응의 영향력에 쉽게 젖어 든다.

신념과 기대, 플라세보 효과

가끔은 목표를 향한 성공적인 진척이 자기 충족적인 예시를 만들어 내기도 한다. 목표를 달성할 수 있다는 굳건한 신념은 목표 추구를 뒷받침해주는 정신적 자원을 활성화한다. 이처럼 성공에 대한 신념은 성공에 도움이 되는 신경 전달 물질의 변화를 유발해, 정신과 신체의 지구력을 향상시킨다.

플라세보 효과는 개인의 신념, 욕망, 기대가 그 사람의 상태를 어떻게 변화시키는지를 보여주는 단적인 예다. 의사가 환자에게 약을 처방해준다면 여기에는 환자의 병이 나을 거라는 믿음이 담겨 있고, 환자는 건강을 회복할 수 있다는 심리적 의욕이 강화된다.

코네티컷 대학교 정신의학 교수인 어빙 커쉬는 19번의 항울제 임상시험을 분석했다. 그는 뇌의 화학 물질을 조절해서가 아니라 치료약의 효과에 대한 믿음으로 인해, 약 75%의 환자들이 병세가 호전될 것이라고 기대했다는 결론을 내렸다.

커쉬는 이렇게 말한다.

"앞으로 벌어질 일에 대해 개개인이 가지는 신념이야말로 가장 결정적인 요소다. 약물에 의존하지 않더라도 근본적인 변화가 충분히 일어날 수 있다."

신약 연구에서는 약 35~75%의 환자들이 설탕으로 만든 가짜약으로도 치료 효과를 본다. 수세기 동안 서구 의학에서는 플라세보 효과를 빼면 논할 부분이 거의 없을 정도다.

긍정적인 결과를 믿는 마음이 바탕에 깔려서 플라세보 효과로 인해 건강이 호전된다면, 반대로 해로울 것이라는 믿음이나 암시가 걸리면 진짜 약도 효과를 발휘하지 못하는 노세보 효과가 생겨난다. 플라세보 효과와 노세보 효과 모두 결과에 대한 기대가 자기 충족적인 예시를 만들어낸다.

투자시장에서는 참가자들의 기대가 신속하게 가격에 반영된다. 투자 기법에서는 자신의 기대치, 시장의 기대, 그리고 경제적 펀더멘털을 이해하는 능력이 상당히 중요하다. 시장의 기대가 경제 전반의 펀더멘털에서 크게 어긋난다면, 기대에 못 미치는 결과로 인한 감정적 충격이 발생할 가능성이 훨씬 높아진다.

예를 들어 지난날 시장은 인터넷 종목에 대해 과도하게 낙관적인 기대를 적용해 가격을 매겼고, 그로 인해 PER주가수익비율이 합리적인 성장 전망을 넘어 지나칠 정도로 높아졌다. 주가가 투자자들의 허황된 목표를 따라잡지 못한 순간, 기대와 현실의 차이가 좁혀지리라는 것은 불을 보듯 분명했다.

한 종목의 PER에는 대개 그 주식에 대한 투자자의 성장 기대치가 반영돼 있다. 아이러니하게도 PER이 낮은 종목그리고 성장 기대치가 낮은 종목이 PER이 높은 종목보다 뛰어난 실적을 거두는 경우도 허다하다Chapter 17 〈행동재무학이 이끄는 새로운 투자 나침반〉 참조.

가치투자 전략이 성공을 거두는 이유는 다른 데 있지 않다. 투자자가 기대치를 낮게 잡으면 긍정적인 놀라움이 자주 발생해 저PER 종목에 대해 긍정적인 감정이 생기는 경우가 많지만, 반대로 고PER 종목은 '호재'가 이미 주가에 반영되어 있기에 실망감이 발생할 때가 더 많기 때문이다.

혹시 뉴스가 패닉의 원인은 아닐까?

하루의 장이 마감하면 기자들은 트레이더들에게 그날 하루 장이 그렇게 움직인 이유를 물어본다. 트레이더들은 대개 간결하고 논리적인 말로 원인을 설명한다. 최근의 사건들을 언급하면서 인과관계에 맞춰 시장의 분위기를 설명할 때도 많다.

이를테면 세계 증시가 대폭락했던 1987년 10월 19일 장이 마감한 후에 BBC는 대형 악재로 인해 당연히 패닉이 발생했고, 그에 따라 시장이 곤두박질쳤다고 분석했다.

"금리 인상과 약달러에 대한 두려움이 매수 활동을 위축시켰다. 또한 이란의 페르시아만 습격에 대한 보복으로 미국이 연안의 석유 굴착 장치에 폭격을 가하면서 상황이 더욱 악화되었다."

BBC의 분석은 잘못된 점이 많는데, 패닉의 원인을 최근의 가격 변화와 세계적 사건에서만 찾고 있기 때문이다. 뉴스와 주가 변동이 투자자의 감정에 큰 영향을 미치는 것도 사실이고, 이런 사건들이 터지면 투자자의 감정이 한 가지 방향으로 계속 치닫게 되는 '양의 피드백 효과'가 발생하는 것도 사실이다.

그러나 1987년 패닉의 깊이는 악재가 얼마나 심각한지와는 상관이 없었다. 10월의 그날, 투자자들의 심리는 이미 패닉으로 기울어 있었다. BBC 보도에 대한 추후 분석 기사에서 편집자들은 이렇게 인정한다.

"붕괴의 원인을 두고 몇 년 동안 논의가 이뤄졌지만, 경제학자들은 블랙먼데이로 치닫게 된 원인을 딱 한 가지로 규명하지는 못했다."

사후약방문死後藥方文이겠지만 부정적인 뉴스에서 폭락장의 원인을 찾는 것은 무시되었고, 대신 불확실성이 원인으로 대두되었다. BBC가 패닉의 원인을 한 가지로 규명하려 한 이유는 무엇일까?

어쩌면 불확실성과 여기에 내포된 통제 부족의 함의를 독자들이 내켜 하지 않기 때문일지도 모른다. 투자자들이 패닉에 빠졌다는 말을 듣게 되면 제일 먼저 '그렇게 된 이유'를 알고 싶기 마련이다. '두렵기 때문이다'라는 설명은 만족스럽지 못하다. '과잉 확신에 빠졌기 때문이다'도 미흡하긴 마찬가지다. 단순히 생각하면 '금리가 올랐기 때문이다'라는 설명이 들어맞을 뿐이다.

시장에 대한 논평이 논리적으로 들어맞지 않는 한 가지 이유는 투자자들이 두려움이나 탐욕에 빠진 직접적인 원인을 최근의 뉴스에서 찾으려 하

기 때문이다.

하지만 부정적인 뉴스가 터지면 어떤 때는 시장이 두려움에 빠지거나 변화를 보이기도 하지만, 그렇지 않을 때도 있다. 투자자들이 부정적인 뉴스를 듣고 한꺼번에 두려움에 젖을 때가 있는가 하면, 몇 달 뒤 비슷한 뉴스가 터졌을 때는 태평하게 반응하는 이유가 뭘까?

투자자들이 뉴스와 사건을 어떤 식으로 해석하는지는 그들의 기본적인 감정 상태에 따라 좌우된다. 낙관적인 투자자는 주가 폭락을 좋은 주식을 '염가에 매수할' 호기로 보는 반면에, 비관적인 투자자는 글로벌 금융 시스템이 무너지고 있다는 증거라고 생각한다.

흥미롭게도 대단히 부정적인 뉴스가 터졌는 데도 시장을 낙관하는 태도에 아무 영향을 미치지 못하는 경우가 있는 반면에, 긍정적인 뉴스가 침체장을 반등시키지 못하는 시기도 있다. 이와 같은 상황에서는 투자 집단 전체가 감정적 방어 기제에 빠져 있다고 봐도 무방하다. 감정적 방어 기제는 일종의 자기기만으로, 투자자들로 하여금 강력한 신념에 반하는 뉴스를 왜곡해서 해석하게 만든다.

자기기만, 이성은 이미 늦었다

미디어가 시장에서 일어난 사건들을 뒤늦게 합리화하는 반면에, 개인 투자자들은 자신만의 방어 기제와 논리 왜곡으로 대응한다. 특히 스트레스를 받는 상황이거나 개인적으로 좋지 않은 정보를 접하면, 뇌는 자기기만 Self-decepton 을 이용해 대응하려는 성향이 있다.

감정적 방어 기제는 불리한 비교 결과가 나왔을 때 발생하는 부정적 감정을 최소화하려는 정신적 프로세스를 말한다. 논리 왜곡합리화이나, 회피부인, 다른 사람들도 똑같은 느낌일 거라고 믿을 때 Projection, 심리적 투사, 통제 불가능한 상황을 탓할 때 Externalization, 외재화 부정적 감정이 희석되기도 한다.

투사를 예로 들면 투자자는 시장의 미래가 불확실하다고 느낄 때 보통은 이런 심리적 혼란이 '시장 불확실성' 때문이라고 믿는다. 대개 불확실성의 원천은 투자자 본인에게 있다. 시장에서 손실을 본 개인투자자가 자기 탓을 하는 대신에 '주가 조작자'를 탓한다면, 이는 외재화의 한 유형에 해당한다. 방어 기제는 무의식 속에서 움직일지라도 현실을 인지하고, 정확한 기대치를 만들어내는 능력에 근본적으로 영향을 미친다.

이 책에서 논하는 몇 가지 편향은 감정적 방어 기제의 산물이다. 기억 속에 깊이 박힌 사후 과잉 확신 편향은 과거의 성취를 지나치게 긍정적으로 평가해 잘못된 방향으로 노력을 기울이게 만든다.

확증 편향에 빠진 사람은 자신의 의견과 믿음을 지지해주는 사실들만 열심히 찾아보고, 여기에 대치되는 정보는 무시한다. 투사 편향에 빠지면 미래의 감정 상태가 현재와 비슷할 것이라고 믿기 때문에 미래의 니즈와 욕구를 잘못 판단하게 된다.

불편한 진실과 마주하는 용기

일종의 자기합리화에 해당하는 방어 기제를 '동기화된 추론'이라고 한다. 동기화된 추론은 자신이 선호하는 결론을 끌어내고, 본인의 의견을 강력하게 지지하는 편향된 사고다.

다른 방어 기제와 마찬가지로 동기화된 추론을 하게 되면, 뇌가 부정적 감정을 최소화하고 긍정적 감정을 최대화하는 방향으로 움직인다는 점에서 감정 조절로 볼 수 있다.

동기화된 추론을 감정 조절 전략으로 처음 설명한 사람은 신경학자며, 정신 분석 의학의 아버지인 지그문트 프로이트였다. 그의 설명에 따르면 인간은 사고 과정을 조정해 두려움과 죄의식 같은 부정적 감정을 피할 수 있다.

캘리포니아 대학교 디토 교수는 동기화된 추론을 조사하기 위해 한 가지 실험을 계획했다. 그는 참가자들이 가짜 의료 실험을 스스로 관리하는 모습을 비디오로 촬영했다. 피실험자들은 검사지 색 중 어느 하나가 나오면 좋은 결과고, 다른 색이 나오면 좋지 않은 하지만 크게 눈여겨볼 필요가 없는 결과라는 말을 미리 들었다.

좋지 않은 진단 결과가 나온 환자들일수록 결과가 좋게 나온 환자들보다 시험 결과의 타당성을 받아들이는 데 시간이 더 오래 걸렸고, 즉시 재검사를 하려 했으며, 정확성에도 의문을 품었다. 사람들은 자기 자신과 관련될 경우 부정적 피드백을 과소평가할 뿐 아니라, 실제로 부정적 결과가 나온 후에도 믿으려 하지 않았다 심지어는 실험이 옳지 않다고 적극 주장한다!

　에모리 대학교 연구자들은 2004년 대선에서 선거 운동에 적극 참여한 사람들의 동기화된 추론을 분석했다. 연구자들은 피실험자들이 조지 W. 부시와 존 케리에게 불리한 주장들을 들었을 때, 그들의 뇌가 어떻게 반응하는지 FMRI기능적 자기공명영상로 관찰했다. 그리고 얼마간의 시간차를 둔 뒤에 연구원들은 불리한 주장들이 사실이 아니라고 말해줬다.

　처음에 자신이 지지하는 후보에 대한 불리한 주장을 들었을 때 피실험자들의 중격의지핵보상 시스템에서 긍정적 감정과 동기와 관련된 부분이 훨씬 더 크게 활성화되었다. 연구자들은 중격의지핵이 활성화된 이유에 대해 '후보에 대해 들은 정보가 감정적으로 부정적인 결론을 도출한 것이 맞을지라도, 피실험자들은 대안의 감정긍정적인을 이끌어냈기' 때문이라고 추측한다.

　중격의지핵의 활성화는 지지 후보에 위협이 되는 정보가 지지자들이 긍정적인 의견과 융화되면서 일종의 안도감이 생겨났다는 의미로 볼 수 있다. 피실험자들은 갈등을 해결하기 위해 긍정적인 감정 반응을 보이고 있는 셈이었다.

　연구자들의 주장에 따르면, 중격의지핵이 활성화되는 것은 명백하게 불리한 주장에 대해, 피실험자들이 변명거리를 찾으려는 동기가 강화된 것이라고 말할 수도 있다. 그들로서는 불리한 주장을 무마하는 편이 마음이 편하기에 그런 쪽으로 동기가 생겨났다.

　에모리 대학교 연구 결과에 따르면 '동기화된 추론은 이성적인 추론과 연관되어 있다고 여겨졌던 부분들의 뉴런 활동과는 관련이 없다'라는 사실이 밝혀졌다.

동기화된 추론을 사용할 때 피실험자들은 중격의지핵이 활성화되면서 자신이 지지하는 후보에 불리한 주장들을 해결해 보상을 받았으며, 뇌에서 부정적 감정과 연관된 부분들뇌섬엽과 외측 안와전두피질은 움직이지 않았다.

이런 연구 결과로 볼 때 감정적 방어 기제는 정보를 찾도록 이끌어주고 보상 시스템을 활성화해주는그리고 부정적 감정을 감소시키는 신념을 받아들이도록 유도하는, 하나의 신경 프로세스일지도 모른다는 사실을 암시한다.

동기화된 추론을 하는 사람들은 부정적 정보에 덜 방어적인 사람들에 비해 의사결정 능력이 서투르다. 연구자들은 위협이 되는 정보를 짐작해, 가장 빠른 해결책에 도달할 수 있는 카드 분류 실험을 고안해 수행했다.

결론을 말하면 '**어떤 상황이나 정보에 대해 회의적인 생각과 태도를 가진다면 일상의 추론에서 확증 편향을 피하는 데 도움이 된다**'는 것이다. **즉, 자신이 선뜻 받아들이기 힘든 정보를 회피하지 않고 적극적으로 대처하는 자세를 가질수록 의사결정 능력은 향상된다.**

불편하고 부정적인 감정에 직면할 때는 용기가 필요하다. 침체장에서는 경제를 비관하기 십상이다. 모두가 그렇게 생각하기 때문이다. 이런 상황에서는 경제의 긍정적인 측면, 다시 말해 남들이 보지 못하는 부분을 찾는 것을 목표로 삼아야 한다. 그러려면 균형 잡힌 사고와 용기,

그리고 자신이 입수하는 모든 정보를 불편부당하게 바라볼 줄 아는 의지가 있어야 한다.

조지 소로스는 자신의 투자 결정 과정이 틀렸을지도 모르고, 그렇다면 그 이유를 객관적으로 생각하는 능력이 본인의 핵심 능력 가운데 하나라고 말했다. 소로스는 이를 '오류 가능성 이론'이라고 했다.

기대치, 반사실적 비교, 감정적 방어 기제가 의사결정에 미치는 영향을 이해하는 것이야말로 투자 성과를 개선하기 위한 첫걸음이다.

Chapter 03
직관은 어떻게 이익을 예감하는가

"대포 소리가 울릴 때 사고, 트럼펫 소리가 들릴 때 팔아라." – **영국의 은행가 네이선 메이어 로스차일드가 나폴레옹 전쟁 때 한 말**

투자은행의 증권 인수 담당자로 종사하는 내 친구는 고위험투자에 이골이 난 사람이다. 여러 경쟁사와 경합하면서 수억 달러짜리 거래를 협상하는 것이 그의 일이기 때문이다.

2010년 초에 그는 고객을 위해 작은 광산회사를 매입하는 일을 두고 협상하고 있었다. 그의 팀에 아주 유리한 조건으로 결론이 났고, 모두가 다음 날 거래를 체결하기로 합의를 봤다. 고객은 2억 2,000만 달러에 채굴권이 있는 상당 규모의 토지 보유와 광산 운영권, 전도유망한 소규모 사업체에 대한 경영권 획득을 눈앞에 둔 것이다.

거래가 체결되기 전날 밤 친구는 한잠도 자지 못했다. 잠이 오지 않는 이유를 알 수 없었지만, 새벽 3시쯤 되면서 뭔가 생각이 떠올랐다. 그는 아침 일찍 상대방에게 전화를 걸어 거래를 취소하기로 했다.

동료들은 그 소식을 믿지 않으려 했다. 거래 조건이 다 합의된 판에 자신들과 아무 논의도 없이 거래를 바꾼 이유가 뭘까?

친구는 동료들에게 냉정을 되찾으라고 말했다. 거래를 취소한 이유는 뭔가 예감이 좋지 않아서였다. 그는 동료들에게 전화도 걸지 말고, 상대방과 아무것도 논의하지 말고, "입을 꾹 다물고 있어."라고 말했다.

하루가 지난 다음, 판매자의 중개인이 10% 내려간 가격에 다시 인수를 제안했다. 새로운 증서가 작성되었다. 새로 제시된 가격은 1억 9,800만 달러였다. 친구는 거래를 날인하기 전날 잠을 푹 잘 수 있었고, 다음 날 아무 일 없이 거래가 체결되었다.

내 친구는 처음의 조건이 가장 좋은 조건이 아닐 수도 있다는 사실을 어떻게 알았을까? 그는 이렇게 말했다.

"나도 모르겠어. 그런 일이 일어나면 따로 생각하지 않아. 그냥 감에 맡기는 거지. 아마도 거래가 성사되기 전날 밤에 잠을 이룰 수가 없다면 거래를 취소해야 한다는 사실만은 알아. 나는 상대방이 손을 내밀기 전까지 며칠만이라도 냉정하게 굴고 싶었어. 그러자 상대편이 백기를 들더군. 그들이 그러리라는 것을 나도 모르게 짐작하고 있었나 봐."

친구는 자신이 고객에게 최고의 거래를 성사시켜주지 못하고 있다는 사실을 본능적으로 알아챘다. 무언가 잘못되었다는 것을 머리가 알아채기 전에 몸이 먼저 알려준 셈이었다. 오감에 귀를 기울이고 잠을 자지 못하는 이유를 궁리한 덕분에, 그는 최적의 인수 전략을 생각해낼 수 있었다.

그는 직관적인 의사결정을 내렸다. 자신이 직관에 따른 이유를 합리적으로 설명하지는 못했지만, 결과적으로는 고객에게 최상의 수익을 가져다줄 수 있었다.

분석과 직관, 당신은 어느 쪽인가?

노벨상 수상자며 행동경제학의 대가인 대니얼 카너먼은 두 가지 광범위한 신경 시스템이 토대가 되어 의사결정을 내리게 된다고 가정한다. 그 두 가지란 바로 '분석적 신경'과 '직관적 신경'이다. 분석적 신경 시스템이 논리적 사고를 바탕으로 삼는다면, 직관적 신경 시스템은 신속함과 감정을 바탕으로 삼는다.

이번 챕터에서는 시장과 비슷한 조건에서 리스크가 높고, 불확실성이 존재하며, 실적에 대한 기대와 시간 압박이 존재하는 최적의 직관적 의사결정을 내리는 과정을 설명하고자 한다. 마인드를 관리하는 데 익숙해지면, 이런 조건들이야말로 직관적 의사결정 능력을 발전시키는 데 최적의 조건이 될 수 있다. 직관적 의사결정의 관건은 '본능적 직감'을 파악하는 것이다. 본능적 직감에 귀를 기울이는 방법을 터득하는 것은 시장 참가자에게 커다란 우위가 되기도 하고, 잠재적 위험이 되기도 한다.

고대 그리스인들은 감정을 개념화하면서 합리적 사고와 심사숙고 능력이 저해되지 않으려면 감정을 확실하게 통제할 줄 알아야 한다고 가정했다. 심지어 오늘날도 모든 사람이 완벽하게 합리적이고 분석적으로 생각한다면, 세상이 더 살기 좋게 변할 거라고 생각하는 경향이 있다.

이런 개념은 〈스타트렉〉 시리즈에서 스포크^{불칸족 아버지와 인간 어머니 사이에서 혼혈로 태어난 등장인물}라는 인물을 통해 잘 묘사되어 있다. 〈스타트렉〉의 제작자 진 로덴베리는 불칸족을 오직 이성에 따라서만 결정을 내리고자 노력하는 진화된 휴머노이드 종족으로 그려놓았다.

〈스타트렉〉 시리즈에서 불칸족은 엄격한 자기통제 원칙에 따라 살면서 감정의 영향력을 억눌렀다. 불칸족은 감정이 판단에 영향을 미치는 사태를 방지하기 위해 명상과 정신 훈련을 병행했다.

하지만 인간과 마찬가지로 불칸족도 감정을 완전히 배제한 채 오직 이성으로만 살지는 못했기 때문에, 감정 에너지와 성적 에너지를 안전하게 배출하기 위한 정교한 의식을 만들어냈다. 불칸족은 엄격한 통제하에 치러지는 연례 의식에 참가하기 위해 매년 고향별로 돌아온다. 고향별에서 그들은 온갖 소모적인 감정의 카타르시스를 분출할 수 있었다. 또한 〈스타트렉〉은 매 시리즈를 끝낼 때마다 불칸족의 차가운 이성과 대비되는 인간의 감정을 은근히 옹호하는 에피소드를 선보였다.

그렇다면 '정리가 되지 않은' 감정과 '연약한' 직관을, 합리적인 의사결정 과정에 통합하려면 인간은 어떻게 해야 할까?

투자를 결정하는 본능적 직관

전통적 투자 이론은 인간이 이성과 객관적 분석을 이용해 의사결정을 내린다고 가정한다. 이런 이론에 따르면 투자자는 느리지만 기계적으로 잠재 결과를 판단하고, 결과의 확률과 잠재적 손익을 계산한 뒤, '합리적이고' 분석적인 결정을 내린다. 다시 말해 '리스크-보상 분석'으로 일련의 계산을 하고 나서 선택한다는 것이다.

하지만 최종 결과가 불확실하고 예기치 못한 변동성이 발생할 수도 있는 오늘날의 세상에서, 실제 투자는 이론처럼 합리적으로 진행되지 못한다. 그럴지라도 투자자의 합리성 가정에 대적할 만큼 일관적인 심리 이론은 단 하나도 존재하지 않는다.

정신과 전문의로 일하면서 나는 전문투자자들이 주로 이성에 따라 투자 결정을 내리지만, 그럴지라도 실제 선택 직전에는 직관본능이 중요하게 작용하는 것을 목격할 수 있었다. 최고 능력을 자랑하는 포트폴리오 매니저들 대부분은, 처음에는 이미 알려진 사실과 숫자를 합리적으로 분석하는 작업을 수행한다. 그들은 기업 경영진, 고객, 공급업체, 직원, 주식 애널리스트들에게서 정보를 수집한다.

하지만 이런 복잡한 정보를 취합해 하나의 결론을 내리기 위해 그들은 직관에 따르는 과정을 이용한다. 그들은 모든 정보를 다 합친 후 스스로에게 묻는다.

"이번 투자가 합당하다고 생각되는가?"

대부분은 분석을 진행하고 나서 최종적인 매매 결정을 내릴 때는 직관적 '본능'이 크게 작용한다. 다행스럽게도 투자 결정을 내릴 때 첫 번째 과정은 통제가 가능하다. 대다수 투자자는 자신들이 미리 살펴봐야 할 지침그들의 말을 빌리면 '투자 철학'이다을 정해놓는다. 계량 정보를 수집한 뒤 투자자들은 정보를 체계적이고 객관적인 방법으로 분석한다.

초보투자자들은 흔히 한두 가지 호재나 악재에 집중하는 편이다. 하지만 노련한 투자자들은 거기서 한 단계 더 나아간다. 그들은 해당 투자와 관련된 독특한 상황이 어떻게 느껴지는지 집중하면서 그런 느낌에 따라 움직인다.

탁월한 성과를 내는 투자자들은 현금흐름의 변동성이나 부외 거래Off balance sheet transaction, 재무제표 본문에 기록되지 않고 각주에 기록되는 거래에 대해서는 잘 이해를 못하기 때문에, 애널리스트에게 자세한 내용을 물어봐야 할지도 모른다. 그들은 기업의 제품이 지니는 잠재 가치에 대해 긍정적으로 느낄지도 모른다. 어쩌면 그들은 애널리스트들의 예측이 너무 조심스럽다고 생각하면서도 매수 결정 여부를 판단하는 데 정보를 활용한다.

직관이 어떤 역할을 하는지와 상관없이 실제 투자 세계에서 직관은 이론가들이 생각하는 것보다 훨씬 널리 사용된다.

감은 무엇을 말하는가?

인간의 감각은 의식적으로 인지하는 것보다 훨씬 많은, 1초에 약 1,000만 개의 정보를 연달아 처리할 수 있다. 뇌는 어떻게 해서 이 모든 데이터를 처리할 수 있는 것일까?

원활한 정보 처리를 위해 단순화와 지름길을 이용하기 때문이다. 일상생활에서 내리는 결정 대부분은 순식간에 자동으로 그리고 의식하지 못한 상태에서 내리는 '직관적' 결정이다. **가장 중요한 의사결정을 내릴 때 밑바탕에는 직관과 '본능'이 깔려 있다.** 직관적 의사결정은 경험을 쌓으면서 무의식적으로 다듬어지며, 의사결정의 90% 이상은 이렇게 직관을 토대로 삼는다.

여러 수단을 동원해 직관을 추적하려고 해도 대개는 성공하지 못한다. 직관은 잠재의식 속에서 단순하고 우아하게 움직이면서 더 높은 수준의 인지 정보를 받아들이려 하지 않기 때문이다. 어떤 의사결정을 내릴지 고민하게 되면 인지적으로 의식하면서 과정을 밟게 되고, 이런 의식적인 노력으로 인해 직관적 과정의 일부가 무시된다. 부단히 연습하지 않으면 의사결정을 내릴 때 아무리 직관에 따르려고 의식적으로 노력할지라도 대개는 실패하기 마련이다.

비즈니스 세계에서는, 특히 전문가일수록 결과가 불확실할 때는 흔히 '감感, Gut'에 따라 결정을 내린다. 감이란 경험을 바탕으로 현재 상황에 대해 느끼는 직관적 생각을 의미한다. 이런 직관적 감이 어떤 느낌으로 다가오게 되는 순간, "이번에는 감이 좋아."와 같은 말을 하게 되는 것이다. 이런 감이 잠재의식 속에서 감정적 프로세스를 불러일으키고, 결국에는 신체적 신호를 통해 겉으로 표출된다.

어떤 비즈니스 리더들은 자신들이 성공을 거둔 이유가 직관적인 감에 따라 의사결정을 내리기 때문이라고 말한다. GE의 CEO였던 잭 웰치는 심지어 자서전인 《끝없는 도전과 용기Jack : Straight from the Gut》의 제목에 '감Gut'이라는 단어를 집어넣었을 정도였다. 비즈니스 세계에서 원하는 결과를 얻으려면 위험과 불확실성을 감수해야 한다.

조지 소로스와 같은 베테랑 투자자들은 신체가 보내는 미묘한 신호를 직관적으로 감지한다. 조지 소로스는 오랫동안 높은 실적을 거둔, 월스트리트의 우상과도 같은 인물이다. 소로스의 퀀텀펀드가 1969년 출범했을 당시 1,000달러를 투자했다면, 20세기 말까지 그 돈은 연간 복합수익률이 30%를 넘었을 것이다 금액으로 하면 400만 달러다.

조지 소로스는 투자 전략을 짤 때 가끔은 직관적 감이 보내는 신체적 신호를 이용한다. 소로스의 아들은 이렇게 말했다.

"아버지가 무슨 이유에선지 시장 포지션을 바꾼다면 이는 등이 찌를 듯이 아프기 때문이다. 이것은 이성과는 관련이 없다. 말 그대로 발작처럼 아프게 되는데, 이것이 조기 경고 신호로 작용한다."

다른 전문가들이 '본능'이나 '느낌'을 이용하듯이, 소로스 역시 신체적 신호를 관찰해 의사결정에 귀중한 도움을 받는다. 소로스는 시장 행동에 대한 학문적 이론과 신체가 보내는 신호를 결합해 투자 계획을 만든다. 그는 말한다.

"투자 결정을 내릴 때 이론은 정보를 주고 신체는 신호를 보내준다. 자기 강화적 흐름이 만들어내는 신호가 나의 마음을 움직인다. 포트폴리오를 바꿔야 할 필요가 생기면 등이 아파 오기 시작한다. 행동을 취하거나 상황을 예의 주시해야 할 필요가 있음을 머리가 알기 전에 몸이 먼저 '아는' 것이다."

소로스는 잠재적 리스크와 기회를 고민할 때는 몸이 보내는 미묘한 신호를 주시한다. 하지만 그가 전적으로 직관에만 의존하면서 결정을 내리지는 않는다는 사실을 유념해야 한다. 대신에 그는 시장의 행동을 분석적으로 평가할 때 보조 수단으로써 신체의 신호를 이용한다.

트레이딩 심리 분야의 코치인 더그 허쉬혼 박사는 마이어스-브릭스 성격유형지표MBTI 검사, 카를 융의 성격 유형이다. E(외향성), I(내향성), S(감각형), N(직관형), T(사고형), F(감성형), J(판단형), P(인식형), 8가지 지표로 구성된다를 대규모 포트폴리오 매니저 집단에 적용해봤다. 포트폴리오 매니저의 80%와 애널리스트의 25%에 N직관형의 인격 특성이 존재했다. 애널리스트에 비해 포트폴리오 매니저일수록 명시된 데이터만이 아니라, 직관에 따른 의사결정을 더 많이 내렸다.

항상 직관에 충실하기란 쉽지 않다. 가끔은 강력한 감정에 사로잡혀 본능이 무시되기도 한다. 여러 요인이 한꺼번에 터지면 감정이 직관을 압도한다. 큰 손실이나 이득을 기억하거나, 경험했거나, 혹은 기대하면서 생겨나는 감정은 직관적 결정을 좋지 않은 방향으로 기울게 만든다.

시간 압박이나 사회적 압력, 실적 압박을 겪는 상황일 때이를테면 사사건건 방해를 하는 투자위원회나, 회계 연도 말의 실적 평가를 고민해야 할 때도 마찬가지로 편향된 직관적 판단을 이끌기 쉽다. 하지만 조용히 생각하는 시간을 가지기만 해도 복잡한 정보를 직관적으로 판단하는 기회를 얻을 수 있다.

생각하지 말고 직관에 귀 기울이기

|

과거의 기억이나 기대치, 현재의 압박을 잠시 내려두기만 해도 직관적 과정이 전개되는 데 도움이 된다.

다음은 어느 명망 높은 헤지펀드 매니저가 설명한 투자 결정 과정으로, 그와 직접 대화한 녹취록이다.

몬티어 : 어디에 투자해야 할지 어떻게 아십니까?

투자자 : 그냥 이만하면 정보가 충분하다는 느낌이 듭니다. 저는 정보를 잔뜩 모은 다음에 그냥 기다립니다. 대부분은 스펀지처럼 정보를 흡수하기만 합니다. 말 그대로 스펀지인 거죠. 정보를 가지고 무언가를 시도하지는 않습니다. 답을 찾지도 않고 그냥 가만히 기다립니다. 그러다 타이밍이 됐다 싶으면 느낌이 옵니다. 무언가에 집중해야 한다는 느낌이 스멀스멀 올라옵니다. 아주 미약하게 '저걸 봐야 해'라는 느낌이죠. 그 순간에는 제가 무얼 보고 있는지도 모른 채, 그냥 평소보다 더 집중해서 관찰합니다.

몬티어 : 그 느낌을 어떻게 행동으로 바꿉니까?

투자자 : 대부분은 이유도 모른 채 투자 계획을 짜기 시작합니다. 인도의 냉장고 회사 주식을 살 때도 있고, 파이프라인 주식을 살 때도 있고, 아니면 페루의 채굴권을 살 때도 있습니다. 그런 느낌이 무엇을 이끄는지는 알지 못합니다. 하지만 그런 식으로 신행되는 걸 어쩝니까. 저 자신은 길 밖에 있는 느낌입니다. 그렇다고 길을 잃지도 않으며, 그 점을 심각하게 고민하거나 제 행동 방식을 분석하려고 해서도 안 됩니다. 저는 그냥 그 길에 들어서죠. 그리고 느낌이 이끄는 대로 그 일을 실행에 옮긴 다음

에야 길에서 나옵니다.

몬티어 : 사례가 꽤 다양하군요. 다양한 산업마다 '정보'는 어디에서 얻습니까?

투자자 : 보통은 사무실의 서류에서 정보를 얻습니다. 트레이더와 애널리스트들이 통계 정보와 재무 정보를 가져다주기도 하고, 제가 직접 단말기를 볼 때도 있습니다. 제가 얻는 정보도 다른 사람들이 얻는 정보와 다를 바가 없습니다. 다만 더 자세한 정보가 필요하다고 느낄 때는 제가 직접 나서거나, 아니면 회사 내의 누군가에게 부탁합니다.

이 투자자는 마치 정보 필터처럼 행동하고 있었다. 그는 직관과 경험을 이용해 다른 투자자들이 간과하거나 미처 식별하지 못한 패턴과 문제점을 식별한다. 그가 자세히 관찰해야 할 정보가 무엇인지 머리로만 고민하려고 한다면, 아마도 '길'에 들어서는 능력을 잃을지도 모른다. 의사결정 과정 동안 그가 정신적 평온함을 유지하고 있었음을 유념해야 한다.

그는 과거의 거래를 떠올리지도 않았고, 앞으로 얼마나 손해를 보거나 이익을 볼지 생각하지도 않았다. 대신에 **그는 왕성한 호기심을 유지한 채 느낌을 따른다.** 그리고 이런 행동이 전체를 바라보는 시각을 길러주고 기회를 안겨준다.

감정 휴리스틱의 힘과 그림자

단순한 의사결정 상황에서는 의식적 사고가 더 좋은 결정을 이끌어주지만, 일정 수준 이상의 복잡한 정보가 주어진 상황에서는 의식에 따른 선택보다는 감정에 따른 선택이 더 좋은 결과를 이끈다. **감정은 정신적 지름길을 제공하고, 이를 통해 인간은 복잡한 시나리오에서 빠르게 '옳은 것'과 '그른 것'을 판별할 수 있다.**

챕터 2에서 간략히 소개된 폴 슬로빅 교수의 '감정 휴리스틱' 이론에 따르면 의사결정자는 일상생활에서 판단하고 결정할 때, 대개 감정적 의미에 의존한다. 인간이 떠올리게 되는 이미지는, 정도는 다를지라도 모두 감정이라는 꼬리표가 붙어 있다.

'감정의 풀Affect pool'에는 의식적으로든, 무의식적으로든 이미지를 연상시키는 감정 꼬리표가 들어있다. 이 감정 꼬리표 풀 안에서 언제라도 감정과 관련된 정보를 떠올릴 수 있기 때문에, 친숙한 자극을 만날 때면 빠르게 감정적 반응이 생겨나는 것이다.

감정 휴리스틱을 통해 발생하는 감정은 판단에 도움이 되는 정보로 작용하기도 한다. 감정은 일반화의 지름길 역할을 하면서 인간으로 하여금 여러 복잡한 관련 정보를 재빠르게 분류하고 통합할 수 있게 해준다. 또한 감정은 의사결정에서 핵심이 되거나 중요한 부분에 초점을 맞추도록 도와준다. 마지막으로 감정은 동기 부여의 역할을 하면서 보다 빠르고 확고한 결정을 내리도록 이끌어준다.

그렇기에 감정은 일상에서 의사결정의 핵심 측면이자, 미묘하게 진행되는 직관을 뒷받침해주는 역할도 한다. 불행하게도 '특별한 관심뇌의 비교 기제가 만들어내는 강력한 감정'에 의해 한쪽으로 편향되면, 재무적 의사결정에도 심각한 영향을 미칠 수 있다.

감정이 강력할 때 특히 결과를 기대하거나 과거를 기억하거나 외부의 사건에 반응하면서 강력한 감정이 생겨나는 순간, 감정이 직관을 압도해 좋지 않은 방향으로 편향된 판단과 의사결정이 나올 수 있다. 감정이 도움이 되는지 그리고 잠재적으로 어떤 감정이 편향을 불러일으키는지 구분하고 싶다면, 감성 지능을 연구한 심리학자들의 통찰에 귀를 기울이는 것도 도움이 된다.

감성 지능이 리스크를 관리한다

강력한 감정에 따른 '특별한 관심'을 탐닉하는 사태를 피하고, 본능의 힘을 제대로 활용하려면 감성 지능이라는 소양을 개발해야 한다. 기업 심리학자인 대니얼 골먼이 개척한 감성 지능 연구는 감성적 능력이 순수한 IQ보다도 성공적인 비즈니스에 더 도움이 된다는 사실이 입증되면서 발생한 학문이다.

대니얼 골먼의 말을 빌리면 감성 지능이란 '자신과 타인의 감정을 인식하고, 스스로에게 동기를 부여하고, 자신과 주변 인물들의 감정을 잘 관리하는 능력'이다. 감성 지능은 자기인식 능력, 자기통제 능력, 동기부여 능력, 공감대 형성 능력, 사교적 능력이라는 다섯 가지 감성 능력으로 구성된다.

40개 이상 기업의 경영진을 연구한 결과에 따르면, 업무에서 스타로 떠오른 경영자일수록 전체의 53% 감성 지능이 강한 것으로 드러났다. 반면에 IQ나 해당 분야의 전문성이 뛰어난 사람은 27%였다. 성공 투자와 높은 감성 지능 사이에도 연관성이 있을 수 있지만, 내가 알기로는 이 주제에 대해서는 과학적 연구가 행해지지 않았다.

감성 지능을 갖추려면 반드시 필요한 능력을 하나 꼽는다면 자기인식이다. 스스로 어떤 감정을 느끼는지 인식하지 못한다면, 도움이 되는 본능과 편향적인 감정을 구분할 수도 없다. **이런 잠재의식적 감정이 위험의 소지가 큰 이유는, 이로 인해 재무적 기회와 리스크를 생각하는 방식 자체가 바뀔 수도 있기 때문이다.** 더욱이 잠재의식 속에 숨은 감정을 스스로 인식하려면 고도의 능력이 필요하다.

연구 결과에 의하면, 특정 사건으로 감정이 유도되면 아무 상관도 없는 다른 사건을 생각하는 방식도 영향을 받게 된다. 영화를 보면서, 화창한 날씨를 즐기면서, 또는 시험 스트레스를 겪으면서 생겨난 감정은 다른 관련 없는 주제와 사물을 판단할 때도 영향을 미쳤다. 예를 들어 한 실험에서 참가자들은 기분 나쁜 기사를 읽은 직후보다, 기분 좋은 기사를 읽은 직후에 더 낙관적으로 리스크를 평가했다.

놀랍게도 인간은 스스로의 감정이나 그런 감정이 판단에 미칠 영향을 머리로는 인식하지 못하는 경우가 많다. 이는 과학적으로도 확실히 증명된 부분이다. 캘리포니아 샌디에이고 대학교 피오트르 윙킬만 교수와 미시간 대학교 켄트 버리지 교수는 서로 독자적으로 일련의 실험을 진행했다.

실험은 참가자들의 잠재의식에 행복한 얼굴이나 화난 얼굴을 보여준 다음, 그들에게 음료를 따라 마시고 맛을 평가하라고 요구했다. 잠재의식에서 미소 띤 얼굴을 본 참가자들은 음료를 더 많이 따르고 소비했으며, 주저 없이 돈을 지불하고 원하는 음료를 더 많이 마셨다. 잠재의식에서 찡그린 얼굴을 본 참가자들은 반대의 결과를 보였다.

참가자들은 "미소 띤 얼굴이나 찡그린 얼굴을 본 뒤에도 주관적 감정에는 아무 변화가 없다."고 말했다. 하지만 그들 스스로는 얼굴 표정을 본 다음에도 아무 변화가 없다고 생각했지만, 실제로 그들의 재무 행동은 달라졌다.

투자를 조종하는 무의식의 신호들

|

리스크가 높은 재무 결정을 내리는 동안 잠재의식에서 진행되는 감정 변화를 연구하기 위해 스탠퍼드 대학교 J. 트루질로와 M. 넛슨 교수는 한 가지 실험을 고안했다.

피실험자들은 감정을 표출하는 얼굴을 본 다음에 리스크가 높은 여러 투자들 가운데 하나를 결정해달라는 요구를 받았다. 그 얼굴들은 두려움, 분노, 행복감 등 한눈에도 확연히 알 수 있는 감정을 표현하고 있었다. 피실험자들은 얼굴 표정을 유심히 봐달라는 부탁을 받았고, 도박을 시작하기 전에 그 얼굴의 성별도 알아맞혀야 했다. 하지만 그들은 자신들이 본 표정이 의사결정에 영향을 미칠 수도 있다는 언질은 받지 않았다.

세 가지 실험 계획에 따라 연구진은 고위험의 여러 금전 게임 가운데 하나를 선택해야 했다. 예상대로 참가자들은 행복한 표정을 본 후에 가장 위험한 금전적 도박을 선택했다. 화난 표정이나 두려운 표정을 본 다음에는 안전한 금전적 도박을 선택하는 참가자가 더 많았다.

두려움과 분노가 미치는 영향에는 차이가 없었다. 그러나 화난 표정을 본 뒤에는 이어진 투자 선택에서 투자 자체를 하지 않으려는 참가자가 늘어났다.

얼굴 표정이 투자 결정에 미치는 영향은 이전의 실적 결과와는즉, 이전의 선택에서 얼마나 손익을 봤는지 여부와는 상관이 없었다. 일반적으로 좋은 표정행복감을 보고 나면 리스크 감수가 늘어난 반면에, 나쁜 표정분노와 두려움을 본 다음에는 리스크 감수가 줄어들었다. 더욱이 행복한 표정은 보상의 변화 가능성 측면에서 측정했을 때도 리스크 감수를 높였으며, 심지어는 높은 리스크를 감수해봤자 아무 도움이 되지 않을 때도 마찬가지였다.

연구진은 뇌에서 두려움, 분노, 행복감을 처리하는 중추적인 부분들이 잠재의식 속에서 순간적으로 활성화되었다고 생각했다. 그런 탓에 리스크가 높은 도박을 정확히 평가해야 되는 피질의 능력이 한쪽으로 편향되었을지도 모른다는 결론을 내렸다.

투자자들은 표정만이 아니라 무의식적으로 감정을 유발하는 다른 원인에도 영향을 받는다고 볼 수 있다. 직장의 분위기, 해당 업종과 관련된 보도 내용의 어조, 신문 기사의 내용, 집안에 흐르는 분위기 역시 투자 결정의 방식을 무의식적으로 편향시키는 요인이 된다. 이런 요인들이 미치는 영향이 미미한 수준에 불과할지라도, 리스크가 높은 투자 결정에서 1%의 변화는 훗날 쪽박이냐 대박이냐를 가르는 잣대가 될 수도 있다.

이번 챕터에서는 전문적 투자 결정에서 직관의 중요성을 강조했다. 그러나 불필요할 정도의 고민과 강력한 감정적 편향, 그리고 잠재의식적 감정에 지배되면 투자자가 내리는 직관적 판단은 으레 한쪽으로 지나치게 기울게 된다.

경험정직한 평가와 빠른 피드백을 통해 얻을 수 있다**과 감성 지능**구체적으로 말하면 **자기인식 능력**이야말로 투자자가 직관적 프로세스를 보강할 수 있는 적절한 치료제다. 감정으로 인해 직관이 편향된 순간 뚜렷한 재무적 실수가 발생한다.

PART II

감정이
투자에
미치는 영향

Chapter 04

감정의 덫 ;
투자자가 판단력을 잃는 순간들

"주가가 낮은 가장 흔한 원인은 때로는 시장 전체에 만연한, 특정 회사나 산업에 대한 비관주의 때문이다. 우리는 그런 환경에서 투자하고 싶다. 이는 우리가 비관주의를 좋아해서가 아니라, 그 결과로 가격이 싸지기 때문이다. 낙관주의야말로 합리적 구매자의 적이다." - 워런 버핏, 1990년 주주들에게 보낸 편지

가끔 사교 모임에 나가 '투자 심리학자'로 일한다고 말하면 사람들은 의아하다는 표정을 짓는다. 그러고는 시장과 관련된 질문을 하거나 1년 뒤의 시장 전망이 어떻습니까? 개인 생활과 관련된 질문을 던진다 내 남편이 or 아내가 돈 관리를 못하는 이유가 뭘까요?.

2010년 초 디너파티에 동석한 조디라는 여자가 내 직업을 듣고는 신경질적으로 물었다.

"누가 저랑 대화해보라고 하던가요?"

"오, 아닌데요."

그녀가 구석진 조용한 자리를 가리키며 말했다.

"저쪽으로 가요. 선생님이랑 대화 좀 나누고 싶어요."

"그러죠."

이런저런 가벼운 대화를 나눈 후 조디는 본론으로 들어갔다. 그녀는 다리 밑에서 사는 가난한 노인들이 나오는 악몽에 시달린다고 털어놓았다. 그녀가 극빈자로 전락한 꿈도 여러 번 꿨다고 한다. TV광고에서 행복하게 사는 노부부의 모습이 나올 때면 자신도 모르게 눈물이 났다. 이렇게 된 지 벌써 일 년이나 되었다. 왜 그런지 이해할 수 없었지만, 어렴풋이 실마리는 찾은 것 같았고 했다.

"그 실마리가 뭐죠?"

"음, 제가 1990년대 후반에 대형 투자은행에서 브로커로 일한 적이 있었어요. 퇴직자들에게 투자 종목을 추천하는 게 우리 팀의 일이었죠. 제가 그 일을 시작한 1998년 중반에는 너도나도 인터넷 종목을 사고 싶어 했어요. 우리는 고객에게 전화를 걸어 공모주 몇 가지를 제시하고, 그 밖에 다른 종목도 추천했죠. 웬만한 고객들은 우리가 추천하면 군소리 없이 그대로 따랐고, 때로는 아주 큰돈을 벌기도 했죠. 1999년 말에 우리 팀은 IT주 뮤추얼펀드를 판매하기 시작했는데, 거기에는 정규 수수료 말고도 2%의 매수 수수료가 따로 붙었어요."

"수수료가 엄청 높았군요."

"맞아요. 고객 계좌의 80%에게 펀드를 판매하지 못하면 해고될 수도 있다고 상관이 으름장을 놓더군요. 저는 나이 든 퇴직자들 수십 명에게 그 인터넷펀드를 사라고 설득해야 했죠. 어떤 고객들은 그 계좌에 있는 돈을 다 집어넣기도 했어요. 전 말리지 않았고요."

"그래서 어떻게 되었죠?"

"저는 2001년 초에 회사를 떠났어요. 그즈음부터 고객들이 전화를 걸어 왜 계좌의 돈이 줄어 있냐고 물었어요. 저는 가만히 기다리면 회복될 거라고 말했죠. 지금 생각해도 잘못된 행동이었어요. 그 사람들은 저를 진짜로 믿었는데 말이에요."

조디는 음료를 홀짝이고는 방에 있는 사람들을 하나하나 유심히 쳐다봤다. 아마도 다른 대화 상대를 찾고 있는 듯했다. 그녀의 이야기는 아무래도 거기가 끝이 아닌 것 같았다.

"그다음은요?"

"저는 그후로 부동산 자격증을 따서, 지금은 부동산 중개인으로 일하고 있어요."

"그거 말고요. 그 고객들과 펀드가 어떻게 되었는지 솔직하게 말해줄 수 없나요?"

"정확히는 모르겠어요. 제 짐작에는 부서 자체가 폐쇄되지 않았나 싶어요. 어쩌면 퇴직 계좌에 있는 돈을 몽땅 잃은 고객도 있을 거예요. 회사를 나오기 직전에 고객 한 분이 말하기를, 제 말을 따른 대가로 10년은 더 일하게 되었다고 하더군요."

그녀는 자기 구두를 뚫어져라 쳐다봤다.

"전에 그 일 때문에 상담받은 적이 있나요?"

"아뇨 없어요. 그랬어야 했나요?"

"아무래도 그 일 때문에 마음 깊숙이에 두려움이 도사리고 있는 것 같아서요."

그녀는 잠시 생각하더니 솔직하게 말했다.

"맞아요. 그 일은 떠올리기만 해도 소름이 돋아요."

조디는 죄의식에 시달리고 있었다. 그녀는 고객들을 도와줄 생각이었을지라도, 어떤 고객은 은퇴 시기까지 늦춰야 했다. 드러내지 않았어도 그녀는 마음 깊이 자신의 행동을 후회하고 있었고, 예기치 못한 순간에 그런 후회의 감정이 표면으로 부상하기 시작했다. 텔레비전에서 퇴직자들의 모습을 보기만 해도 눈물이 났고, 꿈에서도 그들이 등장했다.

조디는 2000년 이후로는 주식투자에는 눈길조차 돌리지 않는다고 말했다. 그녀는 노후 자금을 모두 현금으로만 보유했는데, 아마도 과거의 행동을 속죄하는 의미였을 가능성이 크다.

과거의 사건에서 가장 끔찍한 부분은, 인터넷 거품이 결국에는 터질 것임을 그녀가 알고 있었다는 점이다. 그녀 자신은 거품이 낀 인터넷 종목을 산 적이 한 번도 없었다. 인터넷 뮤추얼펀드가 퇴직자들에게 좋은 투자가 아니라는 사실을 알면서도 펀드를 판매한 것을, 그녀는 진심으로 후회했다.

후회와 죄책감은 오랫동안 사라지지 않을 수도 있다. 후회와 죄책감을 피하려는 마음에 사람들은 그런 감정을 연상시키는 기억을 차단시켜 버린다. 하지만 애써 피하려고 해도 후회의 감정은 어느 순간, 예기치 못한 방법으로 불쑥불쑥 표면으로 부상한다.

조디는 과거의 경험을 받아들이지도 그렇다고 털어 버리지도 못했기에, 조금이라도 관련이 있는 일을 겪을 때면 과거를 연상시키는 강력한 감정이 생겨났다.

감정은 투자보다 먼저 움직인다

이 책의 내용은 심리학적으로 민감한 영역을 건드린다. 돈을 이야기할 때는 사회적인 터부가 있을 뿐 아니라, 감정을 탁 터놓고 다룰 때도 불편하기는 마찬가지다. 사람들 대부분은 이런 대화에 쉽게 마음의 상처를 입는데, 논하게 되는 감정이 기저에서 보호하고 있는 인식과 관련이 있기 때문이다.

전통적으로 감정은 '혼란스러운' 것이라고 여겨졌으며, 판단에 도움이 되기보다는 해가 된다고 간주한다. 하지만 연구 결과로도 입증되었듯이 훌륭한 결정이든 나쁜 결정이든, 감정은 중추적인 역할을 한다. 앞에서 훌륭한 직관적 의사결정은 '감'을 따른다고 말했다. 그러나 적정 수준을 넘어선 지나친 감정은 도움이 되기는커녕 직관을 억누른다. 이번 챕터에서는 특정한 감정에서 발생하는 감정 편향을 설명한다.

감정은 순간에 그치기도 하고몇 분 내지 몇 시간 '정서'처럼 오랫동안 지속되기도 한다몇 시간 내지 몇 주. **고질적으로 굳어진 감정을 '태도'라고 하며, 세상을 대하는 감정이 영구적으로 굳어지면 '인격 특성'이 된다.**

연구 논문들이 밝혔다시피 감정은 여러 방식으로 뇌의 정보 처리 과정과 의사결정 능력을 바꿔 놓는다. 감정에 좌우되는 의사결정자는 본인의 감정에 들어맞는 정보에만 집착하고, 반대되는 증거는 자주 무시한다. 단기적인 감정이든 정서이든앞으로는 '감정'으로 통일하기로 한다 행동을 취해야겠다는 생각을 불러일으킨다. 행동을 취하지 않으면 감정은 사라지지 않고 지속된다. 잠재의식적 감정은 적당히 해소되기 전까지 계

감정은 의사결정에 어떤 식으로 영향을 미치는가?

감정이 의사결정에 미치는 영향	예시
현재의 감정 상태에 따라 정보 처리 스타일이 달라진다.	기분 좋은 상태일 때는 자신이 보다 정확한 결정을 내렸다고 자부한다. 우울한 기분일 때는 지나치게 자세히 파고들면서 우유부단하게 군다.
기본적 성향이나 인성이 인식을 편향시킨다.	외향적이고 낙천적인 사람일수록 노이로제(만성적 두려움)에 시달리는 사람에 비해 리스크에 주의를 기울이지 않는다.
본능 : 스스로에게 "어떤 느낌이 들지?"라고 묻는다.	잭 웰치는 '배짱으로 과감하게' 결정한다. 조지 소로스는 트레이딩할 때 신체적 반응에 영향을 받는다.
앞으로의 결과를 생각하면 감정적 반응이 발생한다.	기업 파산 신고의 가능성을 염려하면서 리스크를 회피하려 한다.
보상을 받았을 때 예상되는 감정은 무엇인가?	거액의 성과 보상금을 받게 될 순간의 기쁨을 기대하며 선행매수(Anticipatory buying, 펀드 매니저들이 투자 포트폴리오에 편입시킬 종목을 개인 주식 계좌에 사놓고서 펀드 종목 편입 시 상승에 따른 차익을 거두는 매매)를 행한다.
손실을 봤을 때 예상되는 감정은 무엇인가?	투자가 잘못되었을 때 크게 실망할지도 모른다는 두려움에 지나칠 정도로 깊고 자세하게 분석한다.
감정이 해소되기 전까지 계속 유지되면서 판단에 영향을 미친다.	조디가 단적인 사례다. 그녀는 과거 행동에 대한 후회로 주식시장을 멀리했으며, TV광고에서 은퇴한 노부부만 나와도 눈물을 흘렸으며, 밤에는 악몽에 시달렸다.
투사 편향 : 인간은 오늘 느끼는 기분을 내일도 똑같이 느낄 것이라고 가정한다.	'지금도 충분히 잘 벌고 있다'고 생각하면서 노년에 대비한 저축을 하지 않는다. 누려움을 느끼는 투자자는 주식시장이 언젠가는 약세장이 될 것이라고 생각한다.
동기화된 추론 : 부정적인 감정을 최소화하기 위해 비논리적인 주장을 들먹이며 현재의 믿음을 정당화한다.	2000~2001년 동안 나스닥이 하락하는 동안에도 소위 전문가라는 사람들은 인터넷 종목에 '평균 분할투자(Dollar-cost average, 주기적으로 일정 금액을 특정 종목 또는 포트폴리오에 투자하는 소극적 투자 방법)'를 해야 한다고 권했다.

속해서 미묘하게 판단과 의사결정을 편향시킨다. 털어내지 못한 감정이 이어지면서 무심코 겉으로 표출된다는 것을 보여주는 좋은 예가 앞에 나온 조디다.

사건이 원하는 대로 또는 원치 않는 방향으로 진행되면 인간 본성상 감정적 반응이 생겨난다. 더욱이 감정적 반응을 보이는 사람에게는 아무것도 아닌 일도 큰일이 된다. 큰 성공이나 비참한 패배를 상상하는 단순한 행동도 감정을 자극한다.

실제로 거의 모든 투자자가 시장의 행동에 감정적 반응을 보이는데, 초보투자자일수록 더 심하다. **투자자들은 시장이 보합세일 때는 초조해 하고, 강세장일 때는 득의양양하게 굴고, 급격한 침체장일 때는 극심한 의심과 두려움에 빠진다. 이런 감정은 투자자의 사고방식을 바꾸고 심지어는 투자하는 대상마저도 바꿔 버린다.**

의사결정을 내릴 때 감정 편향은 구체적으로 어떤 함정을 만들까? 앞의 표는 감정이 뇌의 정보 처리와 판단에 미치는 광범위한 영향을 보여준다.

긍정적인 감정과 부정적인 감정의 차이

긍정적인 감정은 인생이 순탄하게 흘러가고, 목표에 가까이 다가가고 있으며, 자원이 충분하다는 것을 나타내는 신호다. 이는 인간이 '넓히고 건설할 수 있는' 이상적인 상황이다.

두려움과 슬픔 같은 부정적 감정은 자기보호 자세의 전형적 특징으로, 이때는 기존 자원을 지키고 손해를 피하는 것을 주된 목표로 삼는다. 낙관적 자세와 비관적 자세 모두 나름의 방식으로 재무적 의사결정에 영향을 미친다.

긍정적 감정은 개인으로 하여금 새로운 목표를 찾고 실행할 준비를 하게 만든다. 행복, 성취감, 만족, 기쁨과 같은 긍정적 감정은 확신, 낙관주의, 자신감이라는 특징을 보인다. 행복한 사람은 좋지 않은 기분이 들고 심각한 사건을 만날지라도, 보다 낙관적으로 처신하면서 긍정적이고 확고한 행동을 보인다. 행복하게 잘살고 있다는 감정은 긍정적인 피드백 효과를 발휘한다. 긍정적인 태도를 버리지 않는 사람들은 그렇지 않은 사람들보다 면역력이 높고 더 건강하다.

학자들은 긍정적 감정이 판단력에도 여러 가지 영향을 끼친다는 사실을 발견했다. 긍정적인 감정 상태에 있는 피실험자는 정보 검색 과정을 단순화해 의사결정의 복잡성을 줄이려 한다. 행복할수록 고정관념 같은 인지 휴리스틱지름길을 더 많이 사용하는 경향을 보인다.

긍정적인 사람은 부정적인 사람에 비해 중요하지 않은 정보를 무시하고, 가능한 한 단순하게 생각하고, 정보를 적게 재확인하고, 선택의 순간에도 오랫동안 고민하지 않는다.

도박할 때 긍정적인 사람과 부정적인 사람은 판이하게 다른 선택을 한다. 판돈이 클수록 긍정적인 사람은 현재의 긍정적인 기분을 유지하고 상당한 손실을 피하는 데 주력한다. 반대로 판돈이 낮으면 긍정적인 의사결정자는 조금이라도 더 이익을 내려고 과감하게 리스크를 추구한다그럴지라도 행복 자체가 위험에 처할 정도로 무리하게 리스크를 감수하지는 않는다.

'행동' 측면에서 보면 행복한 사람은 현재의 행복한 기분을 유지하기 위해서라도 거액의 손실이 발생할 가능성은 피하고 본다. 그렇기에 행복한 사람일수록 낙관적인 판단을 내리기는 하지만, 이성적으로 생각했을 때 대규모 손실이 예상되면 리스크를 감수하지 않으려 한다.

긍정적 감정이 인간의 시야를 확장시킨다면 부정적 감정은 그 반대다. 부정적 감정일수록 신중하고 조심스런 지나치게 경계하는 사고 프로세스와 관련이 높다. 부정적 감정은 지나칠 정도로 리스크를 인식하고 손실에 과민 반응하게 만든다.

폴 슬로빅 교수는 의사결정 연구센터의 동료들과 함께 '부정적 반응'을 보이는지, 아니면 '긍정적 반응'을 보이는지에 따라 피실험자의 인성적 특징을 평가했다. 그런 다음 피실험자들에게 조금 수정된 '아이오와 도박 실험'을 제시했다.

'아이오와 도박 실험 Iowa gambling task'은 의사결정 과정을 연구하기 위해 개발된 심리학적 실험이다. 이 실험은 참가자에게 네 개의 카드 덱 Deck, 카드 더미을 제시하고, 각 덱에서 카드를 선택하여 최대한 많은 돈을 벌도록 요구한다. 덱 A와 B는 높은 보상과 함께 큰 손실을 초래하는 불리한 덱이며, 덱 C와 D는 적은 보상이지만 장기적으로 이익을 가져오는 유리한 덱이다.

슬로빅 교수의 실험에서 **부정적 반응을 보이는 피실험자일수록 높은 손실이 예상되는 도박을 피하는 방법을 잘 익힌 반면에** 아마도 그들이 손실에 민감하게 굴기 때문일 것이다. **긍정적인 반응을 보이는 피실험자들은 높은 이익이 예상되는 투자를 선택하는 방법을 더 빨리 학습했다.** 이런 특유의 행동으로 인해 긍정적인 사람들은 비관적인 사람들보다 전체적으로 낮은 이익을 거뒀다.

다음 표는 긍정적 감정과 부정적 감정이 의사결정, 판단력, 행동 방식에 미치는 영향을 요약해서 비교해준다.

긍정적 감정과 부정적 감정이 사고에 미치는 영향

긍정적 감정 상태인 사람	부정적 감정 상태인 사람
의사결정의 복잡성을 줄인다.	세부 사항에 치중한다.
정보 검색 가정을 가능한 한 단순화한다.	조심성이 많으며 넓게 분석한다.
중요하지 않은 정보를 무시한다.	대개의 경우 사소한 부분에 지나치게 집중한다.
적은 범위를 관찰한다.	넓게 관찰한다.
정보를 가능한 한 적게 재확인한다.	거듭 반복해서 확인한다.
선택할 때 많은 시간을 들이지 않으려 한다.	가끔은 '분석 마비'가 될 정도로 천천히 생각을 많이 한다.
돈이 적게 걸린 도박에서는 리스크를 많이 감수한다.	작은 리스크는 가능하면 피한다.
돈이 많이 걸린 도박에서는 리스크를 적게 감수한다.	대규모 구입이나 리스크가 높은 도박에는 지나칠 정도로 많은 돈을 쏟아붓는 경향이 있다.
실패한 후에도 심각하게 고민하지 않으며, 손실을 보더라도 보다 쉽게 회복한다.	문제점이 무엇인지 심사숙고하며, 다시 일어서기까지 어려움을 많이 겪는다.

후회에 대한 두려움이 투자 실패를 부른다

후회는 불편하지만 투자에서는 떼려야 뗄 수 없는 부분이다. 잘못된 투자 결정을 내리면, 결국 손해를 볼 수밖에 없다. 손실을 객관적으로 '인정하지' 못하는 사람들은 후회라는 감정을 겪기 마련이다. 거액의 손실에서 감정적으로 초연하려면 아주 노련한 투자자가 되어야 한다. 가장 흔한 두 가지 행동 편향을 이끄는 것도 이렇듯 후회를 불편하게 여기는 마음 때문이다.

행동재무학 연구에서 가장 흔하게 보이는 편향 가운데 하나는 성공적인 주식보다 실패한 주식을 더 오래 보유하려는 성향이다. 다시 말해 **대다수 투자자는 '실패한 주식은 계속 보유하고, 이익을 본 주식은 금세 팔아 버린다.' 이것을 '처분 효과'라고 한다.**

실패한 주식을 파는 것은 잘못을 인정한다는 뜻이나 다름없다. 잘못했다고 느끼는 순간 고통스런 후회가 밀려온다. 후회를 피하려는 마음에 투자자는 언젠가는 주가가 반등해, 처음의 매수 결정이 옳았음이 증명되리라고 희망하면서 패배하는 주식을 계속 보유한다.

투자자들은 주가가 곧 내려가 이익이 줄어들게 되고, 결국에는 기회가 있을 때 이익을 챙기지 못한 것을 후회하게 될지도 모른다는 두려움에, 성공적인 주식은 금세 팔아 치운다. 따라서 주가가 오르든 내리든, 투자자들은 후회하지 않기 위해 곧잘 편향된 결정을 내린다.

UC 버클리 대학교 바버라 멜러스 교수는 직접 고안한 도박 실험을 통해 후회에 대한 두려움으로 인해 수익이 낮아지게 된다는 사실을 발견했다. 도박 실험에 참여해 예기치 못한 손실을 본 피실험자들의 상당수가, 이어진 실험에서는 기대 가치가 상당히 높은 도박이 제시되었음에도 참여하지 않으려 했다. 손실을 겪고 나면, 그것이 아무리 무작위적인 사건_{이를테면 동전 던지기}에서 비롯된 손실일지라도 참가자들은 다음 실험에서는 비합리적일 정도로 리스크를 피하려는 행동을 보였다.

후회에 대한 두려움은 투자자들이 처음에 매매 결정을 내리는 방식에도 영향을 미친다. 학자들은 미 중서부에 거주하는 다수의 개인투자자와 대학생 집단을 대상으로 설문 조사와 실험을 진행했다. 설문 조사의 내용은 이렇다.

"지금 생각해볼 때 어느 투자가 더 후회되는지 답해주십시오. ① '성공적인' 주식을 너무 빨리 판 것이 더 후회됩니까? ② '실패한' 주식을 빨리 팔지 않은 것이 더 후회됩니까?"

응답자의 59%가 실패한 주식을 충분히 빨리 팔지 않은 것이 후회된다고 답했고, 41%는 성공적인 주식을 너무 빨리 판 것이 후회된다고 답했다. 흥미로운 결과였다. 실패한 주식을 빨리 팔지 않은 것이 더 큰 후회를 불러일으켰다.

같은 실험에서 연구진은 피실험자들에게 모의 주식시장에서 여러 차례에 걸쳐 직접 투자 결정_{매수, 매도, 보유}을 내리는 게임에 참가해달라고 부탁했다. 실험이 진행되는 동안 피실험자들은 간간이 파티에서 가상의 브로커를 만나 조언을 따를 수 있는 기회도 제공받았다.

한 종목을 매수하고 나면 피실험자들에게는 그동안의 수익률을 관찰한 뒤 결정을 번복할 수 있는 기회가 주어졌다. 실험이 진행되는 동안 피실험자들은 이전의 결정에 얼마나 만족하는지 점수를 매겼다.

흥미롭게도 피실험자들은 수익률에 상관없이 주식을 보유하고 있기만 해도 전반적으로 더 높은 만족도를 보였다. 브로커가 정확한 조언을 해주고 피실험자들이 그 조언을 그대로 따라서 이익을 보면, 혼자서 매수 결정을 내렸을 때보다는 투자에서 얻는 만족도가 전반적으로 낮은 편이었다. 브로커의 조언을 따를 때보다는 독자적으로 투자 결정을 내릴 때 그들은 감정적으로 더 기뻐했다.

하지만 손해를 본 경우, 스스로 결정해서 주식을 매입했을 때가 후회의 감정도 더 컸다. 브로커의 조언을 따른 것이 손실로 인한 감정적 충격을 줄여줬다. 브로커의 조언은 이익이 났을 때든 손해가 났을 때든, 감정적 반응을 약화시키는 일종의 '충격 흡수 장치' 역할을 했다.

이러한 연구 결과는 대다수 투자자가 별도의 비용을 지불하면서도 펀드운용사와 개인투자 자문을 이용하는 이유를 설명해준다고 볼 수 있다. 전문가들은 투자자 본인과 투자자가 직접 결정을 내릴 때의 결과 사이에서 중재자 역할을 한다. 투자자들은 재무 결과의 책임을 다른 사람에게 전가할 때 감정적인 영향도 덜 받게 된다.

슬픔은 사게 하고, 혐오는 팔게 한다

부정적 감정은 심리적으로는 유인가Valence, 어떤 사물이나 현상이 지니고 있는 심리적 매력 또는 심리적으로 끄는 힘의 정도를 말한다. 부정적인 것일 수도 있고 긍정적인

것일 수도 있다가 같을지라도 의사결정에 똑같이 영향을 미치는 것은 아니다. 학자들은 각각의 부정적 감정이 어떤 영향을 미치는지 알아내기 위한 연구를 수행했다.

카네기멜론 대학교 제니퍼 러너 교수는 피실험자들에게 영화 장면들을 모아 보여주면서 슬픔과 혐오감을 이끌어냈다. 그런 다음 피실험자들이 모의시장에서 매도 호가와 매수 호가를 어떻게 정하는지 관찰했다. 예를 들어 러너는 질문지를 나눠준 다음, 피실험자들에게 앞서 받은 물건**이를테면 형광펜 세트**을 얼마에 교환할 것인지 적게 했다. 또 다른 실험에서는 물건을 가지고 있지 않은 피실험자들에게 얼마를 주고 형광펜을 구입할 것인지 적게 했다.

러너가 발견한 바에 따르면, 혐오감을 느끼고 있는 실험 참가자들은 '치워 버려야겠다는' 감정적 욕구를 강하게 느꼈다. 다시 말해 혐오감이 발생한 피실험자들은 소유한 물건을 '없애고' 싶어 하며, 새로운 물건을 모으고 싶어 하지도 않는다. **피실험자들은 혐오감으로 인해 물건의 매수 호가와 매도 호가를 모두 낮춰 불렀다.**

부존 효과는 자신의 소유물에 애착을 갖고 훨씬 높게 평가하게 되는 일반적인 인지 편향이다. 부존 효과로 인해 매도자는 매수자가 합리적이라고 생각하는 수준보다 물건 가격을 더 높게 매긴다. 혐오감을 유발하자 매수자와 매도자 모두가 부존 효과가 줄어들어, 전체적으로 평균적인 매수 호가와 매도 호가가 낮아졌다.

최근의 연구들은 슬픔이 리스크 감수에 어떤 영향을 미치는지 조금씩 밝혀내고 있다. 심리학자들의 말을 빌리면, 슬픔은 환경을 바꾸고 싶다는 욕구를 만들어낸다. 일확천금을 바라는 마음 때문에 슬픔에 빠진 인간은 주식 거래를 늘리면서 심리적 고통에서 잠시나마 벗어나려고 한다.

슬픔과 관련된 실험을 진행하면서 러너는 '슬픔이 환경을 바꾸려는 목표를 촉발해 매수자는 매수 호가를 높이고, 반대로 매도자는 매도 호가를 낮춘다'는 사실을 알아차렸다. 연구진들이 피실험자들의 슬픔을 유발하자, '역逆부존 효과'가 발생했다. 다시 말해 감정이 중립 상태인 사람들과는 반대로, 슬픈 영화 장면을 본 사람들은 자신의 소유물은 낮게 평가했지만 소유하지 않은 물건은 높게 평가했다. 혐오감을 느낀 사람들은 본인이 소유한 물건이든 아니든 모든 물건의 가치를 낮게 평가했다는 사실을 기억하자.

슬픔을 느낀 사람들은 역부존 효과로 인해 가진 물건을 빨리 팔고, 다른 물건을 새로 사고 싶어 한다. 러너는 이런 역부존 효과 때문에 쇼핑으로 우울한 심정을 달래려는 이른바 '쇼핑 테라피'가 생겨나고, 더 나아가 일종의 정신적 질환인 강박적 쇼핑 중독이 생길 수도 있다고 가정했다.

실제로 강박적 쇼핑 중독에 가장 좋은 약물 치료법은 항울제 처방이다. 러너의 설명에 따르면 강박적 쇼핑 중독자들은 대개 우울증을 앓고 있고, 쇼핑하면서 우울한 기분을 조금이라도 달래며, 항울제가 강박적 쇼핑 중독을 줄이는 데 도움이 된다.

분노는 버티고, 두려움은 먼저 판다

다른 실험에서 러너 교수는 분노와 두려움이 재무 리스크 감수에 미치는 영향을 검사했다. 실험에 앞서 러너는 표준적인 설문 조사를 이용해 참가자들의 두려움, 분노, 그리고 '미래를 낙관'하는 기질적 수준을 측정했다. 흥미롭게도 **분노와 행복감 수치가 모두 증가한 사람들은 미래도 더 낙관적으로 생각했다.** 분노한 사람들이 미래를 낙관하는 이유는 자신들이 상황을 통제할 수 있다고 느끼기 때문인 듯 보였다.

두려움이 많은 사람들은 불안 수치가 높을수록 미래도 더 비관적으로 바라봤다. 다시 한 번 말하지만 이 두 가지 부정적 감정두려움과 분노이 미래의 기대치에 미치는 영향은 서로 다르다.

러너 교수에 따르면 확실성을 느낄 때 생기는 감정행복감과 분노 등은 의사결정자를 정신적 지름길에 의존하게 만드는 반면, 불확실성을 느낄 때 생기는 감정두려움과 슬픔 등은 의사결정자를 철저하게 정보를 조사하도록 이끈다.

분노한 사람들은 분명히 규칙 위반이 생겼다고 확신하며, 결과를 잘 통제할 수 있다고 생각하며, 자신들이 화를 낸 이유가 전적으로 다른 사람들에게 있다고 생각한다.

두려움에 찬 사람들은 위험이 어디서 비롯되었는지 확신하지 못하며, 위험을 멈출 통제력이 부족하다고 생각하고, 누가 또는 무엇이 위험의 원인인지도 잘 알지 못한다. 위험을 식별하기 위해 그들은 주위 상황과 새로운 정보를 철두철미하게 조사한다.

두려움에 찬 투자자는 리스크를 회피하지만, 반대로 분노에 찬 사람들은 행복한 사람들 못지않게 리스크를 부담 없이 받아들인다. **리스크 감수에서 결정적인 요소는 통제력에 대한 인지다.**

두려움에 찬 투자자는 자신감이 약하고 상황을 통제할 수도 없다고 생각한다. 그렇기에 남들보다 먼저 주식을 팔아 치우려고 한다. 분노한 투자자는 적이 누구인지 스스로 식별했기에 자신이 상황을 통제할 수 있다고 생각한다. 그들은 보유 포지션에 대해서도 자신만만하기에 주가가 침체장일 때도 팔지 않고 버틴다.

2001년 9월 11일 뉴욕시가 테러 공격을 받은 이후, 투자자들의 행동에는 두려움과 분노의 결과가 동시에 존재했다. 테러 공격이 있고 처음 2주 동안 투자자들은 슬픔과 두려움에 빠져 가진 주식을 내다팔았다. 그런 다음 추가적인 테러 공격이 없고 테러 집단인 알카에다의 정체가 밝혀지자, 두려움은 대상이 정해진 분노로 바뀌었다. 그리고 탈레반과의 전쟁을 준비하고, 전쟁을 개시하고, 이어 작전이 성공적으로 수행되었다. 그후 미 증시는 몇 달 동안 강세장을 유지했다.

투사 편향의 역설

감정적인 사람은 대개 미래에 자신의 감정이 어떻게 변할지 잘 예측하지 못하는 편이다. 그들은 미래의 감정 상태가 현재와 비슷할 것이라고 막연하게 가정한다. 그로 인해 현재의 선호가 미래에도 유지된다고 생각한다. 스스로를 미래에 정확히 투사하지 못하고 자신의 상태를 공감하지도 못하기 때문에, 그들은 미래를 계획하면서 현재의 감정을 그대로 투사하는 '투사 편향'에 빠진다.

예를 들어 재무적으로 예상 밖의 소득을 올린 사람은 이 돈의 일부를 은퇴 계좌에 묶어 둬야겠다고 생각하지 못할 수도 있다. 그는 앞으로도 쭉 돈이 모자라지 않을 것이라고 생각하기에, 은퇴 계좌를 떠올릴 때면 '지금도 충분히 잘 벌고 있는데, 저축 걱정을 해야 하나?'라고 생각한다. 연구 결과에 따르면 불안감, 고통, 당혹감 등의 감정 상태가 강한 사람에게서 투사 편향이 많이 나타났다.

투사 편향으로 인해 많은 사람들은 예기치 못한 사건이 발생했을 때 인간의 적응력이 얼마나 높은지 제대로 이해하지 못한다. 가령 글로벌 위기로 미 달러화가 사상 최저 가치로 떨어지면 미국 경제가 큰 타격을 받을 것이라고 생각하면서도, 정작 미국 기업들의 적응력은 과소평가해 버린다. 투자자들은 주식투자를 줄이고 대신에 기대수익률이 낮은 채권에 투자하려 할지도 모른다.

투사 편향으로 발생하는 또 다른 착오는 이목을 끄는 사건들을 부풀려서 생각하는 행동이다. 인간은 일반적으로 사건이 언급된 빈도에 비례에 그 사건의 중요도를 짐작하는 편이다.

예를 들어 투자자들은 세계적으로 널리 알려진 사건_{이를테면 중동 분쟁}이 투자 포트폴리오에 미치는 영향을 쉽사리 과대평가한다. 하지만 중국의 경제력과 정치력 부상 같은, 세계 구도를 재편성하는 훨씬 중대한 사건들은 중시하지 않는다.

투사 편향을 치료하는 한 가지 방법은 '분위기'의 원인을 시장에서 찾을 때 건강한 회의주의를 유지하는 것이다. 또한 현재와 미래의 감정 상태에 따라 재무 리스크에 대한 인지가 어떻게 바뀌는지 이해를 높이는 것도 좋은 방법이다.

감정이 의사결정의 지름길을 만든다

투자자들은 흔히 감정 관리를 감정 억제와 혼동한다. 억제란 대개 억누른다는 뜻을 의미하기에 위험하다. 감정을 해소하지 않으면 그 감정은 털어내기 전까지 계속 남아 판단력에 악영향을 미친다. 불행히도 감정을 억제하려는 노력은 거의 성공을 거두지 못하며, 대개는 교감신경계 활동의 증가예 : 혈압 상승라는 의도치 않은 결과까지 발생하기도 한다. 혈압 상승은 말 그대로 감정의 '병목 현상' 때문에 발생하는 결과일 수도 있다.

학자들의 연구 결과에 따르면 피실험자들은 자신들이 겪는 감정의 원인을 상황적 요인과 중립적인 사실로 돌릴 수 있게 되자, 판단할 때도 감정의 영향을 덜 받았다.

예를 들어 슬픈 이야기를 읽은 사람들은 삶의 만족도에 대한 점수를 낮게 매긴다. 그러나 삶의 만족도에 대한 점수를 매기기 직전에 왜 슬픈 감정이 생기게 되었는지 원인에 집중하는 순간, 점수를 낮게 매기는 효과도 반감한다. 자신들이 슬퍼하는 이유여기서는 슬픈 이야기를 읽었기 때문이다를 이해한 사람들은 삶의 만족도에도 더 높은 점수를 매긴다.

안타까운 일이지만 감정 상태가 인성적 특징과 결부한다면 감정을 관리하기가 더 어려워질 수도 있다. 신경증 환자들은 눈에 띌 정도로 불안감을 크게 보이는 인격 특성과 결부되어 미래를 위한 의사결정을 내릴 때도, 언제나 이 불안감이 보내오는 신호에 의지한다. 심지어 자신과 상관없는 원인 때문에 불안감이 생긴 것임을 알게 된 후에도 그런 태도는 변하지 않는다.

감정이 의사결정에 미치는 영향을 처음으로 이해한 순간, 인간은 과잉 또는 부족한 보상으로 어려움을 겪기 마련이다. 신중함과 자기인식이 향상된다면 감정 조절을 잘못해 의사결정에 영향을 미치는 사태를 조금이나마 줄일 수도 있다.

자기인식을 의사결정 과정에 효과적으로 대입하기에 앞서서 감정을 관리하는 기법을 미리 정해두는 것도 도움이 된다. 편협한 감정 상태에 빠진 사람은 자신의 사고 패턴이 어떤 식으로 변해왔는지 제대로 이해하지 못한다.

감정으로 인해 인간이 편향된 재무적 의사결정에 쉽게 빠질 수도 있다는 점에서, 미래의 감정을 예측하는 능력을 기른다면 개인적으로 큰 도움이 될 수 있다. 가령 어떤 고객이 재무상담사에게 "시장이 00% 정도 떨어졌을 때 내가 주식을 판다면 말려 주세요."라고 말한다면, 이는 재무적 불안감이 극에 달할 때를 대비해 자신의 투자 계획을 도와줄 외부의 사람을 미리 마련해두는 행동이라고 볼 수 있다.

지금껏 설명했듯이 극적이지 않은 감정들이 바탕이 되어 감정 휴리스틱 같은 의사결정 휴리스틱 즉, 의사결정의 지름길이 만들어진다. 휴리스틱을 통해 인간은 복잡한 정보들을 무의식적으로 신속하게 통합할 수 있다. 감정 휴리스틱은 의사결정 대안이 상대적으로 '좋은지' 아니면 '나쁜지'를 알려주는 미묘한 감정적 태그에 의존한다.

감정 휴리스틱은 복잡한 정보를 단순화하고 의미를 부여하는 과정이다. 감정 휴리스틱을 통해 단순화시킨 정보가 다른 정보와 비교되고 결합할 때, 경험이라는 여과 장치를 거치면서 '감'이 만들어진다.

감은 불확실한 상황에 반응해 무의식적으로 만들어지는 미묘한 감정적 판단을 의미한다. 이런 불확실한 상황을 겪게 되면 감은 꽤 정확한 판단을 내리는 데 도움이 되기도 한다. **최상의 감은 감정 신호를 능숙하게 해석하는 것을 의미한다. 따라서 직관을 얻으려면 감에 따른 신속한 판단력이 있어야 한다. 직관 능력을 향상시킨다면 분석적 의사결정을 기르는 데에도 도움이 된다.**

감이 정확한 의사결정을 기르는 데 도움이 될지라도 약한 감정이든 강한 감정이든, 감정은 대개 의사결정의 편향을 이끈다. 그럴지라도 의사결정 과정을 개선하고 싶은 사람들은 다섯 가지 감성 지능 능력을 갈고닦는 과정을 거쳐 올바른 심리 도구를 갖춘다면, 자신의 감정을 간파하고 관리할 수 있다.

각각의 감정이 미치는 영향을 간략하게 다시 설명하면 다음과 같다. 앞에서 소개한 조디의 예에서 보듯이 후회는 기존의 보유 자산에 대한 보수적 시각을 만들어내고, 손해를 보고 있는 투자에서 계속 리스크를 떠안게 만든다즉, 실패한 주식을 팔지 않고 계속 보유한다.

분노는 자신의 재무 선택에 대해 약간의 낙관주의와 통제감, 확실성을 느끼게 만든다. 평균적으로 볼 때 분노한 투자자들은 주식 갈아타기가 그렇게 높지 않았다.

슬픔은 투자의 리스크 감수를 비정상적으로 높이며 트레이딩을 자주 하게 만든다.

두려움에 찬 투자자들은 대개 위험을 과대평가하고 위험과 관련된 정보를 맹신하는 경향을 보인다.

행복함을 느끼는 투자자들은 리스크를 과소평가하고, 자신들처럼 낙관적인 전문가들이 전하는 긍정적인 예상을 쉽사리 신뢰한다.

Chapter 05

탐욕의 신호 ;
어떻게 시장은 이것을 이용하는가

"투자가 놀이 같고, 투자가 재미있다면 십중팔구는 돈을 벌지 못한다. 좋은 투자는 따분하기 때문이다." - 조지 소로스

조너선 리벳이 SEC증권거래위원회에 처음 소환되었을 때의 나이는 고작 14세였다. 그리고 1년 뒤 15세가 되었을 때, 리벳은 '펌프 앤 덤프Pump-and-dump, 저가에 매수해서 주가를 부풀리기 한 다음 고가에 매도하는 전략' 사기 혐의로 재소환되었다.

펌프 앤 덤프 주가 부풀리기는 이렇게 진행된다. 일단 거래소에서 거래가 빈번하지 않거나 유동성이 낮은 주식을 매입하고, 좋은 주식이라고 여기저기 광고한 다음, 여기에 혹한 매수자들에게 비싼 가격에 주식을 파는 것이다.

SEC의 보도자료에 따르면, 리벳은 주가를 올려 순식간에 차익을 벌 목적에 주식에 대해 날조된 광고를 했다.

1999년 8월 23일(이때 리벳의 나이는 14세였다)에서 2000년 2월 4일까지 총 11번에 걸쳐 뉴저지주 세다그로브에 거주하는 리벳은 거래가 저조한 소형주를 주식 계좌를 통해 대량 매입한 후 인터넷에서 사기 행각을 벌였다.

주식을 매수하고 몇 시간도 지나지 않아 리벳은 주로 〈야후! 파이낸스〉의 게시판 여러 곳에 자신이 구입한 주식에 대한 거짓 또는 호도된 광고 내용을 담은 '스팸' 이메일을 수없이 발송했다. 리벳은 주식을 매입하고 24시간이 가기도 전에 거짓 광고로 주가를 끌어올린 후, 보유한 주식을 전량 팔아 차익을 챙겼다.

SEC는 리벳이 웹사이트에 올리거나 이메일로 발송한 주가 예상 정보에는 '근거 없는 주가 예측과 거짓 또는 오도된 설명'이 들어있었다고 말하면서 그를 형사 고발했다.

왜 주가 조작에 반복해서 당하는가?

하지만 어떤 면에서 리벳은 마케팅 천재였다. 베스트셀러인 《라이어스 포커》와 《머니볼》의 저자 마이클 루이스의 설명처럼, 리벳은 매력적인 광고 문구를 만들어내는 방법을 조금씩 체득하고 있었다.

리벳의 추천에 넘어간 투자자들은 자신이 잘못된 거래를 했다는 사실을 깨달았을 것이다. 시행착오를 거치면서 리벳은 어떤 식으로 광고 문구를 만들어야 투자자들이 의혹을 품으면서도 주식을 살 마음이 들게 하는지 그 방법을 알아냈다.

마이클 루이스의 설명에 따르면, SEC의 소환장이 도착하기 이틀 전까지도 리벳은 인터넷에 접속해 총 200번에 걸쳐 파이어텍터Firetector, 종목코드는 FTEC라는 회사의 주식을 광고하고 다녔다.

일례를 들면 아래와 같다.

제목 : 여기 역사상 가장 저평가된 주식이 있습니다

글 작성일 : 2000년 2월 3일 3:43

글 작성자 : LebedTG 1

FTEC가 본격적으로 움직이기 시작했습니다! 다음 주면 치솟기 시작할 것으로 보입니다. 지금 FTEC의 거래 가격은 2.5달러에 불과합니다. 순식간에 20달러로 올라갈 것 같습니다. 이렇게 말하는 이유는 다른 데 있지 않습니다.

올해 이 회사는 아주 보수적인 회계 관점에서 따져도 2,000만 달러 달성이 무난합니다. 동종 산업에 속한 기업들의 주가매출액비율PSR, 시가총액을 매출액으로 나눈 비율은 통상 3.45입니다. 157만 주가 발행되었으므로, FTEC의 적정 가치를 계산하면 44달러 정도가 됩니다.

FTEC가 44달러로 오를 가능성이 높기는 하지만 저로서는 아직은 보수적인 시각을 유지하고 싶습니다. 그렇기에 저는 단기 목표로 FTEC의 주가를 20달러로 잡았습니다!

FTEC 본사는 현재 밀려드는 주문에 정신을 못 차릴 지경입니다. 대규모 거래가 여러 건 진행되고 있다는 소식도 들었습니다. 일단 FTEC에 대한 뉴스가 보도되기 시작하고 이런저런 소문이 퍼지게 되면, 지금보다도 훨씬 높은 수준에서 주가가 형성될 것입니다!

FTEC 주식은 현재 헐값이나 다름없기 때문에 리스크도 거의 없습니다. FTEC는 높은 순이익을 벌고 있음에도 장부 가치 이하로 주식이 거래되고 있습니다!!!

리벳은 인터넷에서 어렵지 않게 정체를 숨길 수 있었다. 그는 전문가 행세를 하면서 광고성 글을 보냈지만, 어느 누구도 불과 열다섯 살짜리 소년이 글쓴이라는 것은 알지 못했다.

리벳이 기소되었을 당시 SEC의 위원장이었던 아서 레빗은 〈60분〉 특별 방송에 출연해 "펌프 앤 덤프는 실제로 매입해서, 거짓말하고, 높게 파는 전략이다."는 간결하지만 함축적인 말로 리벳 사건을 설명했다.

SEC의 리벳 고소 사건은 법정까지 가지 않고 화해로 끝났다. 리벳은 그의 펌프 앤 덤프 사기 전략에 속아 넘어간 투자자들을 위해 SEC에 28만 5,000달러이자를 포함해의 손해배상금을 냈다. 화해로 끝난 덕분에 리벳은 주식 광고 활동으로 벌어들인 이익에서 50만 달러가 넘는 돈을 고스란히 챙길 수 있었다.

2006년 22세가 되어서도 리벳은 여전히 웹사이트와 스팸 광고 이메일을 이용해, 중소기업들의 리서치 및 홍보 업무를 전문적으로 대행해주는 일을 계속하고 있었다.

SEC는 고소장에서 리벳이 주가 조작을 꾀하고 있었다고 밝혔다. 하지만 펌프 앤 덤프 식의 주가 조작은 시장에서 심심치 않게 발생한다. 돌이킬 수 없는 재무적 손실을 떠안을 수 있는 데도 사람들이 이런 주가 조작 사기에 거듭해서 현혹되는 이유는 무엇일까?

스테이시 조 버그는 더스트리트닷컴에서, 펌프 앤 덤프 사기는 '성공적인 주식을 쉽게 발견할 수 있다는 생각'에서 벗어나지 못한 투자자들을 유혹한다고 밝힌다. 즉, 펌프 앤 덤프 사기는 주로 순진한 투자자들을 목표물로 삼는다.

"이런 사기에 휘말리는 이유는 남들보다 시장에 늦게 진입했고, 이미 다른 투자자들이 성공을 거두고 있어 보이기에, 자신 또한 성공적인 주식에 투자하기를 원하기 때문이다. 이런 탐욕과 절망감으로 인해 투자자들은 언제든 자신들을 이용할 기회를 노리는 사람들의 손에 쉽게 농락당하게 된다."

하지만 그래도 의문은 가시지 않는다. 투자자들이 '탐욕과 절망'을 느끼는 이유는 무엇이며, 투기적 광기는 어떻게 점화될까?

누가 투자자의 비이성적 광기를 점화시키는가?

인터넷 거품이 일었을 때 흥분에 휩싸여 아무 말이든 쉽게 믿은 투자자들을 희생양으로 삼은 사람은 리벳만이 아니었다. 1990년대 후반 온라인 증권사들은 데이트레이더들의 무의식적 충동을 자극하는 솜씨를 더욱 정교하게 갈고닦았다. 온라인 증권사의 TV광고는 데이트레이딩의 간편함과 수익성을 강조하면서, 보기만 해도 흐뭇해지는 장면들을 잔뜩 집어넣었다.

캘리포니아 대학교 브래드 바버 교수는 총 500편에 이르는 13개 증권사의 광고 내용을 분석했다. 1990년부터 2000년까지 방송된 증권사 TV광고 중 28%가 시청자들에게서 긍정적이거나 좋은 감정을 불러일으키는 문구와 이미지를 등장시켰다. 그리고 이런 광고들의 비율은 1990~1995년 12.4%에서, 1996~2000년에는 두 배가 넘는 32.9%로 늘어났다.

바버 교수의 연구 결과에 따르면 적당히 기분 좋은 상태에 있는 사람들은 적당히 기분 나쁜 사람들에 비해 의사결정을 내릴 때 철저하지도 신중하지도 않은 태도를 보일 가능성이 높고, 인지 편향에 사로잡히기 쉬우며, 감정 휴리스틱에 더 많이 의존했다. 그렇기 때문에 증권사들 역시 시청자들에게서 적당히 기분 좋은 감정을 의도적으로 불러일으키려고 노력했다.

디스커버 브로커리지 다이렉트라는 증권사의 광고는 한 승객과 주식 거래로 작은 섬나라를 통째로 소유하게 된 견인차 운전사가 나누는 대화를 보여줬다. 다른 증권사의 TV광고에는 주식 거래로 돈을 벌어 개인용 헬리콥터를 소유한 십 대 청소년의 모습을 등장시켰다. 슈왑의 광고 시리즈에는 러시아의 십 대 테니스 스타인 안나 코르니코바와 같은 유명 인사들이 출연했다. 이*트레이드 파이낸셜E*TRADE Finacial은 "온라인 투자는 식은 죽 먹기나 누워서 떡 먹기보다 쉽다."라는 말을 광고 문구로 내걸었다.

SEC 위원장을 지낸 아서 레빗은 이렇게 말했다.

"솔직히 말해서 일부 증권사의 광고들은 복권 광고와 매우 흡사하다. 증권사들은 투자자들에게 온라인 투자로 부자가 될 수 있다고 말하면서 비현실적인 기대를 꿈꾸게 만든다. 그러면 많은 투자자가 비현실적인 공상의 즐거움에 쉽게 빠져들기 마련이다."

엘리엇 스피처는 뉴욕주 검찰총장으로 재직하던 시절, 온라인 증권사들의 광고가 **"온라인 시대의 편리함과 속도, 손쉽게 부자 되기, 그리고 '뒤처질지도 모르는' 위험에 대한 메시지를 전달한다."**고 주장했다.

SEC는 몇몇 온라인 증권사들의 공격적인 광고로 인해, 투자자들이 투자 리스크와 보상에 대한 비현실적인 기대를 갖게 될지도 모른다며 우려를 표했다.

주가 부풀리기의 해부도

리벳의 광고 메일을 본 투자자들은 이성적 사고를 생략하고, 곧바로 신경계의 보상 시스템으로 직행해 의심쩍은 주식을 매입했다. 리벳의 사기가 성공을 거둔 이유는 그의 광고에 보상 시스템을 활성화하는 내용들이 들어있었기 때문이다.

보상 시스템을 자극하는 장치는 아래와 같다.

① **참신성** : 리벳은 시장에 새롭게 등장했거나 주목받지 못했던 분야의 종목들을 제안했는데, 이것이 투자자들의 호기심보상 시스템의 또 다른 기능이다을 자극했다.

② **높은 이익 예상** : 금전적 이득이 예상되면 보상 시스템인 중격의지핵에 깊숙이 있는 영역이 활성화된다. 리벳은 '커다란' 보상을 기대할 수 있다고 제안했다. 보상 시스템에서는 규모가 중요하기 때문에 극도로 높은 이익이 가능하다고 여겨지는 순간, 확률 정보를 이성적으로 병합하는 능력이 제 기능을 발휘하지 못한다.

③ **정보의 과부하** : 리벳은 광고 메일에 예상 매출액, 순이익, 잠재적 시장 규모 등 기업과 관련한 온갖 통계 수치를 집어넣었다. 자세한 통계 정보가 길게 나열되면 대다수 사람은 비판적 능력이 차단되어 버린다. 리벳의 광고 메일을 읽은 사람들 대부분은 무슨 말인지 모르겠다고 머리를 감싸 쥐고는 "그러니까 이걸 어떻게 해야 돈을 번다는 소리입니까?"라고 물었다. 혼란에 빠진 투자자들에게 리벳이 보낸 답장은 간단했다. "지금 주식을 사서 20달러에 파시면 됩니다."

④ **염가 매입** : 리벳은 염가에 거래되는 주식을 원하는 투자자들의 심리에 호소했다. 그는 '장부 가치보다 낮습니다'와 '헐값' 등의 문구를 이용했다. 이렇게 염가에 주식을 매입하면 절대로 논을 잃지 않는다는 의미가 담겨 있었다. 신경학적 차원에서 볼 때 좋은 거래는 뇌의 보상 시스템을 활성화한다고 알려져 있다.

⑤ **전문가로서의 권위** : 리벳은 주식을 광고할 때마다 그 종목의 전문가처럼 행세했다. 그는 필요한 사전 조사를 행했고, 증명이 가능한 재

무 자료를 인용했다. 투자자들은 그가 깊은 지식을 갖추고 철저하게 조사한다고 생각했기에, 그의 주가 예측도 쉽사리 신뢰했다. 남들이 찾기 힘든 데이터를 올린 것은 그의 전문가적 권위를 강조하는 데 일조했다.

⑥ **시간 압박** : 리벳은 개인투자자들의 시간 할인Time-discounting, 먼 미래보다는 현재에 더 높은 비중을 두고 더 선호하는 심리로 시간 선호라고도 한다 심리에 호소했다. '순식간에' 움직이지 않으면 기회를 놓칠 수도 있다는 식의 메시지를 전달한 셈이다. 시간 압박은 비판적 분석을 방해하고, 그로 인해 변연계는 전전두엽피질의 인지적 사고를 우회하게 된다.

리벳의 광고 메일에 속아 넘어간 투자자들은 거액의 차익을 기대하며 '전문가'가 말한 대로 따랐다. 이렇게 부풀려진 주식은 새롭고 재미있는 거래였고, 투자도 즉시 해야 했다. '전문가'는 잠재적 리스크가 거의 드러나지 않는다고 말했다. 흥미를 보이는 잠재적 투자자들이 가장 최근의 주가 움직임을 관찰하기 시작할 즈음이면, 이미 열렬한 관심을 보이는 다른 투자자들이 매입을 시작해 가격이 더욱 치솟을 가능성이 높았다.

좋은 투자 기회를 찾는 투자자들에게 기회가 사라질지도 모른다는 생각은 마지막 남은 저항선마저 없애 버렸다. 그들은 무작정 뛰어들었고, 리벳은 그들에게 주식을 팔 시간이 오기만을 노리고 있었다.

탐욕, 인간의 기본 욕망

"탐욕이란 필요하거나 적절한 수준 이상으로 획득하거나 보유하기를 원하는 강한 욕구, 특히 물질적 부에 대한 강한 욕구를 의미한다."
– 아메리칸 헤리티지 영어사전 4개정판

"탐욕은 열렬한 욕구나 바람, 욕심을 내는 행동, 이득을 탐하는 행위."
– 웹스터 대사전 개정판

"탐욕은 비난받을 만한 소유욕, 부에 대한 만족할 줄 모르는 욕망."
– WordNet 2.0, 프린스턴 대학교

수천 년 동안 탐욕은 인간이 재무적으로 어리석을 행동을 하게 되는 원인이었다. 성경에서는 탐욕을 7대 죄악의 하나로 설명한다. 부처는 탐욕을 인간이 겪는 모든 실망감과 고통의 원인이라고 했다. 자선탐욕의 반대은 이슬람의 다섯 기둥신앙 고백, 기도 의식, 자선의 의무, 라마단의 금식, 성지 순례 중 하나다. 찰스 디킨스는 탐욕스런 인물의 전형으로 스크루지 영감을 만들었다. 스크루지의 모습은 인간관계의 상실이 금전에 대한 과도한 욕심을 불러일으킬 수도 있음을 날카롭게 보여준다.

탐욕은 미디어에서 곧잘 부정적인 특징으로 묘사되곤 했다. 영화 〈월스트리트〉의 기업 사냥꾼 고든 게코가 대표적인 예다. 마이클 더글러스가 역할을 맡았던 고든 게코는 사냥감으로 점찍은 델타 페이퍼의 주주가 되기에 앞서, 탐욕의 진짜 속성과 필요성을 철학적으로 포장했다.

이 영화에서 가장 인상 깊었던 부분은 게코가 텔다 페이퍼 주주총회에서 연설하는 장면이다.

> 주주 여러분, 저는 탐욕이 좋은 것이라고 말하고 싶습니다. 탐욕은 효력이 있으며, 탐욕은 옳은 것입니다. 탐욕은 돌파의 원동력이며, 진화된 영혼의 정수를 담고 있습니다. 그 대상이 삶이든, 돈이든, 사랑이든, 지식이든 모든 탐욕은 인류의 삶을 향상시키는 추진력이었습니다.
>
> 제 말을 새겨들으시기를 바랍니다. 탐욕은 텔다 페이퍼만이 아니라 미국이라는 거대한 기업도 구해줄 것입니다.

게코는 이타적인 동기를 주장했다. 하지만 그 밑바탕에는 텔다의 직원들을 정리해고하고, 회사를 조각내서 팔아 이익을 챙기려는 이기적인 욕심이 도사리고 있었다. 게코의 연설은 실제로는 이반 보에스키가 1985년 UC 버클리 졸업식에서 졸업생들에게 했던 연설에서 따온 것이다. 보에스키의 졸업식 연설 내용은 다음과 같았다.

"어쨌든 탐욕은 좋은 것입니다. 여러분도 그 점을 알아주기를 바랍니다. 저는 탐욕이 건전한 것이라고 생각합니다. 탐욕을 부려도 자신에 대해 부끄러워할 필요가 없습니다."

월스트리트의 기업 사냥꾼으로 유명했던 보에스키는 훗날 연방 법원에서 유죄가 인정되었다. SEC는 내부자 거래 죄로 보에스키를 고소했고, 그는 1986년 화해를 위해 1억 달러의 벌금을 물어야 했다.

애덤 스미스에서 밀턴 프리드먼에 이르기까지, 경제학자들은 탐욕을 불가결한 것으로 봤다. 어떤 면에서는 자본주의의 바람직한 특징이라고 생각했다. 경제가 적절한 규제와 균형이 이루어진 상태라면 탐욕은 경제 시스템을 계속 성장시키는 데 도움이 된다. 하지만 기업계 전체에 대한 대중의 신뢰가 침해되지 않으려면 탐욕을 감시하는 것도 게을리하지 말아야 한다.

프린스턴 대학교 경제학자인 폴 크루그먼은 〈뉴욕타임스〉에 실은 칼럼에서 '탐욕이 사회에 좋은 것이다'는 이론에는 치명적인 결함이 들어 있다고 주장했다.

"경영자에게 성과 보상을 지나치게 많이 제공하는 시스템에서, 경영자는 외부 사람들에게 제공되는 정보의 상당 부분을 통제할 수 있기에 겉모습이 성공적으로 보이도록 날조하려는 유혹에 빠지기 쉽다. 공격적 회계 분식, 매출액을 부풀리는 허구의 거래 등 할 수 있는 방법은 모두 취하게 된다."

탐욕에 빠진 투자자는 과도하게 트레이딩하고, 너무 늦게 시장에 진입하고, 기업 실사는 충분히 하지 않기에 재무적 손실을 보기 십상이다. 탐욕에는 생물학적 근거 외에도 과잉 확신, 통제의 환상Illusion of gain, 자신은 물론이고 외부 환경도 원하는 방향으로 이끌 수 있다고 믿는 심리적 상태, 공돈 효과House money effect, 이익을 얻고 나면 위험을 더 많이 부담하려는 심리와 같은 여러 심리적 편향이 결합되어 있다. 연달아 이익을 보고 난 뒤에 생기는 탐욕은 자만심을 부추긴다.

넓은 의미에서 말해 탐욕은 이익에 대한 욕구, 기회 추구의 동기, 리스크 경시, 다다익선이라는 생각 등 온갖 요소들이 수렴한 결과다. 개인적인 차원에서도 탐욕은 실적에 좋지 않은 영향을 끼치지만, 그럴지라도 탐욕은 인간 행동의 일반적인 단면이다. 탐욕을 배우면 더 확실히 말해 탐욕스런 동기를 배우면 시장에서 이익을 증가시키는 데 도움이 될까?

많은 투자자에게 이익 잠재력이 높은 주식을 찾아 고수익을 기대하는 것은 투자가 선사하는 짜릿하면서도 중독성이 높은 재미다. 정상적인 투자 과정에 으레 동행하기 마련인 탐욕을 조절하는 것은 끈질기게 사라지지 않는 난제다.

투자자들은 탐욕으로 인해 펌프 앤 덤프 사기에 현혹되고, 순식간에 상승할 주식을 찾아다니며, 그도 아니면 과도한 리스크를 감수한다. 이런 탐욕을 이해하려면 뇌의 내부를 관찰하는 것이 많은 도움이 된다. 뉴로이미징은 탐욕이 신경회로를 어떤 식으로 자극하고, 어떤 종류의 정보가 탐욕을 증가시키며, 그리고 탐욕을 조절하는 데 효과적인 듯 여겨지는 개입 방법이 무엇인지를 보여준다.

투자 배분 행동 전략 BIAS 실험

스탠퍼드 대학교 연구진이 실시한 실험은 탐욕을 불러일으키는 뇌의 기원과 탐욕의 값비싼 대가를 일부나마 보여줬다. 연구진은 재무적으로 과도한 리스크를 감수해야 하지만 동시에 잠재 이익이 높은 투자를 찾았을 때, 흥분감을 만들어내는 부분이 어디인지를 알아냈다. 또한 연구진은 투자자가 손실을 두려워할 때 뇌에서 다른 부분이 활성화되고, 이 부분이 과도할 정도로 재무 리스크를 회피하게 만든다는 사실도 알아냈다.

이런 뉴로이미징 실험은 실험 환경의 제약 때문에 투자 의사결정 과정을 대단히 단순화한다는 단점이 있다. 그럴지라도 이와 같은 연구들은 투자자들이 어떻게 투자 대안을 평가하고 선택하는지를 이해하기 위한 귀중한 통찰을 제공해줬다.

스탠퍼드의 브라이언 넛슨 교수는 '긍정 활성화'라는 감정 상태의 특징을 이해하기 위해 뇌 촬영 실험을 진행했다. 긍정 활성화는 흥분한 상태로 좋은 결과를 기대하는 것을 의미한다. '위안과 만족'과 같은 긍정적 감정은 자극과 상관이 없다. 반면에 '흥분과 환희' 같은 긍정적 감정이 생기려면 단순히 긍정적 감정만이 아니라 심리적 자극활성화도 필요하다. 실험에서 긍정 활성화를 유도하는 좋은 방법은 피실험자들에게 돈을 제공하는 것이다.

첫 번째 실험에서 넛슨은 재무적 도박이 진행되는 동안 뇌의 보상 시스템을 이루는 다양한 부분들이 서로 다른 시기에 활성화된다는 사실을 발견했다. 특히 재무적 이득을 받았을 때보다는 재무적 이득이 기대될 때 보상 시스템의 중추들이 더 다양하게 활성화되었다. 뇌의 깊숙한 안쪽에 있는 중격의지핵은 보상이 기대될 때 주로 활성화되었다. 눈 바로 뒤 정중선正中線에 있는 전두엽중앙피질은 금전적 보상을 제공받았을 때 활성화되었다.

두 번째 실험에서 넛슨은 예상되는 보상의 크기가 다를 때 보상 시스템의 어느 부분이 활성화되는지를 찾아내는 데 집중했다. 잠재적 보상의 크기가 늘어날수록 충격의지핵이 많이 활성화되었다. 또 넛슨은 뇌의 어느 영역에서 보상받을 확률이 부호화되는지도 찾아냈다. 보상받을 확률이 늘어날수록 전두엽중앙피질의 활성화가 늘어났다.

계속된 연구에서 넛슨은 재무적 보상의 크기, 확률, 기대 가치가 변할 때 인간이 어떤 방식으로 보상을 기대하고 학습하며 그 변화에 반응하는지를 밝혀냈다.

노스웨스턴 대학교 켈로그 경영대학원 조교수인 카멜리아 쿠넨은 개개인이 투자 리스크를 감수하는 방법을 알아내기 위해, 넛슨 교수와 함께 한 가지 실험을 고안했다. 그녀는 보상 시스템에 속하는 영역들이 지나친 리스크 감수와 리스크 회피를 이끈다고 가정했다.

쿠넨과 넛슨은 의사결정의 순간을 시각화할 수 있는 실험을 생각해냈다. 두 사람의 연구는 fMRI functional Magnetic Resonance Imaging, 기능적 자기공명영상를 이용해 투자 결정을 내리는 동안 뇌의 활동을 시각화한 최초의 실험이었다.

'투자 배분 행동 전략 BIAS'이라는 이름을 붙인 이 실험에서 쿠넨과 넛슨은 피실험자들에게 세 가지 투자안을 제시하고, 그중 하나를 선택하라고 했다. 두 가지 투자안은 리스크가 높은 '주식 A주든 B주든 마찬가지다'이고, 다른 하나는 '채권'이었다. 피실험자들이 한 가지 투자안을 선택하면 연구진은 그 투자의 결과를 알려줬다. 피실험자가 수익을 내면 계좌에 돈이 추가되지만, 돈을 잃을 경우 계좌의 돈이 차감되었다.

실험은 한 라운드에서 열 번의 투자 선택을 할 수 있는데, 주식투자의 경우 하나는 정+의 순보상이 주어지고, 다른 하나는 부−의 순보상이 주어지게 된다. 총 10번 투자 선택을 할 수 있는 각 라운드가 시작될 때, 피실험자들은 어떤 주식이 수익을 내거나 돈을 잃는지 알지 못하기 때문에 시행착오를 통해 배워야 한다.

'좋은' 주식의 무작위 보상 분포는 +10달러50% 가능성, 0달러25%, −10달러25%고 한 번 선택을 시도할 때마다 기대 가치는 2.50달러다. '나쁜' 주식의 보상 분포는 +10달러25%, 0달러25%, −10달러50%고 한 번 선택당 기대 가치는 −2.50달러다.

두 주식은 가장 높은 보상+10달러과 가장 낮은 보상−10달러이 나올 확률이 각기 25%씩 차이가 난다는 점만 다를 뿐이다. 세 번째 투자안인 채권의 수익은 한 번 선택당 1달러로 변함이 없다.

투자 배분 행동 전략BIAS 실험 선택에 따른 잠재적 보상

채권 = 한 번 선택할 때마다 1달러

주식 A = 한 번 선택할 때마다 평균 +2.50달러이거나 −2.50달러

주식 B = 한 번 선택할 때마다 평균 +2.50달러이거나 −2.50달러

투자 배분 행동 전BIAS 실험에서 피실험자의 목표는 이익을 유지하면서 가능한 한 많은 돈을 버는 것이지만, 처음 게임을 시작할 때는 어떤 주식이 높은 보상을 제공하는지 알지 못한다. 여러 번 선택하면서 주식의 보상 금액을 본 후에야, 피실험자들은 어떤 주식이 '좋은' 주식인지 확실성을 길러 나갈 수 있게 된다. 피실험자들이 매 라운드마다 가장

좋은 주식이 무엇인지 미리 알고 있는 사태를 피하기 위해, 10번의 선택이 끝난 후에는 주식을 무작위로 섞어서 실험을 계속했다.

지금 이 책을 읽고 있는 당신이 수학적으로 자신 있다고 생각한다면 이 실험에서 본인은 어떤 선택을 할지 결정하기 바란다지금 이 자리에서 재빨리 생각해보기 바란다. 처음 시작은 무엇을 선택하겠는가? 얼마나 여러 번 선택한 후에야 어느 것이 가장 높은 보상을 제공하는 주식인지 확신할 수 있겠는가?

처음 몇 번 선택하고 나면 피실험자들은 어떤 주식이 높은 보상을 주고, 어떤 주식이 그렇지 않은지 확률적인 이해를 기를 수 있게 된다. 이상적으로는 '좋은' 주식의 정체에 대해 70%의 확실성을 가지게 되었을 때 주식을 선택하기 시작하는 것이 기대 가치를 극대화하는 방법이다.

한 번 선택한 다음에는 베이즈 정리Bayes's Theorem, 상황이 벌어진 다음에 같은 사건이 벌어질 확률을 구하는 것으로 사후 확률이라고도 한다. 다시 말해 어떤 사건이 일어날 것을 알았을 때 이를 근거로 그 사건의 조건부 확률을 구하는 것을 말한다를 이용해 선택한 주식이 '좋은' 주식이 될 확률을 계산할 수 있다.

피실험자들은 수익 극대화를 시도하면서 베이즈 정리를 따르지 않았을 때, 투자 결정에서 '실수'를 했다. 물론 제한된 시간 안에 베이즈 확률을 머리로만 계산하기는 불가능했다. 그래서 그들은 일반적인 인상에 의존해야 했기에 여러 번 실수했다.

'리스크 회피' 유형의 투자 실수를 보면, 피실험자들은 정보가 충분하기 때문에 '좋은' 주식일 가능성이 적어도 70%인 상황에서도 채권을 선택하곤 했다. 이번 실험에서는 전측뇌섬엽의 활성화가 리스크 회피 유형의 착오가 발생할 것임을 미리 예고해줬다.

다른 학자들이 진행한 fMRI 연구에서 전측뇌섬엽은 고통, 상실감, 혐오감으로 활성화되었다. 쿠넨과 넛슨의 실험에서는 보상이 가장 높은 투자를 선택하지 못했다는 사실을 알았을 때, 피실험자들의 전측뇌섬엽이 활성화되었다. 이런 '사후 가정의 상실감'이 생겼을 때, 피실험자들은 즉시 채권투자로 전향했다그리고 리스크 회피의 실수를 저지른다.

피실험자들은 확률적으로 따졌을 때 '좋은' 주식이 가끔은 '나쁜' 주식보다 보상이 낮기도 하다는 사실을 모르지 않았다. 그럼에도 불구하고 **피실험자들은 사후 가정**어떤 결과가 나타난 후에, 그 결과에 기초하거나 영향을 받은 정보를 가지고 역으로 원인을 추론하는 과정에서 설정된 가정**의 상실감을 겪고 나면 '좋은' 주식을 고집하지 못했다.**

처음 실험에서 높은 성적을 거둔 일부 피실험자들은 실험이 끝나갈수록 보수적인 태도를 보였는데, 이는 자신들이 거둔 보상의 일부를 '돌려줘야' 할지도 모른다는 두려움이 작용했기 때문인 것으로 보인다. 이런 유형의 리스크 회피 실수이것을 '성공적인 주식 팔기' 효과라고 말하며 처분 효과와 같은 뜻이다에 대해서는 Chapter 10 〈프레임 ; 수익을 결정짓는 심리 메커니즘〉과 Chapter 11 〈손실 회피 ; 수익을 가로막는 심리 패턴〉에서 자세히 설명한다.

사후 가정의 상실감첫 번째 사례**이나 높은 이익을 잃고 싶지 않다**두 번째 사례**는 감정은 피실험자들이 안전한 채권으로 옮겨가 '리스크 회피 실수'를 저지르게 될 것임을 예고했다.** 피실험자들이 보수적인 리스크 회피 전략으로 옮겨가기 직전에 전측뇌섬엽이 활성화되었다는 점에서도 알 수 있다.

잠시 저조한 실적을 거둔 후에 오랫동안 보유했던 투자 종목을 팔아버리는 투자자들도 리스크 회피의 행동을 보여주는 셈이다. 또한 투자자들이 상승세인 주식을 파는 이른바 '처분 효과'에 해당하는 행동을 보인다면, 그들 역시 뇌섬엽의 주도 아래 리스크를 회피하고 있다는 뜻이 될 수도 있다.

리스크는 언제나 기회의 얼굴로 다가온다

투자 배분 행동 전략BIAS 실험에서 피실험자들은 '좋은' 주식인지에 대해 70% 이상 확신이 들기도 전에 주식에 투자하면서, 이른바 '리스크 추구'의 실수를 보이고 있었다.

쿠넨과 넛슨은 피실험자들이 리스크 추구 실수를 하기 전에 보상 시스템의 중격의지핵이 활성화되어, 투자 실수가 행해질 것임을 예고한다는 사실을 발견했다.

① **쾌락 중추** : 신경외과 전문의들은 뇌수술을 받은 사람이 중격의지핵에 전기 자극을 받으면, 극도의 행복감이나 오르가슴을 느낀다는 사실을 발견했다. 최근의 연구에서 과학자들이 입증한 바에 따르면 중격의지핵의 활성화는 긍정적 감정 상태에 대해 피실험자들이 직접

말한 내용과도 상관이 있다. 중격의지핵은 쾌락을 느끼는 기능을 하지만, 이와 동시에 동기부여와 학습의 역할도 한다는 사실에 신경학자들의 관심이 집중되고 있다.

② **약물 남용** : 모든 약물 남용은 보상 시스템의 도파민 뉴런을 활성화하고, 이것의 종착역은 중격의지핵이다. 따라서 중격의지핵은 약물 남용을 불러일으키는 중추가 된다.

③ **보상 기대** : 수익이 기대되거나 예상될 때 중격의지핵은 활성화한다. 그 외에도 초콜릿, 사치품, 포르노 사진과 같은 다른 보상 역시 중격의지핵을 활성화한다.

중격의지핵이 활성화한다고 해서 그것만 가지고 리스크 추구 실수가 예고된다고 말할 수는 없다. 그보다는 기준치를 넘어서는 과도한 활성화가 투자 의사결정의 실수와 관련이 있다고 말하는 편이 옳다. 위의 연구 논문에 대해 넛슨 교수는 한 언론과의 인터뷰에서 이렇게 말했다.

"실험 참가자들은 평균적으로 선택한 횟수의 75%는 합리적으로 결정했지만 25%는 실수했다. 그리고 심지어는 합리적 선택을 할 때조차도 그렇게 많이는 아니지만 해당되는 뇌의 영역중격의지핵이 깜박였다."

몇몇 기업은 고객의 뇌에서 리스크 감수 영역을 활성화시켜 더 많은 재무 리스크를 감수하게 만드는 신호나 자극 수단을 이용한다. 언론 보도에서 넛슨은 이렇게 말했다.

"연구 결과는 카지노가 무료 알코올과 깜짝 선물과 같은 '보상 신호'를 이용하는 이유가 무엇인지를 설명해준다고 볼 수 있다. 이는 중격의지핵을 활성화해 행동 변화를 이끌기 위해서다. 보험회사들은 정반대 전략을, 이를테면 전측뇌섬엽을 활성화하는 전략을 이용할 수도 있다."

앞서 나온 증권사들의 광고에서도 보듯이, 금융산업에서는 투자자들의 리스크 감수를 부추길 목적으로 보상 신호가 널리 이용되었다.

'가슴이 설레는' 주식투자 기회를 보고 흥분하는 순간, 투자자들의 중격의지핵이 활성화된다. 새로운 산업이나 고성장 산업의 종목 그리고 수익성이 높을 것 같은 종목들의 이야기는 중격의지핵을 자극해 이익에 대한 탐욕을 높인다.

구매 결정을 내리는 세 가지 신호

투자 분배 행동 전략BIAS 실험은 뇌의 변화를 관찰해 비합리적인 리스크 감수가 진행되기 전에 이를 어떻게 예측할 수 있는지를 보여줬다. 실험이 끝난 다음, 연구진은 소비 환경에서 구매 결정이 내려지는 메커니즘을 관찰하는 데 집중했다.

넛슨과 카네기멜론 대학교 조지 로웬스타인은 다른 연구진과 협력해 뇌에 '구매 신호'가 존재하는지 여부를 알아보기 위한 실험을 고안했다. 실험의 주요 목적은 뇌에 소비재 구매 욕구를 불러일으키는 영역이 있는지 알아보는 것이었다.

이번 실험에서 연구진은 일반적인 소비자상품초콜릿 한 상자, 모자, 아이폰을 보여줬다. 물품 옆에는 피실험자들이 연구진에게서 얼마에 살 수 있는지 가격을 함께 표시했다. 흥미롭게도 상품 가격은 실제 가격보다 약 70% 정도 할인된 금액으로 제시되었다. 원래 소매가를 붙이면 피실험자들이 구매를 꺼릴 수도 있기 때문에 가격 할인은 어쩔 수 없이 적용된 부분이었다.

넛슨은 뇌의 세 영역이 활성화되면서 구매 결정을 예고한다는 사실을 발견했다. 중격의지핵의 활동은 제품 선호도소유하려는 욕망와 관련이 있었으며 참가자가 물건을 구입하게 될 것임을 예고했다. 가격이 아주 싸면 참가자들의 전두엽중앙피질이 활성화되었고, 이 부분의 활성화 역시 피실험자들이 구매하게 될 것임을 예고했다. 뇌의 고통 중추인 뇌섬엽은 실험이 진행되는 동안 활동이 줄어들었는데, 뇌섬엽 활성화의 감소 역시 구매 결정이 내려질 것임을 암시했다.

결론적으로 말해서 세 가지 신경 예보기가 소비재 구매 결정을 예고한다고 할 수 있다. 이 세 가지는 상품에 대한 욕구중격의지핵의 활동 증가, 값싼 상품 가격전두엽중앙피질의 활동 증가, 인지된 리스크의 감소전측뇌섬엽의 활동 감소다.

투자 세계에도 위의 연구 결과를 여러 가지로 응용해볼 수 있다. 가치투자자들이 염가에 거래되는 주식을 찾았을 때 만족감을 느끼는 이유는 전두엽중앙피질이 활성화되기 때문일지도 모른다. 워런 버핏, 역발상 투자자로 알려진 데이비드 드레먼, 기술주투자의 귀재인 빌 밀러 등 가치투자자들은 전두엽중앙피질이 보내는 '염가' 신호를 알아채는 능력이 있는 것으로 보인다.

재미있거나 귀가 솔깃해지는 스토리를 원하는 투자자들은 중격의지핵이 활성화될 때 주식을 구입한다고 말할 수 있다. 이들 투자자는 '좋은 기업'이 곧 좋은 주식은 아니라는 사실을 망각한 채, 자기 마음에 드는 좋은 기업의 주식을 산다.

리스크가 낮은 투자를 원하는 투자자는 인지된 '위험'이 없을 때 매수 욕구를 느낀다전측뇌섬엽 활성화의 감소. 이런 투자자들은 돈을 얼마나 잃게 될지 알지 못하기 때문에, 결국에는 더 높은 리스크를 감수하면서 매수하게 되는 셈이다. **중격의지핵, 전두엽중앙피질, 전측뇌섬엽은 모두 투자를 평가할 때 사용되는 신경회로다.** 이들 영역의 활성화 패턴이 구매 결정을 예고한다는 사실에 흥미를 기울일 필요가 있다.

탐욕이 넘칠수록, 냉정함은 수익이 된다

감정은 비합리적인 결정은 물론이고 합리적인 결정에도 깊숙이 관여한다. 감정이 극단으로 치달을 때 과도한 행동이 발생한다. 쿠넨과 넛슨의 연구에서 드러났듯이 탐욕과 두려움을 비롯한 강력한 감정은, 투자자가 리스크 회피나 리스크 추구에 빠질 수도 있음을 암시하는 예측 장치로 작용한다.

인간은 신체의 느낌이 보내는 신호감정를, 잘못된 투자 결정을 내리고 있을지도 모른다는 신호로 이용할 수 있다. 감정을 예측 신호로 이용하려면 고도의 자기인식이 필요하다. **감정에 대한 자기인식 능력을 기르고, 더불어 감정에 영향을 받았던 최근의 결정들을 모니터링하는 능력을 기른**

다면 의사결정이 상당히 개선될 수 있다.

감정에 치우친 의사결정을 중단하기 위한 의도적인 행동은, 이를테면 심호흡 같은 아주 단순한 행동일지라도 지나치게 감정적인 의사결정을 줄여주는 대단히 효과적인 수단이 될 수 있다. 진짜 현실적인 메시지는 상식에서 멀지 않다. 중요한 의사결정을 앞두고 흥분을 느낀다면, 잠시 뒤로 물러서서 숙고하는 시간을 가져야 한다.

예를 들어 투자자가 최근에 투자 손실을 입었다고 치자. 그는 초조한 심정이 되거나, 아니면 ① 새로운 포지션에 진입하는 것을 꺼리거나, ② 잠재적 손실이 추가로 발생할지도 모른다며 고민하거나, ③ 평소보다도 재무적 위협 여부를 더 자세히 관찰하는 식으로 비합리적인 리스크 회피 행동을 내보인다. 그러면서 이 투자자는 과도한 불안감에 시달린다. 그는 이런 불안감이 원인이 되어 의사결정에 문제가 비롯된다는 사실을 깨달은 다음, 불안감을 줄이거나 자기 훈련을 강화하는 조치를 취해야 한다.

반대로 투자자가 최근에 거액의 이익을 얻어서 ① 자화자찬하게 되고, ② 자만심이 생겨나고, ③ 리스크를 더 많이 감수하고 싶은 생각이 든다면 그는 뒤로 한 발 물러나야 한다. 혹시 신중한 리스크 통제는 무시한 채 잠재적 수익에만 관심을 쏟고 있지는 않은가? 그렇다는 답이 나오면 자신의 투자 원칙을 강화하기 위한 조처를 취해야 한다.

투자자들이 자신의 투자와 현재의 시장 상태를 표현할 때 사용하는 언어는 과도한 감정에 빠졌음을 나타내는 한 가지 대표적인 신호다. 다시 말해 투자 분위기를 표현할 때의 언어는 어떤 기본적인 틀을 가지고 있다. 투자자가 부정적 감정을 나타내는 어조를 사용한다면 리스크 회피의 감정을 느끼고 있을 가능성이 높다. 하지만 시장의 분위기를 표현할 때 긍정적인 어조를 사용한다면 리스크를 과도하게 감수하고 있을 가능성이 크다.

이런 가설을 시험해보는 단순한 방법은 언론에서 시장 분위기를 표현할 때 부정적인 단어와 긍정적인 단어의 숫자를 세보면 된다.

2005년 5월 나는 TV경제 뉴스 프로그램인 〈나이틀리 비즈니스 리포트〉의 폴 캔거스와 CNN 〈머니라인〉의 루 돕스가 방송에서 긍정적인 단어와 부정적인 단어를 몇 번이나 말하는지, 온라인 녹취 기록을 이용해 횟수를 세어봤다. 긍정적 어조의 단어와 부정적인 단어의 숫자를 집계해보면 해당 방송의 경제 뉴스가 긍정적인 분위기였는지, 부정적인 분위기였는지 어느 정도 일관성이 존재한다는 것을 알 수 있다.

나는 긍정적 단어와 부정적 단어의 사용 횟수 및 차후의 시장 움직임 사이에 상관관계가 존재하는지를 알아봤다. 긍정적 단어 사용 빈도가 높으면 주식시장S&P 500이 그다음 주에는 오히려 하락할 가능성이 높았다. 부정적 단어의 경우는 그 반대였는데, 부정적 단어의 사용 빈도가 높으면 이후에는 시장의 상승할 기능성이 컸다. 흥미로운 결과이긴 하지만 거래 비용을 감안해야 하기 때문에, 이런 패턴이 투자 이익으로 이어지지는 않는다.

이런 비공식적인 언어적 연구를 감안한다면, 미디어의 '분위기'는 일반투자자들의 리스크 인지에 영향을 미친다고 볼 수 있다. **대단히 부정적인 어조의 경제 뉴스가 연달아 보도되면 일반적인 투자자의 감정은 리**

스크를 회피하는 쪽으로 기울게 된다. 하지만 실제로 그런 방송이 보도되는 동안 주식을 '매입'하는 투자자는, 실제로 장기적으로는 더 큰 차익을 거둘 수 있게 된다. 극도로 긍정적인 뉴스 보도가 나가는 동안에는 정반대의 현상이 빚어진다.

위와 같은 결과는 워런 버핏이 2004년 버크셔 헤서웨이의 회장으로서 주주들에게 보내는 편지에 쓴 조언을 뒷받침한다. 버핏은 시장 타이밍을 노리는 투자자들에게 이렇게 조언했다.

"시장에 참가할 적절한 타이밍을 계속 노리고 있다면, 다른 사람들이 탐욕에 빠졌을 때 본인은 두려워하고 다른 사람들이 두려워할 때 본인은 욕심을 내야 한다."

Chapter 06

과잉 확신과 자만 ;
무너지는 투자자

"투자와 투기를 구분하는 경계선이 선명하고 분명했던 적은 한 번도 없다. 그리고 최근에 대다수 시장 참가자가 승리의 기쁨을 누리면서, 그 경계선은 더욱 모호해졌다. 쉽게 번 거액의 돈만큼 이성을 취하게 만드는 것도 없다. 이런 짜릿한 경험을 하고 나면, 정상적인 이성을 가진 사람들마저도 자신조차 모르게 무도회장의 신데렐라처럼 행동한다. 그들은 무도회에 너무 오래 머무르면, 다시 말해 미래에 벌어들일 현금흐름에 비해 지나치게 고평가된 기업에 계속해서 투기를 하면, 언젠가는 그 주식이 호박과 생쥐로 변하고 만다는 사실을 알고 있다. 그럼에도 불구하고 그들은 신나는 파티를 단 1분이라도 놓치고 싶은 생각이 전혀 없다. 그래서 파티의 흥에 취한 참가자들은 자정이 되기 몇 초 전에 무도회장을 떠날 계획을 세운다. 하지만 문제는 거기에 있다. 그들이 춤추는 무도회장의 시계에는 초침이 달려 있지 않다."

– 버크셔 해서웨이 2000년 연차 보고서

'승리병Victory disease'은 전투에서 몇 차례 성공을 거둔 후, 군 지휘관들의 판단력이 흐려지게 되는 현상을 일컫는 말이다. 승리를 이끌었던 운이 거만함, 자기만족, 적에 대한 고정관념, 새로운 전술을 무시하거나 개발하지 못하게 되는 현상으로 바뀌어 버린다.

승리병의 유명한 사례로는 일본 해군이 제2차 세계대전에서 처음 몇 번 승리를 거둔 후에 방위선을 제대로 설정하지 못했던 것과 불운으로 끝난 나폴레옹의 러시아 침공을 들 수 있다.

'노벨상병Nobel Prize disease'은 노벨상 수상자들이 수상 후에 겪게 되는 일종의 학문적 부진을 의미한다. 경제학자인 폴 새뮤얼슨은 노벨상 수상자들이 '노벨상병'의 징후를 보이고 있다고 설명한 바 있다.

"수상자들이 상을 받고 온갖 찬사를 듣고 나면, 그들은 오만에 가득 찬 후 불임이 되어 시들시들 말라간다. 더 나아가 그들은 거들먹거리는 수다쟁이가 되어 세상에 대고 윤리와 미래학에 대해, 그리고 정치와 철학에 대해 설교를 쏟아낸다. 둥근 테이블에 앉았을 때도 그들은 자신이 상석에 앉았다고 생각한다."

투자의 세계에서도 마찬가지다. 경제전문지들은 조직의 최고 자리에 오른 후 오히려 실적이 저조해지는 CEO들을 의미하는 'CEO병CEO disease'이라는 말을 만들어냈다.

세 가지 병승리병, 노벨상병, CEO병 **모두 심리적으로 비슷한 패턴을 따른다.** 이번 챕터에서는 투자자들이 과잉 확신과 자만이라는 편향에 빠지게 되는 원인을 심리학과 신경과학적인 측면에서 논하기로 한다.

자만의 심리학

나는 '재무 리스크 감수와 자산 거품의 심리적 기원에 관한 연구'를 의과대 졸업 연구 프로젝트로 삼았다. 시기상으로도 적절했는데, 2000

년 1월에 프로젝트를 시작할 당시 인터넷 주식 거품을 보고 나는 이를 연구 소재로 삼기로 했다. 당시 나는 1977년에 출간되었던 데이비드 드레먼의 《심리학과 주식시장》이라는 책을 읽었다. 드레먼은 1960년대 초 '~닉스~onics, 보통은 electronics에서 뒤의 onics를 의미' 종목에 투기 열풍이 불면서 속칭 건슬링거Gunslinger라고 하는 단타 매매자들이 돈을 벌기도 하고 잃기도 했던 현상을 이렇게 묘사한다.

"낯설어 보이는 개념일수록 투자 대중은 더 좋아했다. 그리고 회사 이름에 '~닉스'라는 말이 붙기만 해도 열렬한 관심은 거의 따놓은 당상이었다."

마치 인터넷 거품에 대한 글을 읽고 있다는 착각마저 들었다. 단지 닷컴과 데이트레이더 대신에 '~닉스'와 '건슬링거'라는 말이 적혀 있다는 점만 다를 뿐이었다.

인터넷 종목에 거품이 낀 것이 분명함에도 투자자들의 무분별한 투자 행진이 그치지 않고 있다는 사실에 나는 큰 흥미를 느꼈다. **그들은 마치 언젠가는 자기보다 더 큰 바보가 나타나 더 높은 가격에 주식을 사줄 거라고 철석같이 믿고 있는 듯했다.** 내가 생각하기에 자만의 예로 이보다 좋은 사례는 찾기 힘들었다.

'자만Hubris'이라는 단어의 어원은 그리스어인 'Hybris'이다. 이 말은 그리스 비극에 등장하는 영웅이 몰락의 길을 걷기 전에 으레 빠지기 마련인 지나친 자신감을 의미한다. 자만은 외적 목표를 성공의 주된 척도로 삼은 후 원하는 것을 이룬 개인에게서도 흔히 발견된다. 부, 아름다움, 뛰어난 운동 능력 등 외적인 척도에서 성공을 이루고 어딜 가나 찬사를 받는 사람은 자만에 빠지기 쉽다.

자만은 투자자에게는 가장 위험한 감정 가운데 하나인데, 자만 뒤에는 대부분 큰 손실이 따라붙기 때문이다.

자만에 빠지게 되는 첫 단계는 연이은 투자 이득이나 찬사다. 본인의 독특한 재능, 기술, 지식 덕분에 높은 이득이나 많은 찬사를 받게 되었다면 이것이 끈질긴 과잉 확신의 패턴이 생겨나는 원인이 될 수도 있다. 과잉 확신에 빠진 투자자들은 리스크를 무시하고, 스스로에 대한 믿음을 비대할 정도로 키운다.

자신감을 넘어선 과잉 확신

미국에서는 자신감을 길러주는 문화가 널리 퍼져 있다. 자신감은 대단히 중요하다고 여겨지기 때문에, 학교 역시 아이들이 자긍심을 기르는 데 도움이 되도록 교과목을 편성한다. 그리고 대부분의 경우 자신감은 좋은 것이다. 자신감이 없으면 인간은 도전에 맞서 싸우지도, 위험성이 높은 일을 시작하지도 못한다.

문제는 자신감이 지나치면 과잉 확신이 된다는 것이다. 〈워싱턴 포스트〉의 여론 조사에 따르면 94%의 미국인은 본인이 '평균 이상으로' 정직하고, 84%는 '평균 이상으로' 상식을 잘 알고, 86%는 '평균 이상으로' 똑똑하고, 79%는 '평균 이상의' 외모를 가졌다고 답했다.

이렇듯 대다수 사람은 과잉 확신의 경향을 보인다. 분야를 불문하고 자신의 능력에 대한 믿음은 반드시 성공한다는 자기 실현적 예언을 만들어낸다. 하지만 금융시장에서의 과잉 확신은 심각한 실적 저조로 이어진다. 높은 수준의 과잉 확신과 통제의 환상은 트레이딩 실험에 참여한 피실험자들의 평균 이하 실적과도 연관이 있었다.

사람들 대부분은 자신들이 운전자로서, 연인으로서, 운동선수로서, 투자자로서 평균 이상이라고 답한다. 하지만 대부분의 사람이 평균 이상일 리가 없지 않겠는가? 누군가는 자신의 재능을 과대평가하고 있음이 분명하다. 과잉 확신의 성향을 선천적으로 타고나는 사람도 있고 자라면서 배우는 사람도 있다특히 젊을수록 과잉 확신이 심하다.

일반적으로 과잉 확신이라고 언급되는 증상의 종류에는 몇 가지 유형이 있다.

첫 번째는 '평균 이상 효과'다. 연구진이 본인의 운전 실력, 운동 능력, 경영 실력이 얼마인지 점수를 매겨달라고 요구하자 대다수 응답자가 본인의 실력이 평균 이상이라고 답했다. 모든 인간은 자신의 능력을 과대평가한다. 연구 결과에 따르면 65~80%가 본인의 운전 실력이 평균 이상이라고 믿는다. 실제로 성인 남자 10명 중 9명은 본인의 페니스가 평균보다 길다고 답했다.

두 번째는 '측정 착오'다. 어떤 사람은 본인이 가진 지식의 정확성을 과대평가하면서 너무 좁은 신뢰 구간을 이용하는 경향이 있다. 어떤 CEO가 연간 순이익의 범위를 추정하면서 신뢰 구간을 90%로 잡는다면, 실제 순이익이 추정 범위 내에 들어갈 가능성을 90%로 본다는 말이 된다. 측정 착오에 빠진 CEO는 순이익 추정 범위를 너무 좁게 잡기 때문에, 그 기업의 실제 순이익이 90%의 신뢰 구간 외에 존재하는 경우도 빈번하게 발생한다.

다년간에 걸친 한 통계 조사는 기업 CFO최고재무담당자들에게 신뢰 구간을 80%로 잡아, 다음 해 주식 종가를 예측해보라고 요청했다. CFO들이 내놓은 4,300개의 예측을 실제로 다음 해 시장 실적과 비교한 결과, 신뢰 구간을 80%로 잡았음에도 이 범위 안에 들어간 예측은 30.5%에 불과했다. 혹시라도 CFO들이 자신의 한계를 명확히 인식하고 재무 예측을 할 것이라고 기대한 사람에게는 아쉬운 결과다.

세 번째는 '통계의 환상'이다. 이는 임의의 독립적인 사건들이 발생해도 통제할 능력이 있다고 믿는 것을 말한다. 대다수 사람은 임의의 사건을 통제하고, 예측하고, 어느 정도 영향력을 발휘할 수 있다고 착각한다. 다음의 실험은 통제의 환상을 단적으로 보여준다.

조작된 동전 던지기 실험에서 피실험자들은 어떤 면이 나올지 알아맞혀야 했다. 실험자들은 참가자들이 30번 동전 던지기 중에 15번을 정확히 '예측할 있도록'즉, 총 50%의 성공률 실험을 조작했다. 이 밖에도 실험을 더 조작해서 처음 다섯 번을 던지면 피실험자의 $\frac{1}{3}$은 결과를 정확히 알아맞히고, $\frac{1}{3}$은 처음 네 번은 틀리게 하고, 나머지 $\frac{1}{3}$은 임의적인 결과가 나오도록 유도했다.

피실험자들은 실험이 다 끝난 후 자신들의 예측 성공률 여부를 다시 기억해내야 했다. 실험 조작으로 처음 다섯 번을 정확히 맞혔던 참가자들은 나머지 $\frac{2}{3}$의 피실험자들에 비해 자신들의 예측 정확도를 상당히 높게 평가했다. 동전 던지기를 100번 더 하면 얼마나 정확히 예측할 수 있을 것 같으냐는 질문을 받자, 처음 다섯 번을 연달아 맞혔던 피실험자들은 게임을 계속할수록 훨씬 정확히 알아맞힐 수 있을 것 같다고 대답했다.

전체적으로 모든 참가자의 40%머리로는 동전 던지기의 결과가 무작위라는 사실을 잘 알고 있음에도는 연습하면 성공률이 더 높아질 것이라고 믿었다. 연구진은 이렇게 결론지었다.

"초기에 꾸준히 높은 성공을 거두면 피실험자들은 자기 실력 덕분이라는 생각을 하게 되고, 결국에는 차후에도 계속 성공할 수 있다고 생각한다."

도박에서도 처음에 연달아 이긴 사람일수록 결과를 예측할 수 있다며 자신감이 배가 된다. 강세장에서는 거의 모두가 돈을 번다. 강세장일 때 투자에 첫발을 내디딘 아마추어 투자자는 본인에게 주식을 고르는 재능이나 기술이 있다고 금세 믿는다. 그래서 월스트리트의 오랜 격언이 있다.

"강세장에서는 모두가 재능이 있다."

처음에 성공을 거둔 사람은 시장이 악화될 때도 주식을 매수하는 행동을 그치지 못하는데, 이는 투자 초기에 본인의 실력을 믿는 태도가 길러졌기 때문이다.

실제로 과잉 확신은 과거를 기억하는 방식도 바꾼다. 과거 사건에 대한 기억이 현재의 과잉 확신을 지지하는 방향으로 기울어진다. 인간은 패배보다는 승리를 더 기억하고 싶어 하는 성향이 있기 마련이다. 더욱이 대다수 사람은 전후 사정을 다 안 다음에는, 본인의 예견 능력을 과장하기 위해 과거에 예측했던 내용을 틀리게 기억한다.

또한 인간에게는 잘못된 결과는 통제 불가능한 상황 탓으로 돌리고, 좋은 결과가 나오면 스스로의 선구안과 전문성 덕분이라고 생각하는 성향이 있다. 대부분의 경우 인간은 성공하면 자기가 판단을 잘했기 때문이고, 실패하면 전혀 예상할 수 없었던 외부의 힘이 작용했기 때문이라고 둘러댄다.

특히 전문가들일수록 과잉 확신의 오류에 빠지기 쉽다. 문외한보다는 해당 분야의 지식과 기술이 뛰어날 것이라는 사회적 합의에서 오는 압박 때문일지는 몰라도, 전문가들은 본인의 판단을 적정 수준 이상으로 지나치게 신뢰한다. 과잉 확신에 따른 의사결정의 오류는 금융 전문가만이 아니라 기업가, 투자은행가, 경영자들과 같은 전문가들 사이에서 꾸준히 발견되는 증상이다.

어떤 상황은 과잉 확신의 편향이 자리잡을 틈을 주지 않는데, 예를 들어 의사결정을 내려야 하는 업무가 ① 예측 가능성이 상당히 높고, ② 신속하고 정확한 피드백이 주어지기 때문에 판단이 맞는지 여부를 금세 확인할 수 있고, ③ 업무가 고도로 반복적일 때다. 여기에 상응이라도 하듯 전문 브리지 선수4명이 2명씩 짝을 이뤄 즐기는 전략 중심의 카드 게임, 경마 도박꾼, 기상학자들은 본인의 예측 능력을 비교적 정확히 가늠하는 편이었다.

금융시장에서는 안정적인 보상을 얻기 힘들고예측 가능성이 낮기 때문이다 거래 빈도에도 변화를 줄 필요가 있다경우에 따라 적극적으로 트레이딩을 해야 하거나 조용히 지켜봐야 한다. 트레이더들이 신속하고 정확한 피드백을 얻을지라도, 피드백 자체가 불안정한 데다 시장 상황에 좌우된다.

개인투자자들의 경우에는 피드백을 자주 얻지 못한다. 그렇기에 과잉 확신은 투자자들에게 특히나 심각한 문제다. 일반적으로 말해 과잉 확신 편향에 빠진 투자자들은 본인이 고수익을 기록할 수 있다고 믿으면서 거래 횟수를 늘리고, 관련된 리스크를 과소평가한다.

정말 투자자가 상황을 통제하고 있을까?

어떤 상황이 투자자의 과잉 확신을 유발할까? 앞의 연구에서 보면 초기 성공이 과잉 확신의 편향을 이끈다는 사실이 분명히 드러났다. 이어진 연구에서 피실험자들은 의사결정 과정을 본인이 통제할 수 있을 경우 과잉 확신의 성향을 보였다.

연구진은 피실험자를 두 집단으로 나눈 다음에 한 집단에는 임의의 숫자가 적힌 복권을 나눠줬고, 다른 집단에게는 직접 숫자를 선택하게 했다. 복권을 받은 후 피실험자들은 더 나은 조건으로 복권을 교환하자는 제안을 받았다.

임의의 숫자가 적힌 복권을 가진 사람들에 비해 직접 숫자를 고른 복권을 가진 사람들일수록 복권을 그대로 유지하기를 원했다. 숫자를 직접 고른 사람들은 복권을 포기하는 대가로 평균 9달러를 원했고, 임의의 숫자가 적힌 복권을 받은 사람들은 2달러를 원했다.

다른 연구에서 밝혀낸 결과에 따르면, **이런 현상은 결과를 통제할 수**

있다는 믿음 때문이 아니라 예측 능력에 대한 과잉 확신이 원인이었다. 사람들은 자신이 직접 했던 예측이나 직접 고른 주식일수록 더 집착하면서 높은 가치를 매긴다.

이 실험의 연구진은 다음과 같은 상황일 때 통제의 환상이 발생하는 것을 발견할 수 있었다.

- 선택지가 여러 가지일 때
- 초기에 성공을 거뒀을 때
- 익숙한 일을 하고 있을 때
- 사용할 수 있는 정보의 양이 많을 때
- 선택의 결과로 본인이 얻게 되는 몫이 있을 때
- 의사결정 과정을 본인이 통제할 수 있을 때

성과가 좋다는 사실을 알게 되면서 과잉 확신이 생겨날 수도 있다. fMRI를 분석하면서, 브라이언 넛슨 교수는 돈을 따게 되면 전두엽중앙피질이 활성화된다는 사실을 발견했다. 전두엽중앙피질은 보상 시스템에서 도파민 경로의 종착역으로써, 긍정적 감정과 보상학습 모두와 관련이 있다. 특히 전두엽중앙피질의 활성화는 보상추구 행동이 성공적으로 종료되었음을 알리는 신호를 내보낸다.

전두엽중앙피질이 활성화되면 원하는 목표를 향해 제대로 나아가고 있음을 알리는 신호를 내보낸다. 어떤 행동이 만족할 만한 수준으로 꾸준히 높은 보상을 거뒀다면, 다른 영역의 인지 자원이 바뀔 수도 있다.

얼마 지나지 않아 리스크가 높은 행동을 하면서도 잠재 위험에는 거의 관심을 기울이지 않게 된다.

돈만이 아니라 여러 종류의 보상이 전두엽중앙피질을 활성화한다. 예를 들어 좋아하는 상품가령 좋아하는 브랜드의 커피나 맥주, 음료수을 보면 전두엽중앙피질이 활성화된다. 특정 브랜드로 인해 전두엽중앙피질이 활성화된다는 것은, 그 상품에 만족하고 있음을 가리킨다. 또 코카인과 암페타민을 복용했을 때 전두엽중앙피질이 활성화된다는 것은, 긍정적인 감정이 발현되는 메커니즘과 이런 약물들이 관련이 있음을 암시한다. 어쩌면 약물 중독자들이 전두엽중앙피질을 통해 약물과 쾌락의 상관관계를 학습하게 되는 것일 수도 있다.

전두엽중앙피질은 보상학습과도 관련이 있는데, 이런 점에서 재무적 성공은 보상추구의 동기를 약화시키고 현상 유지에 집착하는 심리를 강화시킬 수도 있다.

대다수 사람의 머릿속에는 '성공 조절 장치'가 존재한다. 투자자들이 재무적 목표를 달성하면 의욕이 급감한다. 인간은 도전이 있어야 계속 발전한다. 어떤 한 가지 활동에서 거듭 성공을 거두면 참신성이 줄어들고 현 상태에 안주하게 된다. 현 상태에 안주하는 순간, 리스크를 경시하게 되면서 갑자기 손실이 발생할 수도 있다.

대단한 성공을 거둔 한 트레이더는 본인에게는 심리적으로 설정된 수준을 넘어서는 성공을 억제하는 '이익 상한선'이 존재한다고 말했다. 그는 평생 먹고살 돈을 벌었고, 자선기관에도 넉넉히 기부한다. 그가 트레이딩을 계속하는 이유는 본인이 정한 연간 기대수익률을 달성하기 위해서다. 이 내적 벤치마크를 초과하는 순간, 그는 의욕이 사라지면서 탐욕을 잠재운다.

이런 동기 부족 사태로 인해 몇 번인가 스트레스를 받은 적도 있다. 6월에 이미 목표치를 달성해서 주식 매매를 하지 않는다면 남은 한 해는 무슨 일을 해야 할까?

대부분은 새해가 올 때까지 증권 계좌를 무성의하게 굴리곤 했다. 의무감에서 따분하게 거래하다 보면 내키지 않는데도 마지못해 매매하게 되는 경우도 많았으며, 대개는 좋지 않은 결과로 이어졌다. 이런 따분함과 싸우기 위해 그는 본인의 승부욕을 자극했다. 처음에 세운 목표가 달성되면, 그다음으로 개인적인 벤치마크를 정해서 스스로에게 도전정신을 불러일으키고자 노력했다.

탐험정신의 신경화학적 특성

도전적인 상황에 대응하는 방식은 개개인의 신경화학적 특성에 따라 달라진다. 인간은 ① 환경을 개척하기 시작하거나, ② 잠시 멈추고 기회를 엿보든가 둘 중 하나의 태도를 보인다. 전자를 택할지 후자를 택할지는 개개인의 신경화학이 어떤 균형을 이루는가에 달려 있다.

앞의 예에서도 보듯이 보상받을 거리가 발견되면 도파민 뉴런은 보상을 만들어내는 행동을 강화한다. 도파민 뉴런은 보상 획득의 행동을 이끄는 신호의 강도를 수정하는데, 대개는 전두엽중앙피질로 향하는 신호를 증가시키는 방식으로 이뤄진다. 이것이 바로 도파민 경로를 통한 보상학습 과정이다.

행동에서 더 이상 아무 보상도 얻을 수 없으면 뇌의 노르에피네프린 수치가 증가한다. 노르에피네프린은 새로운 기회를 탐색하도록 자극한다. 각성과 집중력을 불러일으키는 주요 신경 전달 물질인 노르에피네프린은 환경을 개척하고, 관심거리를 자주 바꾸도록 유도하는 역할을 한다. 적당히 높은 수준의 노르에피네프린 수치는 각성력을 증가시키고 집중력을 향상시킨다.

투자자가 한두 해 연달아 높은 수익을 거두면 앞으로도 계속 높은 실적을 거둘 수 있다는 자신감에 차기 시작한다. 도파민 기반의 보상학습 과정이 수익을 내는 행동 패턴을 암호화한다. 하지만 **높은 실적을 달성한 트레이더일수록 과거와 똑같은 수준의 리스크 관리를 유지하기가 힘들 가능성이 높은데, 이는 그들 뇌의 신경화학적 특성이 변했기 때문이다.**

그들은 따분하다고 생각하면서 계속 도전정신을 발휘하기 위해 능력 이상의 행동을 하면서 리스크에 노출된다. 노르에피네프린 수치는 이미 올라간 상태지만 트레이딩하는 동안 방출되는 도파민은 비교적 낮은 수치에 불과하다. 이는 그들이 수익을 내는 기법을 이미 학습했기 때문이다. 그 결과로 인해 따분함을 느끼고, 거래에 집중하지 못하면서, 새로운 기회를 탐색하려는 심리가 커진다.

가장 무서운 리스크는 자만이다

크리스티안 시바조시는 월스트리트 최대의 프롭트레이더Proprietary trader, 투자자의 예금이나 신탁자산이 아니라 회사의 자기자본으로 트레이딩하는 전략을 프롭트레이딩이라고 한다로 손꼽히는 인물이다. 골드만삭스의 프롭트레이딩 부서를 이끄는 동안 그의 거래 전략, 베팅 규모, 꾸준하고 높은 연간수익률, 온갖 압박에도 평정을 잃지 않은 모습은 모든 트레이더에게 전설이나 다름없었다.

1994년 골드만삭스에 재직할 당시 시바조시는 1993년의 실적을 앞질러야 한다는 압박을 받았다. 1993년에 그는 통화와 파생상품 거래로 이미 골드만삭스에 1억 달러의 돈을 벌어준 바 있었다. 1992년의 실적도 매우 높았는데, 이에 대해 시바조시는 이렇게 말한다.

"운이 꽤 좋았고, 그 운이 계속 유지되었다. 그러나 한편으로 나는 상당히 거만해졌다."

1994년으로 접어들면서 시바조시는 엔화에 대해 대규모 롱포지션가치 상승에 돈을 거는 일종의 매수 포지션을 취했다. 2월 초가 되면서 포지션 가치가 4,000만 달러 올라갔다. 이익이 늘어나자 사람들은 "시바조시가 또 한 건 할 것 같아."라고 말하기 시작했다.

1994년 2월 첫 주말 동안 빌 클린턴은 일본의 무역 정책을 맹비난했다. 그 결과 엔화 매도가 이어졌고 시바조시의 포지션도 손절매에 들어갔다.

"나는 가능한 한 빠르게 롱포지션을 처분하고 있었지만, 팔기는 하더라도 엔화 쇼트포지션에 대한 풋옵션도 가지고 있었기에 버틸 때까지 버틸 생각이었다. 그러나 결과는 재앙이었다. 시장의 행보가 예상에서 완전히 빗나갔다."

골드만삭스는 이번 거래로 인해 1~2억 달러가량의 손실을 봤다. 하지만 시바조시는 냉정함을 유지했다.

"8일째 되던 날 사상 최대의 가격 변동이 발생했고, 그날 하루에만 나는 거의 4,000만 달러의 손실을 봤다. 자리에서 일어나 밖으로 나가 아무 일도 없었다는 듯 행세하고 싶은 마음이 굴뚝같았다. 너무나도 강력한 감정이었다. 하지만 나는 밖으로 도망가는 대신에 심호흡을 한 후 모든 포지션을 청산했다."

부인하고픈 강력한 욕구에 굴복하는 대신에 시바조시는 해야 할 거래를 실행에 옮겼다. 이처럼 거부하기 힘든 감정 상태에 빠졌을 때 우리를 가로막는 최대의 적은 바로 '인지적 방어' 태세다. 마음속에서 요동치는 강력한 감정에 똑바로 맞서는 용기를 기르려면 연습과 강인한 정신이 필요하다.

헤지펀드 컨설턴트인 스티븐 드로브니가 1994년 손실에서 무엇을 배웠냐고 묻자, 그는 이렇게 답했다.

"자신감은 아주, 아주 위험한 것이다. 지금까지 순탄했다고 해서 앞으로도 순탄하다는 뜻은 아니다. 실제로 성공을 누린 다음이야말로 가장 위험할 때다. **과잉 확신은 적수가 없는 킬러다.** 얼마나 성공을 누리고 있는지는 중요하지 않다. 매사에 자신을 가다듬고 뒤로 한 발 물러서서 '잘못될 수도 있는 부분은 어디인가?'라는 질문을 던져야 한다. 오히려 상황이 좋게 흘러갈수록 위험한 부분은 어디인지, 부정적인 측면은 무엇인지 살펴봐야 한다."

투자에 필요한 좋은 자신감

《시장의 마법사들》의 저자 잭 슈웨거는 이렇게 말한다.

"결국에는 성공할 것임을 절대적으로 자신하지 못하는 트레이더는 시장에 진입할 때 눈치를 살핀다."

그러나 이런 자신감은 현실을 바탕에 깔고 있어야 한다. 위대한 트레이더들이 변동성과 예기치 못한 사건을 만나도 잘 관리할 수 있다고 믿는 이유는, 그들 자신이 유연하기 때문이다. 보유 포지션에 불리한 정보가 발견되면 철저히 조사한다. **위대한 트레이더들은 현실적이고, 적응력이 높으며, 신중하다.** 그들은 훌륭한 자산 관리 기법을 이용하며 언제라도 돈을 잃을 수 있다는 사실을 잘 안다.

자신감은 대개 경험을 통해 학습된다. 시장의 변동성에 대처하는 능력을 능숙하게 기르고, 더 나아가 변동성을 이용하면서 자신감을 기른다. 위대한 투자자들이 가진 자신감의 밑바탕에는 손실이 발생해도 털고 일어서는 회복력이 깔려 있으며, 자신감이 있기에 투자자는 적시에 투자 전략을 변경할 수 있다.

자신감은 확신과 자긍심을 본질적으로 이해했을 때 길러진다. 그리고 난관을 성공적으로 극복했을 때 학습된다. 어떤 일을 하든 자신감이 있어야 성공도 영속적으로 유지된다.

트레이더가 계획 없이 투자할 경우 자신감이 사라질 수도 있다. 시장의 변동성과 예측 불가능성이 순식간에 투자자의 자긍심을 날려 버리고 겁을 먹게 만든다. 건강한 자신감을 유지하려면 자기 규율과 철저한 준비정신이 필요하다.

트레이더와 투자자들에게 심리 상담을 제공해주는 반 K. 타프 박사의 말을 빌리면, 성공적인 트레이더들이 가장 기본적으로 보이는 특성은 '시작하기 전부터 이겼다고' 믿는 것이다.

유럽의 한 학자가 수백 명의 통화 트레이더들에게 설문 조사 이메일을 보냈다. 조사 결과 트레이더들은 거래에서 성공하려면 '적극적으로 맞붙는 태도'가 필요하다고 답했다. 다른 연구에서는 객장 안팎에서 부딪히는 스트레스 요인과 상관없이, 트레이더에게는 결단력이 가장 중요하다는 답변이 나왔다.

이런 모든 특성높은 자기 확신, 적극적으로 맞붙는 태도, 결단력은 능력과 경험이 쌓일수록 발전된다. 시장에 맞서 오만하게 굴지 않되 '본인의 능력을 믿는' 태도가 중요하다. 건강한 자신감이 언제라도 건강하지 못한 과잉 확신으로 변질될 수 있다면, 어떻게 해야 올바른 시각을 유지할 수 있을까?

적절한 자신감은 겸손하고 현실적이지만 동시에 흔들리지 않으며 확고하다. 과잉 확신은 자기중심적이고 자아도취적이다. 과잉 확신은 실수해도 외부 환경을 탓하며, 우연한 성공도 자기 능력 덕분이라고 자찬한다.

과잉 확신과 자신감의 차이를 설명하는 가장 좋은 말은 바로 자존심 Ego이다. 과잉 확신에 빠진 사람들은 게임을 할 때 자존심을 앞세운다. 그들에게는 자존심이 전부다.

실수에서 배우는 투자자의 조건

과잉 확신은 의사결정을 내릴 때 수많은 실수를 일으킨다. 과잉 확신에 빠진 사람은 결과가 나쁘면 통제할 수 없는 상황 때문이라고 하고, 결과가 좋으면 자기 능력이 뛰어나기 때문이라고 한다.

더욱이 그들은 사후 과잉 확신의 편향이 있기 때문에, 곧바로 피드백을 얻을 때가 아닌 한 피드백에서 학습하지도 못한다. 실수에서도 배우지 못하는 편인데 '다 알고 있던 거야. 다음에 더 잘 준비하면 돼'라고 생각하기 때문이다. 그런 다음에는 마음이 내키고 자신에게 유리해 보이는 방향으로 피드백을 왜곡한다.

한 연구에서는 교육 세미나가 과잉 확신이 행동에 미치는 영향을 줄여준다는 사실이 드러났다 하지만 충분할 정도는 아니었다. 다른 방식의 교육 역시 과잉 확신을 줄여줄 수 있다. 개인투자자들의 과잉 확신 편향을 최소화하기 위해서는 이 성향의 특성과 여기에 따른 부정적인 결과를 깨닫는 과정이 있어야 한다. 벤처투자자들을 대상으로 한 교육에서는 지식의 향상이 의사결정의 질을 높여주고, 과잉 확신의 효과를 최소화하기도 한다는 것을 보여줬다.

교육 외에도 시간이 소모되기는 하지만 투자 일지 작성 역시 효과적인 자기 수정 장치가 될 수 있다. 투자 일지를 작성할 때는 자신의 사고 과정타당성, 결정행동, 손익 유무결과를 계속 기록으로 남긴다. 투자 일지 내용을 주기적으로 검토한다면 잘못된 의사결정을 내리게 된 사고방식의 패턴을 고찰하게 될 수 있다.

시바조시는 이렇게 말한다.

"나는 규율을 지키기 위해 투자 일지를 쓴다. 매일 아침 똑같은 과정을 밟으며 스스로에게 질문을 던진다. 포지션을 구축한다면 그 포지션을 보유하는 이유는 무엇일까? 어떤 점이 바뀌었을까?"

시바조시는 트레이더를 채용할 때 '열정과 겸양'을 중점적으로 본다. 열정은 강력한 보상 시스템특히 중격의지핵의 산물이며, 겸양은 과잉 확신의 해독제다. 더욱이 실수에서 배우고 바른 방향으로 열정을 유지하려면 양심적인 마음이 대단히 중요하다. 시바조시의 말에 따르면, 진정성은 트레이더를 채용할 때 가장 중요한 덕목이다. 성공적인 트레이딩 비결에 대해 시바조시는 이렇게 설명한다.

"운도 상당히 많이 작용하지만, 겸양이야말로 가장 중요한 비결일 것이다. 또한 겸양을 즐길 줄도 알아야 한다. 지나치게 많은 사람들이 돈을 위해 트레이딩에 뛰어들지만 그렇게 해서는 오래도록 목표를 달성하기 힘들다."

Chapter 07

패닉은 본능이고 대응은 기술이다

"1년에 14분 넘게 시장을 걱정하면서 보낸다면, 12분을 낭비한 셈이다."

– 피터 린치

　두려움은 불편하다. 그리고 두려움에 빠졌을 때 투자자는 성급한, 심지어는 잘못된 재무 결정을 내릴 수도 있다. 두려움은 대단히 압도적이기에 이성, 인내심, 판단력을 억누른다. 극심한 수준이 아닐 때도 두려움은 걱정을 초래하고 생각을 흐트러뜨린다. 심각하든 그렇지 않든, 두려움은 재무적 의사결정에 심각한 영향을 미친다.

　극심한 두려움에 빠진 투자자들은 매물을 쏟아내는 공포 매도를 하게 된다. 초보투자자들은 포트폴리오에서 비중이 높은 종목의 주가가 예기치 않게 급락하면 패닉에 빠진다. 자신의 재산이 증발해 사라지는 모습을 지켜보는 것은 끔찍한 경험이다. 놀랍게도 트레이딩하면서 극심한 두려움에 빠지는 사람은 비단 초보투자자들만이 아니다.

공포는 전염되고, 기회는 그 끝에 있다

전직 헤지펀드 매니저며, 더스트리트닷컴의 창립자고, CNBC 투자 프로그램인 〈매드 머니〉의 인기 진행자 짐 크레이머는 투자자들이 겪는 감정을 속속들이 잘 알고 있었다. 그는 금융 전문 웹사이트인 더스트리트닷컴에 올린 칼럼에서 포지션의 가치가 급락할 때 어떤 감정에 사로잡히는지 설명했다.

칼럼에서 그는 '내셔널 기프트'라는 가상의 종목을 설정한 다음, 쇼트스퀴즈Short squeeze, 상승장에서 쇼트포지션을 설정했던 투자자들이 포지션을 커버하거나 손실을 예방하기 위해 해당 종목이나 상품을 사야만 하는 상황을 말한다. 이들의 급격한 주식 매입으로 주가가 더욱 상승하고, 포지션을 커버하지 못한 투자자들의 손실은 더욱 커지게 된다의 결과가 좋지 않아 겪게 되는 감정을 극적으로 묘사한다. 급상승하는 종목에 대해 쇼트포지션을 취한 투자자들은 손실이 눈덩이처럼 불어가면서 '쥐어짜는 듯한' 압박감에 시달린다. 쇼트스퀴즈라는 말도 이런 의미에서 생겨났다.

온 세상이 무너져 내린다. 숨을 자연스럽게 쉴 수 없고 억지로 쉬어야 한다. 머리가 텅 비어 버렸다. 땀이 비 오듯 흐르고 무서워 벌벌 떤다. 심지어는 패닉도 오지 않는다. 아무 반응도 할 수 없다. 아무것도 할 수 없다.

'시장에서 내셔널 기프트 주식 20만 주를 사야 해!' 머릿속을 쾅쾅 두드려대던 망치 소리가 즉시 사라진 순간 외쳐댄다.

"&%@&를 &%#@ 주를 사야 해!"

이것은 두려움과 관련이 있다. 주식을 움직이는 진짜 힘은 두려움이다. 토드 해리슨 같은 굴지의 트레이더들은 종목코드와 가격만 보고도 두려움의 냄새를 맡을 수 있다. 그리고 두려움의 냄새는 감춘다고 사라지지 않는다.

공포 매도에 대한 짐 크레이머의 명쾌한 설명은 투자자를 가로막는 두 가지 중요한 감정적 장애물 두려움과 패닉을 부각시킨다. 하지만 두려움이 언제나 투자자들에게 방해만 되는 것은 아니다. 용기를 끌어모은다면 오히려 두려움을 유리하게 활용할 수 있다.

그러나 패닉은 백해무익이다. 두려움이 최고조로 치달으면 패닉이 발생할 수도 있지만, 이 둘은 엄연히 별개의 감정이다. 두려움과 패닉을 이해하기 위해서는 다섯 가지 기본적인 원리를 알아야 한다.

① 두려움은 신체의 생리적 변화를 일으킨다 부자연스러운 호흡, 땀, 두통. 따라서 두려움을 느끼는지 아닌지 자신이 식별할 수 있다.

② 두려움은 나쁜 소식이 들릴 때 생각하는 방식과 반응 방식에 변화를 일으킨다 우유부단, 분석 마비, 압박감 증가, 패닉. 그리고 대개는 잘못된 의사결정을 이끈다.

③ 두려움은 패닉과 다르다. 두려움은 행동에 앞서는 감정 상태다. 두려움을 느끼는 사람들은 여러 리스크를 관찰한다. 패닉은 사후 반응의 감정이며, 즉시 행동에 옮기지 않으면 안 된다는 압박감에 시달린다.

④ 두려움을 느낄 때도 냉정을 유지하려면 엄청난 수준의 노력과 용기가 필요하다.
⑤ 경험을 통해 가격 변화의 성격을 읽는 능력을 기른다면 다른 투자자들이 두려움을 느끼는지 여부를 파악할 수 있다.

위협을 인식했을 때 사람들은 으레 도망치려는 반응을 보인다. 하지만 대부분의 전문가는 침착하게 뒤로 물러서서 위험한 상황을 논리적으로 분석한다.

두려움을 떨쳐내고 패닉을 가라앉힐 줄 아는 용기는 경험, 연습, 정신적 훈련을 통해 길러진다. 본인의 감정적 반응까지 포함해 투자의 모든 면을 객관적으로 관찰하려면 강인한 정신이 필요하고, 이런 능력이야말로 성공적인 투자자의 핵심 특성이다.

본인이 불안해하는지 아닌지 인식하기는 어렵지 않지만, 그런 불안감을 객관적으로 유리하게 활용하는 것은 대단히 어려운 일이다. 불안감에 빠진 순간, 인지 자원은 인지된 위협에 대처하는 방향으로 쏠리게 된다. 조금이라도 다른 생각을 하는 것 자체가 극도로 불편한 일인 데다 많은 노력이 들기 때문이다.

또한 두려움을 사회 전체로 널리 전염시키는 요소도 있다. 시장에서 두려움이 쉽게 사라지지 않는 이유는 두려움이 퍼지면 투자 집단의 생각과 행동 방식이 변하고, 이것이 언론 보도나 동료들의 행동에도 반영되기 때문이다.

정신적 훈련을 하거나, 시장에서 두려움의 신호를 읽는 방법을 학습하거나, '투자 심리지표Sentiment indicator, 실업률, 인플레이션, 거시경제 상황 등이 미래의 투자 행동에 어떤 영향을 미치는지를 계량화해서 시장의 감정 상태를 나타낸 지표'를 이용해 투자 집단의 불안감을 객관적으로 읽는 눈을 기른다면, 수익률 개선에도 도움이 될 수 있다.

'우려의 벽' 타고 오르기

주식시장이 "우려의 벽을 타고 오른다."는 말이 있다. 투자자들과 경제전문지가 이런저런 잠재적 위험을 걱정할 때도 주가가 오르는 경우가 종종 등장한다. 모순처럼 들릴 수도 있지만 실제로 우려가 기회가 되기도 한다. 1997년 〈월스트리트 저널〉의 기사는 '우려의 벽'을 이렇게 설명한다.

"시장이 깎아지른 벼랑처럼 아슬아슬해 보이자, 시장 관찰자들과 투자자들 모두 약간의 감탄과 약간의 공포심을 표현했다."

투자자들은 시장 상승이 주춤할 것이라고 걱정했지만, 경제에 대한 자신감이 증가하면서 매수세를 이어 나갔다.

격심한 두려움은 상승장에 발생하는 우려와는 질적으로 다르다. 근시안적인 투자자의 눈에는 영원히 끝나지 않을 것 같지만 강한 불안감은 오래 이어지지는 않는다. 투자자들은 생물학적인 특성상 극심한 두려움을 겪는 동안 방출된 스트레스 호르몬으로 인해 단기적 사고에 치중한다. 두려움은 융통성 없는 단기 사고를 이끌어내고 판단력의 유연성을 저하시킨다.

두려운 사건을 겪은 뒤 스트레스 호르몬의 방출량이 낮아지고 극심한 두려움이 어느 정도 가라앉으면, 투자자들은 과거 위험하다고 여겼던 종목에서 염가 매수 기회를 찾기 시작한다. 단기적으로 볼 때 시장이 극심한 두려움에 빠진 시기는 훌륭한 매수 기회를 제공해준다.

다음 그래프는 2001년 6월부터 2002년 2월까지 S&P 500의 변동을 보여준다. 그림에는 주가 지수 외에도 두 가지 '투자 심리지표'도 함께 그려놓았다. 첫 번째 지표는 〈나이틀리 비즈니스 리포트〉에 표현된 두려움 지수Level of fear고, 두 번째 지표는 같은 방송에서 표현된 기쁨 지수Level of joy다. 두려움 지수가 기쁨 지수보다 높을 때 주가가 어떻게 상

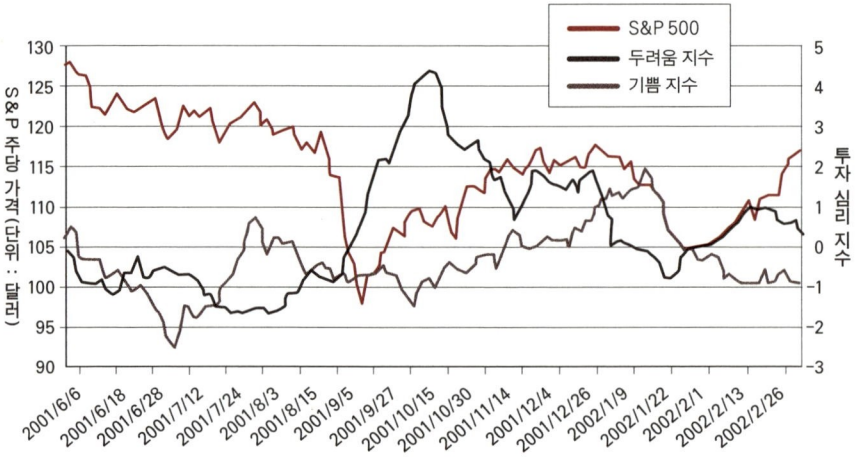

※ 2001년 9월 11일에 뉴욕시에서 벌어진 9·11 테러 전후로 〈나이틀리 비즈니스 리포트〉를 통해 나타난 기쁨 지수와 두려움 지수다. S&P 500 주가 변동선, 그리고 다른 두 선은 두려움 지수와 기쁨 지수를 나타낸다. 두려움 지수가 기쁨 지수보다 높을 때 시장이 상승 움직임을 보였고, 기쁨 지수가 두려움 지수보다 높을 때는 하락세라는 사실에 주목하자. 이러한 기법은 시장이 감정에 주도될 때만 효과가 있다.

승했는지에 주목하자. 기쁨 지수가 두려움 지수보다 높을 때 주가 지수는 오히려 떨어졌다.

이 그래프는 기쁨과 두려움이 시장의 가격 변동과 상관관계가 있음을 나타내고자 과거의 한 기간을 '선별해서' 보여준 예에 불과하다. **이와 같은 상관관계가 통계적으로는 유의미할지라도, 전체적으로 뛰어난 투자 수익으로 이어지지는 않는다.**

두려움은 항상 앞서 나타난다

불안감이 사고와 행동의 강력한 동인이라는 말은 진화론적으로 볼 때 충분히 일리가 있다. 세렝게티 초원에 살던 우리의 조상들은 위험 신호에 주의를 기울이지 않으면 순식간에 악어나 사자의 밥이 될 수도 있었다. 신속하게 공포를 느끼지 못한 사람들은 결코 오래 살아남을 수 없었다.

예를 들어 공개된 장소를 두려워하는 광장 공포증은 가계 유전이다. 포식동물이나 적으로부터 언제 공격을 받아도 이상하지 않은 들판을 걸으면서 불안함을 느꼈던 조상들에 의해, 광장 공포증의 유전자가 전해져 내려왔다는 추측이다. 대단히 조심하는 태도 덕분에 그들은 위험 지대에서 재빨리 벗어나 유전자 혈통을 이어 나갈 수 있었다.

불안감은 대단히 불편한 감정이기 때문에 사람들은 불안에 떨며 기다리는 시간을 조금이라도 빨리 끝내기 위해 단기적으로 더 큰 고통을 감수하기도 한다. 부정적인 사건을 예상하다 보면 심리적 대가를 치르게 되는데, 이는 우리 인간의 정신이 모든 에너지와 주의력을 '다가올 두려움'에 쏟아붓기 때문이다.

에모리 대학교 그레고리 번스 교수는 fMRI기능적 자기공명영상 장치를 이용해 피실험자들이 전기 충격을 기다리는 동안의 신경 활동을 촬영했다. 일부 피실험자들은 전기 충격을 대단히 두려워한 나머지 선택권이 주어지자, 기다렸다 나중에 약한 충격을 받기보다는 일찍 강한 충격을 받는 쪽을 택했다. '미리 크게 겁을 먹은 사람들'은 전기 충격을 '예상하는' 동안 뇌의 통증 회로가 더 많이 활성화되었다.

심지어 전기 충격을 앞당겨 받을 권리를 주지 않았을 때도 '미리 크게 겁을 먹은 사람들'의 통증 회로가 여전히 높게 활성화되었다. 신경 통증 회로가 높게 활성화되었다는 것은 '미리 크게 겁을 먹은 사람들'이 자기 차례가 오기를 기다리는 동안 예기되는 통증을 정신적으로 흉내내고 있었다는 의미가 된다. 그들이 더 강한 충격을 받더라도 순서를 앞당긴 이유는 계속되는 '정신적' 통증을 끝내기 위해서였다. 사실 예상되는 통증은 모두 상상에 불과했지만 그들에게는 진짜 고통이나 다를 바 없었다.

전기 충격을 받을 시간이 다가올수록 미리 겁을 먹는, 이른바 예기 불안은 더 강해진다. 심지어 사건에서 예상되는 확률과 강도에는 변함이 없었음에도 차례가 다가올수록 예기 불안은 점점 높아졌다. 피실험자들은 언제 어떤 강도로 전기 충격을 받게 될지 미리 언급받았다. 그렇지만 시간이 다가올수록 심박, 전기 피부 반응, 주관적 두려움 수치가 모두 올라갔다.

예기 불안이 증가할 때 나타나는 한 가지 증상이 '꽁무니를 빼는' 행위다. 한 연구에 참가한 학생들은 10달러를 받는 대가로 한 주 뒤에 반 아이들 앞에서 마임 연극을 하기로 했다. 정해진 시간이 오자 마임을 하기로 약속했던 학생들 중 67%가 꽁무니를 뺐다.

이 실험을 살짝 변경해 일부 학생들에게 무섭다고 느끼게 만드는 영화 장면을 보게 했다. 영화를 본 학생들은 그렇지 않은 학생들에 비해 처음부터 반 아이들 앞에 나가서 우스꽝스런 연극을 한다고 나서는 숫자가 확연히 줄어들었다. **어느 한 곳에서 두려움을 느끼자, 전혀 관련 없는 다른 곳에서도 위험을 감수하려 하지 않은 것이다.**

모든 것은 머릿속에 있다

뉴로이미징 데이터는 인지 요법이 두려움 관리에 도움이 된다는 사실을 보여준다. 여러 건의 fMRI 분석에서도 나타났듯이, 사람들은 두려움을 줄이는 인지 요법을 배운 후에 편도체와 변연계의 활성화가 감소했다. 부서워하는 물건예 : 거미을 보거나 사건연설에 직면했을 때도 훈련 받기 전에 비해 두려움 회로가 약하게 활성화된다.

전전두엽피질의 힘을 보여주는 근사한 예는 플라세보 효과로, 이는 신념과 기대가 세상을 보는 방식을 어떻게 바꾸는지를 입증한다. 대다수 사람의 불안 수치가 위약플라세보으로 감소했다는 것은, 인지적 통제가 두려움을 불러일으키는 데 있어 상당히 중요한 요인이라는 사실을 의미한다.

한 연구에서 전기 충격을 가하기 전에 피실험자들의 팔뚝에 크림을 발라줬다. 첫 번째 조건 집단의 참가자들에게는 크림이 전기 충격의 고통을 줄여주는 국부 마취제라고 말했다. 두 번째 조건 집단의 참가자들에게는 크림이 피부에 가해지는 충격을 높일 것이라고 말했다. 실제로 크림은 아무 의미도 없었고 두 집단 모두 똑같은 것이었다.

국부 마취제를 발랐다고 생각한 피실험자들의 약 $\frac{1}{3}$ 은 고통이 줄어들었다. 가짜 마취제를 발랐을 때 고통이 줄었다고 말한 피실험자들은 뇌섬엽고통 처리의 활성화가 현저히 감소했고, 반면에 전전두엽피질감정의 강도에 대한 인지 감소의 활성화는 증가한 것이 사진으로도 드러났다. 전전두엽피질의 활성화 증가는 고통 경감을 예고했다. 더욱이 연구진은 전전두엽피질의 활성화로 인해 전기 충격에 반응하는 뇌섬엽의 활동이 줄었다는 사실도 발견했다.

연구진은 전전두엽피질이 활성화되면서 통증 완화에 대한 기대가 가장 원초적이고 쉽게 사라지지 않는 내장통內臟痛까지도 억제할 수 있다는 결론을 내렸다. **이런 결과는 전기 충격이든, 파산의 위험이든, 우리가 위험을 생각하는 방식에 따라 위험에 대한 감정적 반응도 크게 달라질 수 있음을 보여준다.** 생각을 바꾸는 것이 신체는 물론이고 감정적 반응에도 큰 영향을 미칠 수 있다.

투사 편향, 감정 이입의 함정

이번 챕터 앞부분에서 짐 크레이머는 투자 손실이 발생했을 때 극단적인 감정을 관리하는 어려움에 대해 설명했다. 대부분의 투자자는 정도는 다를지라도 그가 묘사한 상황을 여러 번 경험한다. 대단히 고통스러운 두려움에 시달리면서도 투자자들이 '너무 큰' 거래를 함으로써 스스로를 위험에 노출시키고, 방지책이나 가격 경고Price alert, 매수가보다 얼마 이상 올라가거나 내려갔을 때 경고를 받는 기능 기능을 이용하지 않는 이유는 무엇일까?

지금의 감정과 미래에 기대되는 감정을 하나로 묶어서 생각하는 '투사 편향'이 작용하기 때문이다. 다시 말해 투자자는 현재의 감정을 미래에 그대로 투사하면서 미래에도 오늘과 똑같은 감정을 느낄 것이라고 생각한다.

캠퍼스 내 체육관을 이용하는 사람들을 대상으로 연구가 수행되었다. 연구진은 체육관으로 들어서는 사람들과 나오는 사람들에게 물 한 병을 주면서 짧은 글을 읽고 질문에 답해달라고 부탁했다. 글에는 물도 식량도 없이 메마른 콜로라도 산맥에서 길을 잃은 등산객 세 명에 대한 이야기가 소개되었다.

첫 번째 질문에서는 등산객들이 굶주림과 갈증 중 어느 쪽을 더 괴로워할 것 같은지를 물었다. 두 번째 질문은 피실험자들이 등산객이라면 굶주림과 갈증 중 어느 쪽을 더 못 견딜 것 같은지를 물었다.

체육관으로 들어서는 사람들은 61%가 등산객들이그리고 자신도 갈증을 더 못 견딜 것이라고 답했다. 반면에 운동을 마치고 체육관을 나서는 사람들은 92%가 갈증이 훨씬 괴로울 것이라고 생각했다. 체육관을 나서는 사람들은 본인의 갈증을 다른 사람들, 말하자면 등산객들에게 투사하고 있었다. 최근의 경험에 구애받지 않고 미래를 상상하기는 어려운 일이다.

위의 연구 결과는 시장이 평온할 경우 투자자들이 지금의 평온함을 미래에 투사한다는 사실을 암시한다. 강세장, 침체장, 혹은 가격 변동성이 심한 장세가 오랫동안 이어질 때도 마찬가지다. 두려움에 빠진 투자자들은 고통을 받아들이지 못하는데, 이는 지금의 상황이 무한정 이어질지도 모른다고 예상하기 때문이다. 그들은 포지션 하락의 압박과 끝없는 고통에서 벗어나기 위해 매도 행렬에 참여한다.

시장이 평온한 동안 대다수 투자자는 변동성을 적절히 준비하지 못한다. 그들은 미래에 변동성이 높을 때 자신에게 어떤 감정이 들고 어떻게 행동할지 예측하지 못한다. 투자자들은 현재 느끼는 안전한 감정을 미래의 자신에게 그대로 대입한다.

일부 순진한 투자자들은 먼 미래의 위협을 전혀 내다보지 못한 채 과도한 신용 리스크를 감수하고, 지금의 저금리 상황을 그대로 투사해 미래를 예측할 수 있다고 생각한다. 리스크 노출을 무리하게 하다가 신용경색 국면을 맞게 된 투자자들을 일컫는 말이 월스트리트에도 존재한다.

"물이 다 빠져나간 후에야, 자신이 벌거벗었다는 사실을 깨닫는다."

신용이 고갈되면 이유가 무엇이든 리스크를 과도하게 감수했던 투자자들은 위험에 고스란히 노출된다.

많은 투자자가 미래의 리스크에 대해 지금과는 다른 감정이 들 것이라는 사실을 머리로는 잘 알지만, 막상 그런 상황을 적절히 준비하지는 못한다. 그때 느끼게 될 감정을 지금은 느끼지 못하기 때문이다.

반 아이들 앞에서 마임극을 연기하는, 사회적 위험을 머리로는 예상했던 학생들을 떠올려보자. 그들은 연극을 하기로 동의했다. 하지만 막상 연극을 해야 할 순간이 오자 머리로 내린 리스크 평가는 변함이 없었음에도 아이들의 $\frac{2}{3}$ 가 겁을 먹고 꽁무니를 뺐다. 여러 가지 치료 요법을 이용해 이런 투사 편향을 줄일 수 있다.

투자에서 얻는 교훈

대개의 투자자는 주가가 회복되기 전에 추가로 단기 손실이 발생하리라고 예상한다. 특히 미래를 앞질러 예상하면서 '미리 겁을 먹은 사람들'일수록 더욱 그렇게 생각한다. 그들은 손해가 막심한 포지션에 더 이상 고통스럽게 관심을 기울이지 않기 위해, 당장에라도 주식을 내다판다. 매수자 처지에서 생각하면, 가격 하락으로 인해 패닉에 빠진 투자자들이 쏟아내는 주식을 사는 일도 감정적으로 쉽지 않다.

리스크가 높은 투자 여부를 고민하게 되면 불안감으로 인해 '마지막에 가서 주저하는 태도', '어림짐작하기', '분석 마비', '지나치게 고민하기', '미루기', '진입 두려움'과 같은 여러 가지 리스크 회피 행동을 하게 된다.

실제로 대다수 투자자는 가격 '확인서'를 본 다음에야 매수에 대한 확신을 갖게 된다. 이런 행동을 보이는 이유는 하락 종목은 앞으로도 계속 하락하고, 상승 종목은 미래에도 계속 상승할 것이라는 투사 편향이 작용하기 때문이다.

한편으로 주식시장은 '우려의 벽'을 타고 오른다. 투자자들은 불안할 때는 투자를 피하면서 불확실성이 해소될 때까지 기다리는 편을 선호한다. 그 결과 그들은 너무 오래 기다리다 타이밍을 놓쳐 상승장에 들어서지 못한다. 진입이 늦어진 탓에 장기적인 실적도 평균 이하로 내려간다. 대부분의 일이 다 그렇듯이, 어려운 일을 하는 것**시장의 불안감이 높을 때 감정적인 용기를 발휘해 주식을 매입하는 행동**이 장기적으로는 더 좋은 결과를 낳는다.

하지만 **주식시장이 '패닉의 벽'을 타고 오른다는 말은 없다. 두려움이 극도로 높아져 패닉에 달하면 시장이 폭락한다.** 이런 때에 맞는 가장 적절한 조언은 **"떨어지는 칼을 잡지 마라."**다.

수직 낙하하는 포트폴리오를 보면서 대부분의 투자자는 극단적 고통에 시달린다. 투자 집단 전체의 고통이 치솟으면서 많은 사람들이 배에서 뛰어내리고 긴장감을 조금이라도 줄이기 위해 팔자 행진에 합류한다. 시장이 붕괴할 때까지 포지션을 유지하기보다는 지금 고통을 감수하는 편이 낫다고 여기기 때문이다.

시장이 패닉에 휩싸이면 외가격 풋옵션Put option, 해당 자산을 정해진 날짜에 정해진 가격에 매도할 수 있는 권리를 말한다. 매도 권리를 얻는 대가로 거래 상대방에게 프리미엄을 지급하며, 가격이 자신에게 불리하면 프리미엄을 포기하고 권리를 행사하지 않아도 된다. 외가격 풋옵션은 행사 가격이 옵션 행사 시의 기초자산 가격보다 높은 경우를 말하며 반대는 내가격이라고 한다. 풋옵션 매수자는 시장 가격보다 높은 행사 가격으로 자산을 매도할 수 있으므로 옵션 프리미엄을 제외한 만큼의 차익을 보게 된다의 프리미엄이 비합리적인 수준으로 올라간다. 이는 패닉에 휩싸인 투자자들이 포트폴리오를 헤지하기 위해 풋옵션 매수에 몰리고 있다는 의미다.

실제로 패닉에 빠진 투자자들은 이성적인 생각보다는 치솟은 스트레스 호르몬에 좌우되어 시장의 붕괴 가능성을 과대평가하게 된다. 패닉에 빠진 투자자들에게 용기 있게 풋옵션을 파는 사람은 높은 수익을 달성한다.

리스크 속의 새로운 기회

2005년, 허리케인 카트리나가 미국 멕시코만 일대를 강타했고, 몇 주 뒤에는 또 다른 대형 허리케인인 리타가 찾아왔다. 허리케인 카트리나로 뉴올리언스 일대가 물에 잠겼다. 지붕 위에서 발이 묶인 채 구조를 기다리는 사람들과 흙탕물에 둥둥 떠다니는 시신들의 사진이 연일 언론으로 보도되었다.

카트리나는 미 역사상 최악의 피해를 입힌 자연재해였다. 보험회사들은 피해 보상으로 수십억 달러를 지급해야 했고, 이로 인해 그후 2년 동안 보험료를 50% 이상 올려야 했다.

그후 초대형 허리케인이 멕시코만 지역에 더 자주 발생할 것이라는 인식이 증가했다. 2005년에 발간된 유수의 과학전문지는 대서양에서 대형 허리케인의 발생 빈도가 크게 늘어나는 추세라고 발표했다. 또한 지구온난화로 인한 환경 재앙의 위험을 경고한 앨 고어의 영화 〈불편한 진실〉도 허리케인이 발생한 후에 상영되었다. 많은 미국인이 글로벌 재앙의 발생 빈도가 앞으로 훨씬 늘어날지도 모른다고 두려워했다.

재보험사들을 위시해 기민한 투자자들은 천문학적으로 높아지는 리스크 인식에서 기회의 냄새를 맡았다. 워런 버핏의 버크셔 해서웨이와 억만장자 투자자 윌버 로스는 멕시코만의 재보험사에 거액을 투자했다. 재보험사들은 보험사들에 보험을 팔고 대신에 소형 보험사들을 파산으로 몰아넣을 수도 있는 거액의 보험금 청구를 책임진다.

〈월스트리트 저널〉 인터뷰에서 로스는 재보험사 투자에 대해 이렇게 설명했다.

"우리는 리스크 인지가 실제 리스크를 초과하고 있다는 사실에 돈을 걸고 있습니다. 그게 우리가 하는 투자의 펀더멘털입니다."

두려움으로 인해 리스크 인식이 비합리적인 수준으로 높아지면, 노련한 투자자들은 거기서 기회를 찾아내 적극 활용한다.

한마디로 말해 두려움으로 인해 투자자들은 자신에게 맞는 최적 수준의 리스크를 제대로 감수하지 못한다. 인간은 특히 다가올 것 같은 부정적 사건을 무서워하며, 그 일이 다가올수록 팔고 싶은 충동을 더욱 강하게 느낀다. 부정적 사건을 예상하는 동안 정신적으로 너무 큰 고통을 느끼기 때문에 많은 투자자가 '감수해야 할 고통'을 피하기 위해 손절매를 감행한다.

쉽게 두려움에 빠지는 인성적 특징은 환경 요인, 과거의 경험, 유전적 배경이 두루 작용한 결과다. 대다수 투자자는 투자 손실을 보고 나면 시장 변동성을 두려워하도록 조건화된다. 이런 두려움 때문에 투자자들은 침체장 동안 염가에 거래되는 종목을 매수할 용기를 내지 못한다. 그들에게는 안타까운 일이지만 단기적으로 최상의 염가 종목을 찾아낼 수 있는 것도 바로 시장이 극심한 두려움에 빠졌을 때다.

많은 투자자가 시장 폭락이나 침체장을 대비해 예측하지 못하는 이유는 미래에 자신이 어떻게 느끼고 생각할지 공감하지 못하기 때문이다. 그들은 현재의 감정을 미래의 상황에 그대로 투사하고서는 '리스크가 높아도 난 괜찮아'라고 생각한다.

본인의 신념을 의식적으로 바꾸는 노력을 통해 리스크를 봤을 때 자동 반사 조건으로 나타나는 두려움을 조절할 수 있다. 현재 사용되는 여러 심리 치료 요법을 통해 재무 리스크 회피 행동을 줄일 수 있다.

Chapter 08

위대한 투자자는 어떤 사람들인가

"투자 철학에서 정말로 중요한 것은 지능이 아니라 개인의 기질이다. 솔직히 말해 적절한 기질은 높은 IQ를 언제나 이긴다." – 마이클 모부신

1983년 〈대역전〉이라는 영화에서 에디 머피거리의 사기꾼와 댄 애크로이드아이비리그 출신의 상속자 겸 투자자는 두 백만장자의 내기에 의해 서로의 신분이 뒤바뀐다. 에디 머피는 아무 경험도 없이 트레이딩룸에서 성공을 거둘 수 있을까? 댄 애크로이드는 오직 자신의 능력만으로 가난과 떠돌이 신세를 벗어날 수 있을까?

이 두 주인공은 결국 방해꾼들의 훼방을 이겨내고 '냉동 오렌지 주스' 선물로 큰돈을 벌었으며, 두 백만장자는 파산했다. 그러나 그들이 건 내기의 문제는 풀리지 않은 채로 끝났다. 위대한 트레이더가 되려면 타고난 재능과 경험 중 어느 것이 더 큰 영향을 미칠까?

심리학 문제가 으레 그렇듯이 간단한 답은 존재하지 않는다. 성공적인 투자의 1단계는 능력을 갖추는 것이다. 2단계로는 최고의 실적이 나

오도록 마인드를 가다듬어야 한다. 이번 챕터에서는 시장에서 뛰어난 실적을 거두게 해주는 인성적 바탕을 살펴보고자 한다. 다시 말해 위대한 투자 마인드와 괜찮은 수준의 투자 마인드를 가르는 개성과 인성적 특징을 검토할 것이다.

성공 투자는? 타고난 재능 vs 후천적 경험

위대한 투자자들의 개성 몇 가지는 이미 잘 알려져 있다. 예를 들어 워런 버핏은 확률에 대한 직관적 이해가 뛰어나다. 조지 소로스는 투자를 고민하는 과정에서 결점을 찾아내는 과정을 즐기며 실제로 찾아내며 기뻐한다. 위대한 투자자들 대다수는 본인이 성공할 수 있다고 자신한다. 하지만 모든 위대한 투자자가 이런 개성들을 다 같이 공유하고 있는 것은 아니다. 일부 투자자들은 한두 가지에서만 확실한 개성을 보이기도 한다. 본인의 강점을 철저히 활용하고, 약점인 부분은 절대적으로 피하는 것이 성공 투자 비결 가운데 하나다.

성공을 이끄는 요소들은 대부분 타고나지만 몇 가지는 경험을 통해 학습된다. **네 가지 심리적 영역이 강할 때 성공하게 되는데, 그 네 가지란** ① **인성 유형,** ② **인지 능력**정신적 기민함, 비판적 사고, 속도, 지능, ③ **감성 지능**동기와 열정, 용기, 감정 대응 능력, 자기인식, ④ **조건화**약점을 개선하고 강점을 향상시키는 훈련**다.**

첫째로 본인이 선택한 투자 스타일이 성격내적 성향과 맞아야 한다. 둘째로 확률 및 기대 가치에 대한 전망을 구체화할 수 있는 능력과 비판적 사고력이 뛰어나야 한다. 셋째로 자신감, 결단력, 손실 뒤의 회복력 등이 부분은 인성적 특징과 상당히 겹친다 감성 지능과 심리적 특징이 중요하다. 넷째로 시장의 다양한 위기와 우발적 사건에도 성공적으로 순항할 수 있으려면 훈련하고, 회복력을 기르며, 경험을 쌓아야 한다.

체계적인 기본 틀 안에서 여러 투자자의 개성을 연구하는 것은 대단히 멋진 도전이다. 위대한 투자자가 어떻게 탄생했는지를 들려주는 이야기는 많지만, 체계적이고 과학적인 분석이 없다면 이상적인 투자자를 표현하는 '프로필'을 제대로 이해하기 힘들다. 게다가 시장이 다양하고 성공 투자에 필요한 인성적 특징도 제각기 다르다는 데도 문제가 있다.

시장마다 성공을 거둔 투자자는 그때그때 달랐다. 모든 위대한 투자자가 공유하는 일반적인 인성 특징이 존재할까? 이 질문에 가장 알맞은 과학적 기법은 인성 연구에서 찾아볼 수 있다.

이번 챕터에서는 인성 연구의 흥미로운 전개를 탐구하고자 한다. 인성은 그 사람의 개성, 행동, 기질, 감성, 정신적 특징을 종합적으로 아우르는 패턴이다. 최근의 학술 연구는 다섯 가지 일반적인 성격으로 인성을 구분한다. 성격을 형성하는 다섯 가지 요인성격 5요인 모형은 개개인이 어떤 말로 스스로의 모습을 표현하는지와 관련이 있다.

물론 '성격 5요인' 모형이 완전하다고는 말할 수 없다. 인성을 분류할 때 얼마나 많은 특징을 포함시켜야 하는지는 여전히 학자들 사이에서도 의견이 분분하다대안으로 16가지 요인을 적용할 수도 있다. 하지만 아직까지는 성격 5요인 모형을 이용한 분류가 가장 훌륭한 기법이다.

흥미롭게도 인성적 특징은 대체로 성인기 내내 변하지 않고 유지되는 편이다. 여기서는 주로 '성격 5요인'에 따른 성격적 특징을 논하지만, 뒤의 결론에서 위대한 투자자들이 보여준 다른 심리적 특징도 간단히 언급할 것이다.

성격을 결정짓는 5가지 요인

1936년 미국의 심리학자 고든 올포트는 다음과 같은 가설을 세웠다. "인간이 살아가면서 자신을 가장 뚜렷하고 사회적으로도 유의미하게 구분 짓는 차이는, 결국 그들이 사용하는 언어로 표현된다. 이런 차이가 중요할수록 단 하나의 언어로도 그 차이가 드러날 수 있다."

1970년대에 오리건 대학교 심리학 교수인 루이스 골드버그는 인성적 특징을 설명하는 1,250개의 문구 목록을 만들었다. 그리고는 오리건주의 유진과 스프링필드에 거주하는 사람들 750명을 일일이 방문해 이 1,250개의 문구가 그들을 얼마나 잘 표현하는지 점수를 매겼다.

문구의 예를 들자면 '파티를 좋아함', '규칙을 잘 지킴', '최악의 상황을 두려워함'과 같은 말들이었다. 피실험자들은 이 문구가 본인과 얼마나 부합되는지 1~5단계까지 점수를 매겼다. '전혀 동의하지 않음', '동의하지 않음', '반대하지도 동의하지도 않음', '동의함', '매우 동의함' 중 하나에 동그라미를 하는 방식이었다.

처음 만든 1,250개의 문구에서 추려낸 300개의 답변을 다섯 가지 통계적인 집단으로 분류했다. 예를 들어 '파티를 좋아함'에 동의한다고 답한 사람들은 '기쁨을 발산한다'에도 동의한다고 답한 사람들이 많았다. 이는 사교적이고 낙천적인 사람들이 특정한 종류의 인성 특징나중에 '외향성'이라는 이름을 붙였다을 가지고 있다는 의미가 된다.

다섯 종류로 분류한 문구들을 '성격 5요인'이라고 부르고 각 요인에 ① 신경증, ② 경험 개방성, ③ 외향성, ④ 성실성, ⑤ 원만성이라는 이름을 붙였다. 다음 표에 나온 성격적 특성과 항목들은 존 존슨 교수가 골드버그와 함께 연구하면서 발전시킨 무료 온라인 프로그램인 NEO 인성검사NEO-PI에서 차용했다.

응답자들의 답변은 통계적으로 '정규 분포 곡선'의 형태로 분포되었

'성격 5요인'에 따른 인성 특징

성격	높은 점수	낮은 점수
① 신경증	산만, 우유부단, 비관적, 신경질적.	감정적으로 안정, 마음에 여유가 있고 편안함.
② 경험 개방성	새로운 아이디어와 경험을 주저하지 않음.	전통과 관습을 중시, 변화보다는 지속성 선호.
③ 외향성	사람들과 어울리기를 좋아함, 낙천적이고 사교적임.	내성적이고 혼자 있는 것을 즐길 때가 많음.
④ 성실성	자기 규율 중시, 당장의 만족을 중시하지 않음, 조직적, 규칙 준수, 시간 엄수.	충동적, 체계적이지 않음, 정해진 방법이나 규칙을 잘 준수하지 못함.
⑤ 원만성	협력 및 타인과의 원만한 관계 중시, 관대함.	이기적이며, 타인의 의도를 조금씩 의심할 때가 많음.

으며, 40% 정도가 '평균' 범위에 분포했다. 응답자들은 각각의 인성 특징에 대해 '아주 낮음'에서 '아주 높음'의 점수가 매겨진다. 외향성을 측정하는 질문에서 점수가 낮은 사람은 내성적인 성격인 셈이며, 점수가 높은 사람은 외향적 성격이라고 말할 수 있다.

성격 5요인이 서로 합쳐져 균형을 이루게 되면서 개인의 '인성 유형'이 드러나게 된다. 여러 인성 특징을 고루 강하게 보이는 사람도 있다. 성실성과 신경증 모두에서 높은 점수를 받은 사람은 '완벽주의자'다. 여러 인성 특징을 고루 보이는 유명인의 대표적인 예가 영화감독인 우디 앨런이다. 앨런은 강한 신경증을 가볍게 처리하는 편이다. 앨런이 대중에게 보여주는 페르소나에서도 드러나듯이 그는 상당히 외향적이고, 남과 어울리기 좋아하며, 개방적이다.

외향성과 신경증을 동시에 가지고 있기에, 그는 자신의 영화에서 이런 신경증을 유머러스하게 담아낸다. 하나의 지배적인 성격 요인이 아니라 개인이 자신의 강점과 약점을 어떻게 다루는지, 그리고 성격 요인들이 어떤 식으로 조화를 이루는지에 따라 그 사람의 인성 유형이 결정된다.

어떤 성격 요인이 있고 없다고 해서 인성이 더 좋아지거나 나빠지는 것은 아니다. **성격 요인은 세상을 보는 방식을 의미하며 상황에 따라 도움이 되기도 하고 그렇지 않을 수도 있다. 뒤에서 살펴보겠지만 어떤 성격 요인은 재무적 성공과 관련이 있지만, 그 성격 요인이 유용한지는 상황에 따라 달라진다.** 벤처투자자의 성공에 도움이 되는 성격 요인이 단기 트레이더의 실적에는 오히려 방해가 될 수도 있다.

성격 요인은 유전적으로 어느 정도 세습되는 편이지만, 이때도 여러 인자가 복잡하게 작용한다. 성격 요인은 치료가 필요한 극단적 정신 장애를 포함해 경험과 행동의 범위에 따라 다른 형태로 변화하기도 한다.

투자에 적합한 인성

살면서 겪는 경험은 그 사람의 인격 형성에 지대한 영향을 미친다. 성장하면서 인간은 양육자와 역할 모델에게서 역경과 기회에 반응하는 방법을 학습한다. 성장기의 조건화 외에도 모든 인간은 유전학과 생물학적 특성에 기인한 심리학적 차이를 갖고 태어난다.

태어날 때부터 정해진 차이는 인성의 바탕이 되며 유아기에 흔히 볼 수 있다. 활달한 아이는 긍정적이고, 사교적이며, 새로움을 추구하는 정서적 특징을 보인다. 부정적 반응을 보이고 억제된 아이는 아동기 내내 수줍음을 많이 탈 수 있다. 하지만 반드시 성인기까지 이어지는 것은 아니다.

투자자의 '성격 5요인' 점수는 투자 실적과 상관관계가 있을까? 투자 실적과 인성의 관계를 조사하기 위해 나는 70개 항목으로 구성된 온라인 인성 설문지를 만들었다. 질문 중 60개 항목은 골드버그와 존슨이 만든 가장 유의미한 문구를 이용하고 있으며, 이번 조사용으로 10개의 질문을 추가했다.

테스트를 고안하면서 나는 인성 특징과 재무적 의사결정의 상관관계를 알아내고 싶었다. 테스트에서는 '성격 5요인' 중 신경증, 경험 개방성,

외향성, 성실성과 관련한 네 가지 인성 특징을 측정한다. 일단은 연구의 기본 방법론을 설명한 다음, 결과를 설명하기로 한다.

약 1,000명의 사람이 marketpsych.com의 테스트에 응했다. 테스트 응시자들은 본인을 '사업가', '트레이더', '투자자'로 등록했다. 데이터의 질을 높이기 위해 답변을 대충한 경우, 25세 이하와 80세 이상, 저개발 국가의 사람들, 경력이 5년 미만인 사람의 응답 내용은 제외했다. 인성 테스트는 1번부터 60번까지다.

인성 테스트가 끝나면 실험용 질문이 제시되었다. 질문을 제시하기에 앞서 정직한 답변을 요구한다는 문구를 달았다. 질문 62번과 63번은 카페인과 알코올 섭취에 대해 물었으며 유의미한 결과가 나오지는 않았다. 답변은 '전혀 동의하지 않음'이나 '매우 동의함'까지 다섯 단계로 제시되었으며, 69번과 70번의 경우에는 1점부터 5점까지 점수를 매기는 형태로 제시되었다.

질문은 다음과 같다.

Q 61. (꿈) 침대에 누워 잠을 자려고 할 때 시장이나 포지션을 생각하거나 꿈을 꾸곤 한다.

Q 64. (출구 계획의 유무) 나는 트레이딩을 시작하거나 포지션을 보유하기 전에 잠재적 돌발 상황을 모두 고려해 출구 계획을 마련해둔다.

Q 65. (패배한 종목을 너무 오래 보유한다) 나는 손해를 보는 포지션을 너무 오래 보유한다. 계획보다 훨씬 오래 보유할 때도 많다.

Q 66. (승리한 종목을 너무 빨리 처분한다) 포지션이 많이 올라갔다 싶으면, 원래 계획에는 없었을지라도 처분해 차익을 실현한다.

Q 67. (모 아니면 도) 손실이 발생하면 잃은 돈을 만회하기 위해 더 높은 리스크를 감수한다.

Q 68. (승리한 종목을 방치해둔다) 트레이딩이나 보유 포지션에서 거액의 이익이 발생하면, 포지션을 그대로 방치해뒀다가 이익이 사라진 경험이 많았다.

Q 69. (총수익) 내가 00년 00월부터 00년 00월까지 트레이딩이나 투자로 거둔 총수익은 대략 _____ 이다.

Q 70. (최대 손실) 내가 00년부터 00년까지 한 번의 트레이딩이나 투자 포지션에서 경험했던 최대 손실은 총자산 가치와 비교해 대략 _____%다.

응답자가 직접 본인의 행동을 설명하게끔 하는 설문 조사는 '자기보고 편향Self-report bias'이라는 큰 약점이 있다. 예를 들어 응답자의 답변은 자신도 모르는 편향에 좌우된다. 신경증적인 사람은 자신을 부정적으로 설명할 가능성이 높다. 외향적인 사람은 과잉 확신에 빠져 투자 실적을 지나치게 긍정적으로 생각할 수도 있다.

다행히도 개인의 실제 투자 행동을 관찰해 이를 개인의 인성 특징과 비교한 연구들이 다수 존재하므로, 이런 연구 결과들과 대조해보는 것도 한 방법이다.

다음 표는 테스트에서 측정한 인성 특징과 실험용 질문에서 나온 응답 사이의 상관관계 결과다. 다음의 상관관계는 선형회귀 분석을 이용했으며 신뢰 구간이 95%를 충족한 결과만 보여준다. 실제로 하나를 제외하고는 모든 상관관계가 99%의 신뢰준거 $p<0.01$를 충족했다.

위쪽 방향 화살표는 인성 특징과 상단에 적힌 편향 사이에 정(+)의 상관관계가 있음을 의미한다. 예를 들어 인성 특징의 외향성에서 높은 점수가 나온 사람은 64번 질문인 '출구 계획을 마련해뒀다'는 질문에서 매우 동의한다고 답할 가능성이 높다. 아래 방향 화살표는 부(−)의 상관관계가 존재한다는 뜻이다. 다시 말해 정반대되는 인성 특징을 가지고 있다는 의미다. 예를 들어 신경증에서 높은 점수가 나온 사람은 64번

인성 테스트 결과

질문	외향성	신경증	성실성	경험 개방성
Q 61. 꿈	−	↑	↓	↑
Q 64. 출구 계획의 유무	↑	↓	↑	↑
Q 65. 패배한 종목을 너무 오래 보유	↓	↑	↓	↓
Q 66. 승리한 종목을 너무 빨리 처분	↑	−	−	↑
Q 67. 모 아니면 도	−	↑	↓	−
Q 68. 승리한 종목을 방치	↓	↑	↓	↓
Q 69. 총수익	↑	−	−	↑

※ 인성 특징 점수와 실험용 질문 사이의 선형 상관관계. 위쪽 방향 화살표는 정(+)의 상관관계를 나타내고, 아래 방향 화살표는 부(−)의 상관관계를 나타낸다.

질문에 동의하지 않을 가능성이 높다.

어느 정도 이해가 된다면 정반대되는 인성 특징을 생각해보자. '정서 안정'은 신경증의 정반대되는 성향이므로, 정서 안정에서 높은 점수가 나온 사람은 64번의 질문에 동의한다고 답할 가능성이 높았다. 또한 외향성은 높은 투자수익Q 69과 상관관계가 있었지만, 그 반대되는 내향성은 투자수익과 부-의 상관관계를 보였다.

신경증적 성향의 투자자

투자 편향의 관점에서 따지면 신경증은 투자자에게 가장 위험한 인성 특징이라고 볼 수 있다. 다만 흥미롭게도 신경증이 원인이 되어 투자수익이 더 낮아지지는 않는다Q 69번. 신경증적인 사람들은 대체로 위험을 과잉 각성하며 자기 비판적이다. 따라서 이런 성향을 유리하게 활용할 수도 있다. 신경증적인 사람들은 본인에게 편향이 있다는 사실을 잘 알며, 이런 통찰을 이용해 실수를 방지한다.

대체로 신경증적인 사람들은 자면서 포지션에 대한 꿈을 꾸며Q 61번, 손해를 보는 포지션을 너무 오래 보유하며Q 65번, 손실을 만회하기 위해 더 높은 리스크를 감수하고Q 67번, 수익이 나는 포지션을 방치해뒀다가 이익을 잃고 만다Q 68번. 신경증은 64번 질문과는 '역의' 상관관계가 있는데, 신경증 성향이 높은 투자자일수록 정서적으로 안정된 투자자에 비해 출구 계획을 마련해두지 않는 편이다.

심리학 연구에서 신경증 성향은 우울증과 불안 장애와 관련이 있는 것으로 밝혀졌으며, 두 질환 모두 수면 패턴에 악영향을 주고 Q 61번 스트레스 상황에서는 결단력을 잃게 만든다 Q 64번, Q 65번.

신경증의 정반대인 '정서 안정'은 투자 편향과는 상관관계가 가장 적은 특징 가운데 하나다. 하지만 정서 안정에 속하는 사람이 신경증 성향인 사람보다 수익률이 높은 것은 아닌데, 아마도 비판적인 자기인식이 부족하기 때문일 수도 있다. 이 사실을 깨닫지 못한다면 심리적 편향에 빠질 수도 있다.

본인을 '트레이더'라고 적은 응답자들은 '투자자'나 '사업가'라고 기재한 사람에 비해 신경증이 훨씬 적었다. 시장의 단기 변동을 활용하는 사람은 신경증이 높거나 스트레스에 민감해서는 안 된다. 그렇지 않다면 금세 연소될 것이기 때문이다.

뒤에서도 언급하겠지만 **성공적인 투자자는 본인의 인성 스타일에 맞는 투자 방식을 찾아내야 한다.** 신경증적인 사람들은 대부분이 단기 트레이딩을 피해서 편향으로 인한 결점을 보충한다고 볼 수 있다. 따라서 그들이 정서 안정인 사람들과 비슷한 수준의 수익률을 거둔다.

외향적이고, 경험 개방적이며, 성실한 투자자

외향적인 투자자는 시장의 모든 우발 사건에 대비한 출구 계획을 마련하는 경우가 많으며, 성공적인 포지션을 빨리 처분하며, 내성적인 투자자에 비해서는 수익률이 높았다. 외향성은 65번 질문패배한 종목을 너무 오래 보유과 68번 질문승리한 종목을 방치의 결과와는 부–의 상관관계가 있었다.

외향적인 사람들은 손해를 보는 포지션을 너무 오래 보유하는 일은 없으며, 승리한 종목을 방치해 이익이 사라지게 하는 일도 없다고 답했다. 전체적으로 외향적인 응답자는 내성적인 응답자에 비해 수익률이 높았다.

확증 편향 때문에 이런 결과가 나왔을지도 모르는데, 외향적인 사람들은 연구진의 의도를 짐작해 여기에 맞춰 자신의 능력과 수익률에 대한 답을 제시하기 때문이다. 하지만 그들은 승리한 종목을 너무 빨리 파는 것이 본인의 약점임을 인정한다는 점으로 미루어, 본인을 무조건 좋게만 생각하는 것은 아니었다.

경험 개방성은 외향성과 동일한 결과를 보여주지만, 여기에 한 가지 질문과 더 상관관계가 있었다. 경험 개방성은 61번 질문꿈과 정+의 상관관계가 있다. 개방적인 사람들은 잠자리에서도 투자 포지션을 생각할 때가 많다고 답했다. 전반적으로 인성 특징 중에서는 외향성과 경험 개방성이 투자수익과 상관관계가 가장 높게 나왔다.

외향성과 경험 개방성을 보이는 가장 유명한 투자자로는 짐 로저스를 꼽을 수 있다. 그는 새로운 경험을 적극적으로 찾아다니며 모터사이클과 자동차로 여러 대륙을 일주해 기네스북에도 이름을 올렸다. 또한 여러 권의 책을 썼다.

1990년대 후반 투자자들이 관심을 보이지 않던 시절 원자재 지수를 만들었으며 보츠와나, 니카라과, 볼리비아 등 다양한 시장에 투자하기를 권했다. 또한 그는 조지 소로스의 퀀텀펀드 초창기에 파트너로도 일했다. 로저스의 경험 개방성과 외향성은 시장에서 훌륭한 성적을 거두고 삶의 질을 풍요롭게 하는 데 일조했다.

성실성의 특징은 64번 출구 계획 답변과 상관관계가 있었다. 성실성이 높은 투자자들은 출구 계획을 마련한 경우가 많았다. 61번 꿈, 65번 패배한 종목을 너무 오래 보유, 67번 모 아니면 도, 68번 승리한 종목을 방치과는 부-의 상관관계를 보였다.

다시 말해 성실성에서 높은 점수를 받은 투자자들은 충동성이 높은 투자자에 비해 투자 결정을 내릴 때 원칙에 충실하다고 답했다. 그들은 손해를 보는 종목은 빨리 처분하며, 잃은 돈을 만회하기 위해 더 높은 리스크를 감수하지도 않으며, 이익이 사라지기 전에 차익을 실현한다. 투자에 대한 생각으로 잠자리를 설치지도 않는다고 답했다.

성실성이 높은 사람들이 좋은 의사결정을 내리는 횟수를 감안하면 수익률도 높을 것이라고 기대할 수 있겠지만, 데이터로는 입증하지 못했다.

업무 성취 조사에서도 성실성은 대부분의 직종에서 성공적인 경력을 구축하는 것과 상관관계가 있다. 따라서 성실성이 높은 투자자는 시장에서 더 높은 성적을 거둔다고 예상할 수 있지만, 그들은 본인이 높은 실적을 올린다는 답을 달지는 않았다. 업무 성취와 투자 실적이 차이가 난다는 점이 당황스럽기는 하다.

하지만 투자는 정해진 규칙과 규정을 따라야 하는 일반적인 직장 근무와는 다르다. 시장은 복잡하고 역동적이다. 정해진 규칙만을 엄격히 고수하며 시장 분석을 한다면, 오히려 투자자의 발 빠른 적응력이 방해될 수도 있다.

투자와 인성의 상관관계

NEO 테스트를 이용한 다른 연구에서도 실적과 인성 특징 사이에서 유의미한 상관관계가 나왔다. 연구 결과들을 보면 투자자와 트레이더에게 도움이 되는 인성 특징이 다를 수도 있음을 알 수 있다.

오스트레일리아에서 행해진 소규모 연구는 앞서 소개한 나의 인성 연구 결과와 어느 정도 일치한다. 두런드, 뮤비, 상하니는 오스트레일리아의 투자자 18명의 증권 계좌 실적을 추적했다. 저자들은 이들의 심리 데이터, 인성 데이터, 재무 실적 데이터를 수집하기 위해 설문 조사 메일을 보냈다. 1년 뒤 연구진은 외향성이 강한 사람들은 내성적인 사람들에 비해 주식을 더 오래 보유하고, 매매는 적게 하며, 수익은 더 높다는 사실을 발견했다.

또한 저자들은 경험 개방성과 신경증에서 점수가 높은 투자자일수록 포트폴리오 리스크를 더 높게 감수한다는 사실도 알아냈다. 신경증 성향이 높은 사람들은 정서 안정인 사람들에 비해 매매 횟수가 잦았다. 성실성이 높은 투자자는 충동성이 강한 투자자에 비해 리스크를 적게 감수했다. 원만성이 높은 투자자는 리스크를 많이 감수했다. 어쩌면 성실성이 높은 투자자는 리스크를 적게 감수하기 때문에 충동적인 투자자보다 수익이 높지 않은 것일지도 모른다.

트레이딩할 때 필요한 기술은 장기투자나 포트폴리오 관리에 필요한 기술과는 다르다. 따라서 내 연구 결과와 일치하지 않는 부분도 일부 있다. 하지만 나는 1,000명 이상의 트레이더, 투자자, 사업가들을 대상으로 연구를 진행했으며 전체 표집에서 트레이더가 차지하는 비율은 25%도 되지 않는다는 사실을 감안해야 한다.

트레이더들은 대체로 신경증 성향이 낮다는 점에서는 내 연구 결과와 일치하지만, 다른 부분에서 대치되는 연구로는 펜튼-오크리비 동료들이 한 연구를 꼽을 수 있다. 이들은 투자은행에 근무하는 전문 트레이더 118명을 대상으로 한 연구에서 성공적인 트레이더일수록 정서 안정, 내성적, 경험 개방성이 높다는 결론을 도출했다.

두 연구 모두에서 경험 개방성과 성공의 상관관계가 높게 나왔다. 하지만 펜튼-오크리비의 연구에서 나온 내성적 성향과 성공과의 상관관계는 아마도 단기 트레이더에게만 해당되며, 사업가와 투자자에게는 적용되지 않을지도 모른다.

트레이딩 코치인 브렛 스틴바거는 LBR 그룹이 진행하는 트레이딩 세미나에서 64명의 트레이더를 대상으로 인성 테스트를 수행했다. 이 테스트에서 스틴바거는 성실성 점수가 높을수록 트레이딩 성공 확률도 높다는 사실을 알아냈는데, 마찬가지로 투자자와 사업가가 대다수를 차지한 내 연구와는 다른 결과다.

하지만 스틴바그의 연구에서는 경험 개방성과 신경증이 높을수록 트레이딩에서 문제가 발생할 확률도 높다고 나왔다. 높은 경험 개방성과 저조한 트레이딩 실적의 상관관계는 이유를 설명하기가 힘든데, 다만 단기 트레이더들이 초점을 유지하고 한눈을 팔지 말아야 한다는 이유를 들어볼 수 있다. 스틴바거는 자신의 연구 결과를 이렇게 요약한다.

"한 가지 중요한 교훈이 있다. 성공적인 트레이딩은 일관성을 유지하고, 계획에 따라 움직이는 능력과 관계가 높다는 것이다."

트레이딩 심리 코치인 더그 허치혼은 심리학 박사 논문을 위해 트레이더들을 대상으로 NEO 인성 연구를 수행했다. 야구 월드시리즈 경기에 나갈 팀을 가르는 디비전리그에서도 뛴 전적이 있던 허치혼은 수준 높은 운동 능력이 단기 트레이딩에 도움이 되는 정신적 교훈을 가르쳐줄지도 모른다고 가정했다.

하지만 흥미롭게도 허치혼은 운동 경력이 성공적인 트레이딩에 기여한다는 증거는 찾지 못했다. 그의 연구에서 성공적인 트레이딩과 상관관계가 있는 NEO 인성 특징은 낮은 경험 개방성 점수밖에 없었다. 단기 트레이더는 트레이딩을 분석할 때 보수적 관점을 유지할 필요가 있는데, 어쩌면 이런 이유 때문에 스틴바거와 허치혼의 연구에서 트레이딩 성공이 낮은 경험 개방성과 상관관계가 있다는 결론이 나온 것일지도 모른다.

장기투자자일수록 다양한 경제 흐름을 이해하고 추상적인 재무 개념을 파악해야 한다. 높은 경험 개방성 점수가 투자자의 실적과 상관관계가 높았던 것도 이런 이유 때문이라고 생각한다.

웹스터 대학교 토마스 오베레흐너는 유럽과 영국에서 일하는 600명의 전문 외환 트레이더들에게 설문 조사지를 보냈다. 이중 54%가 조사에 응해줬다. 설문 조사에서는 23개의 특징 중 성공적인 트레이더에게 가장 중요하다고 생각되는 특징이 무엇인지 순위를 매겨 달라고 요청했다. 가장 중요하다고 여겨진 항목은 ① 빠른 반응 시간, ② 체계, ③ 경험, ④ 집중력, ⑤ 스트레스 저항이었다.

오베레흐너는 23개 항목을 소집단으로 묶어 8가지 요인으로 구분했는데, 이중 '체계적인 협력'에 가장 높은 점수가 매겨졌다. 충동성_{자기 규율의 반대}에 높은 점수를 매긴 응답자들은 트레이딩 빈도는 높았지만 실적이 더 높지는 않았다.

정리하면 투자자들의 경우는 외향성과 경험 개방성이 리스크 감수 및 전반적인 고수익과 상관관계가 있는 것으로 보인다. 트레이더는 정서 안정_{신경증에서 낮은 점수}과 성실성이 트레이딩 수익을 높이는 데 도움이 된다. 성실성은 계획적으로 트레이딩하게 이끌어주는데, 특히 고위험-고수익 기회가 나타날 때까지 참고 기다릴 필요가 있는 단기 트레이더에게는 성실성이 대단히 중요한 특징이다.

요인은 테스트로 측정 가능한 인성 특징 외에 다른 요인들도 의사결정에 영향을 미친다. 다른 여러 가지 특징 역시 대단히 중요하다. 이런 요인들을 직접 측정하기는 쉽지 않을 수도 있지만 의사결정, 비판적 사고, 문제 해결, 행동 패턴을 관찰한다면 파악이 가능하다. 이제부터는 위대한 투자자의 중요한 인지 패턴과 정서 특징을 살펴보기로 하자.

트레이딩의 심리학

경영자와 투자자의 성과를 향상시키기 위해 심리 도구와 감정 도구를 이용하는 추세가 급속도로 증가하고 있다. 여기에 들어맞는 가장 적절한 인물이 억만장자 투자자며 세계에서 가장 성공적인 헤지펀드 매니저로도 손꼽히는 스티브 A. 코헨이다.

《시장의 마법사들》의 저자 잭 슈웨거는 코헨을 '의심할 여지없이 세계에서 가장 위대한 트레이더 중 한 사람'이라고 소개한다. 코헨의 SAC 캐피털에는 전직 올림픽 선수단의 정신과 전담의였던 아리 키에브가 '종신직'으로 근무하고 있다. 코헨이 실적 향상을 위해 정신과 의사를 고용하고 있다는 사실은 심리 관리가 재무 리스크 감수자들에게 도움이 되고 있다는 의미로 풀이된다. 여기에는 이미 최고의 실적을 올리는 시장 참가자들도 예외가 아니다.

코헨의 트레이딩을 관찰하면서 슈웨거는 그의 격의 없는 태도에 놀랐다. 게다가 코헨은 트레이딩할 때도 언제나 유머 감각을 유지하는 듯 보였다. 그의 유머 감각과 편안한 태도는 트레이딩에서 발생한 손실이나 이익을 '마음에 담아 두지' 않는다는 것을 의미한다.

코헨은 감정적으로 영향을 받지 않는다 적어도 겉보기에는 그렇다. 일반적인 투자자나 트레이더들이 재무적 의사결정을 내릴 때 트레이딩 결과에 좌우되지 않고, 감정의 균형과 건강한 시각을 유지하려면 어떻게 해야 할까?

투자자는 가치 판단 없이 다양한 의견을 받아들이고, 자존심을 고집하

지 않고, 유연한 기대치를 유지할 수 있어야 한다.** 특히 실제 의사결정을 좌우하는 사람은 의사결정의 결과에 연연하지 말고, 대신에 훌륭한 의사결정 과정을 발전시키는 데 초점을 맞춰야 한다.

목표로 정한 결과를 달성하기 위해 스스로를 압박하는 투자자는 압박감이 너무 높으면 '질식사'할 위험이 있다. 특히 시장에서 진행되고 있는 현재의 상황에 충실해야 한다. 지나간 일을 거듭 곱씹기만 한다면 자멸을 초래할 수 있다. **매일 스스로의 마음을 가다듬고, 모든 포지션을 오늘 시작했다는 듯 생각하며 새로운 눈으로 바라봐야 한다.**

역사상 가장 위대한 트레이더이며 자선가로 손꼽히는 조지 소로스는 세상에 널리 알려져 있듯이 '오류 가능성에 대한 믿음'을 통해 유연한 태도를 유지하는 훌륭한 사례를 보여준다. 소로스는 이렇게 말한다.

"다른 사람들에게 실수는 부끄러움의 원천이다. 나는 실수를 깨닫는 것을 자부심의 원천으로 생각한다. 불완전한 이해가 인간적 상황임을 감안하면, 우리는 실수를 부끄러워하는 것이 아니라 실수를 바로잡지 못할 때만 부끄러워해야 한다."

소로스는 자신의 신념 체계 덕분에 하락장일 때도 자신감에 위기가 오지 않는다. 다른 시장 참가자들이 두려움과 자기 의심에 빠져 판단력이 약화될 때도, 소로스는 감정의 평정과 지적 호기심을 유지한다.

시장에서 성공하려면 정신적 유연함이 꼭 필요하다. 조지 소로스와 트레이더인 장마누엘 로잔과 관련된 일화가 있다. 언젠가 장마누엘 로잔이 오후 내내 주식시장에 대해 소로스와 설전을 벌인 적이 있었다. 소로스는 비관적인 생각을 굽히지 않으면서, 어느 부분이 왜 완전히 틀

린지 정교한 이론을 들어가며 설명했다.

그러나 소로스의 생각과 달리 주식시장은 활황을 맞았다. 2년 뒤 로잔은 테니스 경기에서 우연히 소로스를 만났다. 로잔이 소로스에게 2년 전에 함께 나눈 이야기를 기억하는지 물었다. 소로스가 대답했다.

"아주 잘 기억납니다. 저는 생각을 바꿨습니다. 덕분에 엄청난 거액을 벌었습니다."

소로스가 자신의 생각을 바꾼 것이다! 대다수 사람은 틀릴지도 모른다고 생각하면 위협감을 느낀다. 그들은 불안감을 느끼며, 특히 안팎으로 실적 압박이 심하고 벤치마크를 따라잡지 못한 경우에는 더욱 그러하다. 소로스가 다른 트레이더들과 다른 점은 오류 가능성을 인정한다는 사실이다.

그는 대다수 트레이더와 달리 처음부터 자신의 가정이 틀릴지도 모른다는 점을 염두에 둔다. 오류 가능성에 대한 믿음을 유지하기에 소로스는 포지션에 대해서도 모든 가능성을 열어 둔다. 자신의 결정과 다른 결과가 나오면 그는 부인, 분노, 실망 같은 감정적 반응은 최소한도로만 보인다. 오히려 다소 모순된 감정적 반응을 보이는 것 같다.

소로스는 자신의 논리적 사고 과정을 설명하면서 **"나는 실제로 실수를 발견하는 것에서 즐거움을 느낀다."**고 했다. 정신적 유연함과 개인적 용기는 소로스가 성공을 거두는 데 큰 밑거름이 되었다.

Chapter 09

의사결정 ;
확률, 모호성, 신뢰의 문제

"이익 확률에 발생 가능한 이익 금액을 곱한 다음, 여기에서 손실 확률과 발생 가능한 손실 금액을 곱한 값을 뺀다. 그것이 우리가 구하려고 노력하는 것이다. 불완전한 방법이지만 그게 전부다." - 워런 버핏, 1989년 버크셔 헤서웨이 주주총회 연설

2000년 6월 멕시코가 대선을 치르는 동안 외신들은 80년 넘게 멕시코를 지배해온 제도혁명당PRI이 무너질 것으로 예측했다. 여론 조사에서 국민행동당PAN의 비센테 폭스 후보가 현직 대통령이기도 한 제도혁명당의 프란시스코 오초아 후보를 앞질렀기 때문이다. 제도혁명당은 유권자 매수, 투표함 조작, 민족주의적 발언, 협박 등의 수단을 동원해 정권을 유지해왔다. 선거 2주 전, 오초아 후보는 제도혁명당이 패배하더라도 폭동이나 유혈 사태가 일어나지 않기를 바란다고 말했다.

비록 오초아 본인은 나쁜 뜻이 없었다고 할지라도 이 말은 은근한 위협으로 해석되었다. 멕시코 증시인 볼사Bolsa와 멕시코 페소화는 그후 한 주 동안 20% 급락했다. 가능성은 희박했지만 정치 폭력의 가능성마저 급작스럽게 대두되었다.

오초아의 발언이 있은 지 2주 후 일요일에 대통령 선거가 무사히 치러졌고, 폭스 후보가 6%의 차이로 대선에서 승리했다. 공식 개표 결과가 발표된 직후 폭스는 기자회견을 가졌다. 당선 연설에서 그는 멕시코의 시장 경제에 대한 믿음을 표명하면서 정치와 경제 개혁을 이어 나갈 것이라고 다짐했다. 어떤 폭력 사태도 발생하지 않았다. 이틀 뒤 볼사 증시와 페소화는 2주 전 수준으로 회복됐다.

멕시코의 투자자들은 정치적 폭력 사태의 가능성에 겁을 먹었다. 앞으로도 나오겠지만, 투자자들은 두려움이라는 감정에 사로잡혀 리스크 확률 평가를 왜곡했다. 리스크 인식이 지나치게 낮거나_{이익을 거둔 직후 자주 발생} 지나치게 높으면_{손실을 본 직후 흔히 발생} 기민한 투자자들에게는 절호의 기회가 된다.

의사결정 상황에서 세 가지 요소가 리스크 인식를 형성한다. ① **결과가 나올 것이라고 인지되는 시간**_{결과가 늦게 나올수록 리스크가 낮아 보인다}, ② **시나리오에서 연상되는 결과**_{파산 두려움}, ③ **특정 감정 반응에 대한 개인의 진화적 준비 상태**_{천성적으로 긴장을 잘하는가, 아니면 낙천적인가?}**다**. 이 요인들 하나하나가 왜곡된 확률 평가를 이끌 수 있다.

이번 챕터에서는 잠재적 결과의 확률을 어떻게 '평가해야' 하는지, 그리고 투자자들이 '실제로는' 어떻게 확률을 평가하는지 살펴보고자 한다. 특히 투자자들이 어떤 식으로 기대 가치를 오판하고 모호성에 과민 반응을 보이는지를 자세히 검토할 것이다.

수익이 아니라 감정에 베팅하는 사람들

전통적인 경제 이론은 복권을 구입하는 행동을 이해하지 못한다. 그것은 비합리적 행동이다. 복권 구입의 기대 가치는 1달러당 0.40달러며, 복권 구입자는 복권에 1달러를 투자할 때마다 평균 0.60달러씩 손실이 발생한다.

하지만 사람들은 매번 돈을 잃으면서도 복권을 구입하고, 카지노에 가고, 주식과 통화를 단기 트레이딩한다. 지난 30년 동안 행동경제학자들은 사람들이 기대 가치가 마이너스인 도박을 하는 이유를 알아내기 위한 연구를 진행해왔다.

잠재적 수익 규모와 확률이 알려져 있는 경우 대개는 기대 가치 계산법에 따라 의사결정을 내리게 된다. 기대 가치 계산은 뇌의 분석적 의사결정 시스템에서 수행된다. 분석적 의사결정은 잠재적 손익의 정확한 규모와 확률, 그리고 지연 시간 등 수학적 결과를 감안한다.

기대 가치를 계산할 때는 어떤 투자가 평균수익이 가장 높은지 결정하기 위해 각각의 투자안을 따로 검토한다. 결과가 발생할 확률에 잠재적 손익 규모를 곱한다. 다양한 상품들에 대한 계산 결과를 합쳐 전체적인 기대수익률을 구한다. 대부분의 투자 결정은 잠재 손익 규모를 알 수 없어 결과도 불확실할 수밖에 없기 때문에, 기대 가치를 계산할 때는 신중해야 한다.

많은 사람이 시장에 참여하기를 좋아하고, 동료들과 전략을 논하기를 즐기고, 또 거기에 감정적 흥분도 즐기기 때문에 도박하고 주식을 트레이딩한다.

수학적 결과와 상관없이 무언가를 마음에 들어 하는 것을 '효용'이라고 한다. 기대 효용을 이용한 의사결정은 질적으로 중요하게 여기는 것이 무엇이냐에 따라 좌우되기 마련이다. 시장은 기본적으로 불확실하기 때문에 대부분의 투자자는 기대 가치 계산이 아니라 기대 효용에 따라 결정을 내린다.

효용은 대체로 주관적인 현상이다. 의사결정 이론가들에 따르면 효용에 대한 이해는 ① **현재의 감정**순간 효용, ② **결과가 나온 후에 기대되는 감정**결과 효용, ③ **의사결정을 내리는 과정**결정 효용, ④ **과거 비슷한 경험에 대한 기억**경험된 효용**에서 비롯된다고 말한다.**

효용의 종류를 불문하고 그 밑바탕에 깔린 것은 결국 '감정'이다. 다시 말해 의사결정과 기대되는 결과를 개인이 어떻게 '느끼는지'가 효용의 본질이다. 결론적으로 말해 투자자는 가장 기분이 좋을 것이라고 기대되는 결정을 하게 된다.

주식시장처럼 의사결정을 내리기가 힘든 상황에서 대부분의 사람은 결과의 확률을 구하고 규모를 추산할 때 체계적 오류를 저지른다. 체계적 오류가 발생하는 원인은 대개 불확실하거나 모호한 정보를 분석할 때 감정이 편향된 영향을 미치기 때문이다. 심지어 결과에 대한 사전 정보를 다 아는 완전한 상황에서도 투자자들은 여전히 편향된 의사결정을 내린다.

잭팟의 함정

기대 가치가 가장 낮은 카지노 게임은 키노 게임이다. 키노 게임의 플레이어는 0에서 50 중 여섯 개의 숫자를 고른다. 그들이 고른 숫자가 무작위로 뽑힌 여섯 개의 숫자와 일치하면 잭팟이 터진다. 키노는 카지노 게임 가운데 기대수익이 '가장 낮은' 게임으로, 플레이어가 1달러를 걸면 따는 돈은 대략 0.29달러에 불과하다. 하지만 키노 게임장 위에 걸린 거액의 키노 당첨금은 도박꾼들에게는 거부하기 힘든 매력이다.

뇌 이미징 연구에 따르면, 잠재적 손익의 크기와 확률은 의사결정에 비례적인 영향을 미치지는 않는다. 잠재적 이익의 규모가 증가할수록 보상 시스템구체적으로 말하면 중격의지핵의 활성화도 늘어난다. 확률적 변화보다는 잠재적 보상 규모의 크기 변화가 감정적 각성에 훨씬 큰 영향을 미친다.

2003년에 나는 스탠퍼드 대학교 넛슨 교수와 함께 보상의 기대 가치 변화가 신경에 미치는 영향을 측정하기 위한 실험을 고안했다. 잠재적 보상을 규모 또는 확률로 보여주는지에 따라 보상을 기대할 때의 뇌 반응도 현저히 달라졌다.

우리는 보상 규모와 확률이 뇌에 미치는 다양한 영향을 분류하기 위한 실험을 설계했다. 1달러 이익이 예상될 때보다는 10달러 이익이 예상될 때, 보상 시스템이 훨씬 강한 반응을 보였다. 하지만 뇌 활성화 지도에서 보상 규모가 미치는 영향을 통제하자 다른 결과가 나왔다.

기대 가치가 서로 다른 보상이 예상될 때다시 말해 잠재적 보상의 크기는 10달러로 동일하지만, 결과가 실현될 확률이 달라졌을 때 뇌의 모습을 관찰했더니 뇌의 활성화 정도는 큰 차이를 보이지 않았다.

예를 들어 10달러를 딸 확률이 80%기대 가치는 8달러일 때 뇌의 활성화 정도는 승률이 20%기대 가치는 2달러일 때에 비해 아주 약간만 높았다. 피실험자들은 보상 1달러보다는 최대 보상 규모인 10달러에 대해 감정적으로 훨씬 많이 반응했다. **피실험들이 중시하는 것은 잠재적 보상의 '확률'이 아니라 '규모'였고, 이는 기대 가치가 서로 같을지라도 예외가 아니었다.**

규모 변화에 대한 뇌 활성화의 증가가 심리학적으로 영향을 미쳤을까? 실제로 피실험자들은 예기되는 보상이 클수록 '행복감긍정적 활성화'을 많이 느꼈다.

몇몇 실험에서 실험 참가자들은 모의 주식시장에서 트레이딩을 진행했다. 실험이 진행되는 동안 주식에는 거품과 붕괴가 여러 번이나 발생한다. 연구진은 모의 주식시장에 참여한 트레이더들에게 확률 판단의 착오가 존재하는지 여부를 알아보기 위해 거품과 붕괴 현상을 조사했다.

연구진이 밝힌 결과에 따르면, 거품은 트레이더들이 이익은 높지만 확률은 낮은 투자를 선호하는 것과 상관관계가 있었다. 직관적으로도 이해가 가능한 결과다. 거품 투자자들은 확률 판단의 착오를 저지르기에, 고수익이지만 성공 확률이 낮은 투자를 추구한다. 다시 말해 그들은 높은 이익 가능성은 중시하고 낮은 확률은 무시하고 있었다.

오리건 대학교 폴 슬로빅 교수는 감정이 확률 판단을 왜곡시키는 데

결정적인 역할을 한다는 사실을 발견했다. '감정 휴리스틱'으로 인해 도박 결과에 감정적으로 중요한 의미를 부여하게 되면, 인간은 의사결정 과정에서 실제 결과의 발생 확률보다는 잠재적 보상또는 손실의 규모를 심리적으로 더 중시하게 된다.

확률의 함정

확률 판단 착오는 체계적이고 보편적인 판단 착오다. 최근의 실험은 인간이 단순한 게임을 할 때도 얼마나 많이 확률을 잘못 예측하는지 증거를 보여준다.

아무리 확률적으로 불가능해 보이더라도 인간은 잠재적 결과의 발생 가능성이 조금이라도 있다 싶으면 그 가능성을 중시한다. 이것을 '가능성 효과'라고 한다. 결과 발생이 거의 확실하면 인간은 확률을 경시하고 확실성을 선호하는데, 이런 편향을 '확실성 효과'라고 한다. 확률이 40% 이하라면 가능성 효과에 지배되기 쉽다. 반대로 확률이 40% 이상이면 확실성 효과의 편향에 빠지기 쉽다.

예를 들어 경마처럼 승자 배당인 게임에서 초보 도박꾼들은 승률이 낮은 말에 돈을 걸기를 좋아한다. 초보자들은 승산이 낮은 말에 집중해서 돈을 걸기 때문에, 경마의 실제 승률에 비해 이들의 기대 보상은 낮은 편이다. 승산이 낮은 말에 돈을 걸수록 승률도 낮아지고, 결과적으로 이기더라도 이들이 가져가게 되는 총 보상도 낮아진다.

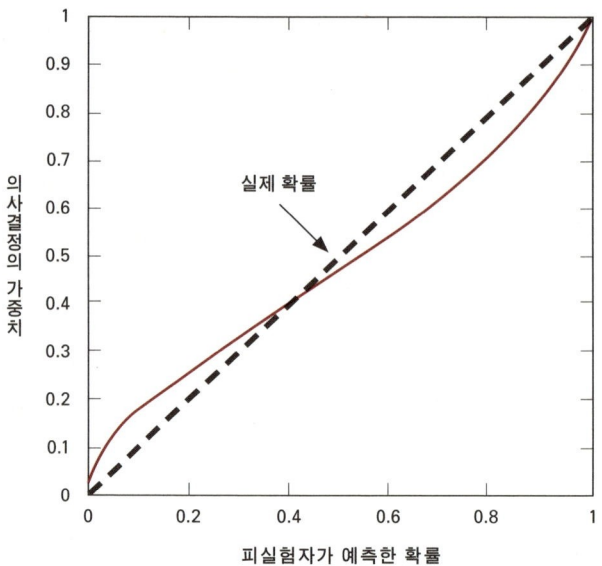

※ 리스크 평가 시의 확률 가중치 곡선. 이익과 손실을 비롯해 기타 순열로 구성된 도박의 확률 함수를 보여준다. 직선은 실제 확률을 보여준다.

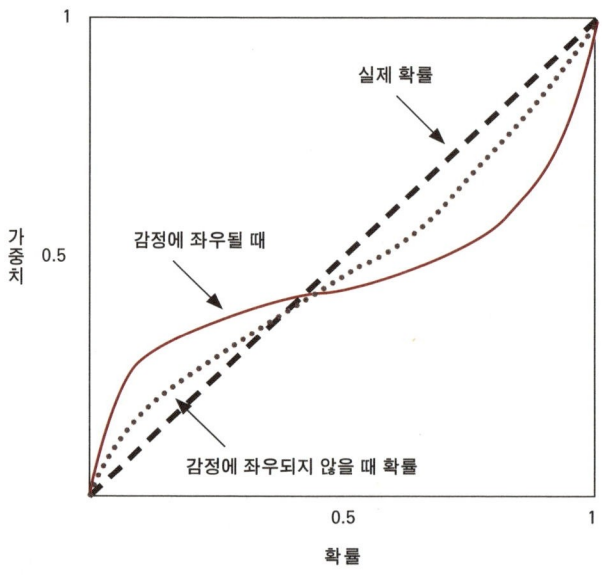

※ 감정이 개입되어 잠재적 결과를 바라볼 때의 확률 가중치 곡선. 감정에 좌우되는 결과를 예측할 때 사람들은 낮은 확률은 지나치게 중시하고, 높은 확률은 경시한다.

경마 도박자들은 승리 가능성이 높은 말의 실제 승률을 과소평가하기 때문에 우승 확률이 높은 말에는 베팅을 피한다. 그 결과 우승 확률이 높은 말이 좋은 베팅이 되어 실제 예상보다 배당금을 더 많이 가져가게 되는 경우도 허다하다.

대부분의 리스크 판단에서 머리로 하는 평가와 감정적인 평가는 일치하지 않는 편이다. 불확실하거나 리스크가 높은 상황일 때 인간의 감정은 심각한 결과가 발생할 확률 수치보다는, 가능성 그 자체에 더 민감하게 반응하면서 아주 낮은 확률도 지나치게 중시한다.

일반적으로 미숙한 투자자들은 확률이 아주 낮지만, 대단히 감정적인 사건_{이를테면 잠재적 시장 붕괴}의 발생 가능성을 실제보다도 훨씬 높게 예상한다. 가능성이 아주 높고 감정적으로도 중시하는 결과_{예를 들어 강세장}는 실제보다도 발생 가능성을 낮게 점친다. 확률 가중치 곡선은 잠재적 결과에 감정적 가중치를 적용할 때 확률 오판이 더 커질 수 있음을 보여준다.

사건 결과를 예상할 때의 감정만이 아니라, 개인 내부의 감정 상태 역시 편향된 확률 평가를 이끈다. 대체로 행복한 상태인 사람은 낙관적으로 굴면서 긍정적인 사건의 발생 확률은 높게 잡고, 부정적인 사건의 확률은 더 낮게 잡는다. 부정적인 감정 상태인 사람은 정반대되는 패턴을 보인다.

위에서 설명한 확률 오판은 반복적이지 않은 사건을 예측할 때 발생한다_{경마 등 승자 배당 도박은 예외}. 낮은 확률을 중시하는 경향은 선택이 한 번으로 그칠 때 해당한다. 하지만 풍부한 경험을 바탕으로 선택할 때는 적용되지 않는다. **경험 많은 투자자들은 아마추어 투자자들이 언제 확률을 지나치게 중시하거나 경시하는지 알아차릴 때가 많다.**

생생한 상상의 힘

잠재적 결과를 보다 생생하게 그리거나 상상할 수 있다면 투자자도 감정적으로 훨씬 강한 반응을 보인다.

멕시코 대선이 치러지기 전 멕시코시티의 폭동 사태를 예상하면서 사람들은 폭력, 혼란, 파괴, 유혈 사태 등의 이미지를 떠올렸다. 마찬가지로 파산, 가난, 실직, 시장 패닉의 가능성을 생생히 상상하게 되면 그런 리스크가 존재할지도 모르는 자산을 빨리 팔아 버리고 싶다는 강한 욕구가 생겨난다. 미숙하고 충동적인 투자자일수록 부와 물질적 성공의 가능성에 이끌려 유망해 보이는 종목에 투자하고픈 욕구를 더 강하게 느낀다.

리스크가 높거나 불확실한 상황에서 의사결정을 내려야 할 때 느끼는 두려움과 걱정은 '모 아니면 도'의 성격을 지닌다. 사람들은 부정적 결과가 발생할 확률적 수치보다는 발생 가능성 자체에 민감하게 반응한다. 예를 들어 고통스런 전기 충격을 받게 된다는 생각만으로도 피실험자들은 극도의 두려움을 느끼게 된다. 전기 충격을 받게 될 확률적 수치의 변화는 두려움의 강도에 별다른 영향을 미치지 않는다. 잠재적 보상이나 재앙을 생생하게 상상할수록 가능성 효과가 늘어난다.

상상력이 풍부한 사람일수록 연상되는 이미지에 심리적으로 더 민감하게 반응한다. 예를 들어 학자들은 상상력이 풍부한 사람일수록 좋아하는 음식을 떠올릴 때 침을 더 많이 흘리고, 공상만으로도 성적으로 더 흥분하며, 시각적 이미지에도 심박이 더 빨라진다는 사실을 알아냈다.

상상력이 풍부한 사람들은 가능성 효과와 확실성 효과의 편향에 더 쉽게 영향을 받을 수 있다. 따라서 추측이긴 하지만 상상력이 높은 사람들은 그렇지 않은 사람들보다 재무적 부나 파산을 떠올리기만 해도 더 큰 동기를 부여받는다.

모호성 회피 심리, 가능성과 몫

대다수 사람은 불확실성과 모호성을 좋아하지 않는다. 모호성 회피를 주제로 진행된 한 연구는 피실험자들에게 빨간 공과 검은 공이 담긴 단지 두 개를 제시하고 선택하게 했다. 피실험자들에게 주어진 선택은 두 가지였다. 하나는 빨간 공과 검은 공이 무작위로 섞인 단지에서 검은 공을 고를 확률을 예측하는 것이고, 다른 하나는 두 공이 50:50의 비율로 담긴 단지에서 검은 공을 고를 확률을 예측하는 것이었다.

대부분의 피실험자는 모호성을 피하고, 대신에 빨간 공과 검은 공의 비율을 알고 있는 단지를 선택했다.

인간은 정보가 충분하지 않을 때는 결정을 미루려 한다. 특히 다른 대안에 대한 정보가 더 많거나, 아니면 의사결정자인 자신이 다른 사람들에 비해 가진 정보가 적을수록 그런 행동이 강하게 나타난다. 인간은 확률과 잠재적 결과를 아는 상태에서 결정을 내리고 싶어 하며, 확률이 미지수일 때는 투자 결정을 회피한다. 경험이 쌓일수록 투자자들은 대략적인 확률을 추론할 방법을 학습하게 된다.

모호성 회피는 대차대조표 정보가 모호해예 : 연구 개발비 과거의 정보와 미래의 가치 평가 사이에 상관관계를 따질 수 없는 종목의 수익률에 반영된다. 이익의 질Earnings quality, 현재의 영업 실적을 정확히 반영하고 미래의 영업 실적 예측에 도움이 되는 회계 처리 방식으로 계산된 경우를 이익의 질이 높다고 한다이 낮은 종목이, 회계적으로 더 투명하고 좋은 종목보다 높은 장기 수익을 거두기도 한다. 재무제표상에 모호한 항목이 등장하는 것을 싫어하기 때문에, 투자자들은 이런 종목을 회피했다가 나중에 가서야 높은 수익을 아쉬워하는 실수를 저지르기도 한다.

회계적 모호성으로 인해 투자자는 한 종목의 투자를 고민할 때 편향에 치우칠 수도 있다. 해당 종목의 정보가 제한되어 있으면 투자자는 매매 여부를 결정할 때 감정에 더 많이 좌우된다. 이익의 질이 낮으면 투자자는 대단히 부정적인 느낌을 받기 십상이다.

하지만 몇 가지 흥미로운 예외가 있다. 일반적으로 투자자는 회계적으로 모호한 종목은 피하는 편이지만, 시장에 낙관주의가 팽배하면 투자자는 사실무근의 긍정적 의견을 불확실한 데이터에 투사할 수도 있다. 1990년대 후반 현금흐름이 마이너스인 인터넷 기업들의 최초 기업 공개가 진행되었고, 비교적 높은 공모가로 거래가 이루어졌다. 투자자들은 마이너스인 현금흐름을 미래에 대한 투자라고 간주했던 것이다. 구체적인 이익 정보의 부재가 오히려 투자자들의 낙관적 전망을 부풀리는 역할을 했다.

이렇듯 시장이 '비이성적 과열'에 빠지면 투자자들은 모호성을 사랑하게 된다. 투자자들은 비관이 팽배할 때는 대체로 모호성을 회피하지만, 낙관적 전망이 넘치면 모호성을 사랑하는 태도로 돌아선다.

투자자들의 감정은 구매 행동과 주가의 실적 모두에 영향을 미친다. 시장의 감정이 대차대조표 정보가 모호하거나 주관적인 종목의 수익률에 어떤 영향을 주는지 알아보기 위해, 연구자들은 투자자들의 감정을 복합적으로 측정한 결과를 그들이 실제로 거둔 실적과 비교했다. 소형주, 신생 종목, 고변동주, 순이익이 없는 주식, 무배당주, 극단적인 성장주처럼 불안한 종목은 정보가 대단히 주관적인 주식으로 분류했다.

연구진이 발견한 바로는, 투자자들이 낙관적일 경우 정보가 모호하고 불확실하며 대체로 주관적인 종목들은 이후 1년 동안 실적이 저조했다. 투자자들이 비관적이면 반대 결과가 발생했다. 모호하고 불확실한 종목일수록 감정에 역행하는 접근법이 투자수익을 향상시켰다.

또한 감정은 투자자들이 종목의 배경이 되는 아이디어나 스토리를 어떻게 느끼는지에도 영향을 미친다. 연구진은 주식을 생각하면서 떠올린 감정과 이미지가 실적 예측을 편향시킨다는 사실을 알아냈다. 연구 결과에 따르면, 주어진 재무 정보가 모호할 경우 개인투자자는 오직 감정과 이미지만을 판단 기준으로 삼을 수도 있다. 해당 종목에 흥미진진한 스토리가 결부되어 있으면 투자자는 수익 전망을 더 높게 잡는다.

흥미로운 사실이 하나 더 있다. 시장에 불확실성이 확대되어 있고, 가격 변동이 심하고, 거래량이 많으면 투자자들은 가까운 지역에 있는 회사를 포트폴리오에 편입시키는 성향이 있다. 투자자들은 시장의 가격 움직임에 잠재적 위험이 내포되어 있다고 판단하면 익숙하고 잘 아는 기업을 선호한다. 어쩌면 확실성과 위안의 욕구가 이와 같은 선호를 부추기는 것일지도 모르는데, 인간은 집 근처에 있을수록 확실성과 위안을 더 많이 느끼기 때문이다.

게다가 불확실성은 투자자들의 행동 편향을 증가시킨다. 객관적 회계 데이터를 이용해 주식의 가치를 평가하기가 힘들수록 투자자들이 보이는 처분 효과도 더 심해진다. 시장 전체의 불확실성으로 인해 과잉 확신이 늘어난다. 기업 회계에서 모호성이 존재한다면, 이는 경영진에게 손실 회피와 과잉 확신 같은 행동 편향이 존재한다는 것을 암시한다.

확실한 결과로 얻게 되는 보상보다 더 많은 돈을 벌고 싶은 '욕구'를 느낄 때 모호성 회피에서 반전이 일어난다. 한 도박 실험에서 피실험자들은 어떤 **투자에서 얻을 수 있는 평균적인 기대 보상 수준 이상으로 재무적 욕구가 커지자, 모호하고 변동성이 높은 투자를 선호했다.**

인간은 다른 선택으로 원하는 만큼의 보상을 얻지 못할 때 기꺼이 운에 맡기는 성향이 강하다. 인터넷 거품 동안 투자자와 포트폴리오 매니저들은 다른 사람들이 벌어들인 부에 필적하는 이익을 내려고 애쓰면서, 아마도 운에 걸고픈 욕구를 더 강하게 느꼈을지도 모른다.

욕구로 인해 모호성을 추구하게 되면 손실 회피와 처분 효과가 등장한다. 주식투자로 커다란 손실이 발생하면 투자자들은 손절매 대신에,

그 주식에서 잃은 돈을 모두 만회할 불확실한 가능성에 매달리곤 한다.

다른 실험에서 심리학자들은 인간에게는 상황이 불리한데도 불구하고 원하는 것을 가질 수 있다고 믿는 심리가 있음을 발견했다. 결과를 원하는 욕구가 강해질수록 실현 가능성도 과대평가한다. 이러한 욕구로 인해 인간은 자신의 실력을 과잉 확신하면서 성공이 확실하다고 믿게 된다.

또 다른 연구에서 실험 참가자들은 자신들의 욕구와 대치되는 결과가 예상되는 증거는 전혀 비중을 두지 않았다. 그들은 원하는 것을 얻는 데 도움이 되는 정보는 잘 기억했지만, 다른 결과를 말하는 확실한 정보는 잘 기억하지 못했다. 투자자들이 이익이 나는 주식보다 손해를 보는 인터넷 주식이 더 가치가 있다고 믿기를 원하면, 그들은 반대되는 증거가 있음에도 그 인터넷 주식에 더 높은 가치를 매긴다.

이러한 연구들을 통해 본인의 욕구를 지지하는 정보는 받아들이지만, 대치되는 정보는 무시하는 '확증 편향'을 알 수 있다.

지나치게 높은 가중치를 적용할 가능성

투자자들은 왜곡된 확률 평가를 내리기가 쉬우며, 특히 새롭거나 드문 사건일수록 그 정도가 더욱 심해진다. 시장의 미래는 불확실하고 정보 역시 대개는 모호하다. 감정은 낮은 확률 수치를 편향되게 바라보게 만드는 데 중요한 역할을 한다.

다음의 상황일 때 투자자는 가능성 효과로 인해 낮은 확률을 지나치게 중시하고 심리적 편향에 쉽게 빠질 수 있다.

- 결과를 쉽고, 생생하게 상상할 수 있을 때
- 사건에서 발생할 수 있는 결과를 최소한으로 파악할 때
- 이런 사건에 대해 투자자가 최소한의 경험이나 조건화만 겪었을 때
- 해당 사건을 비교적 새롭고 독특한 현상이라고 생각할 때
- 결과가 발생하기를 원하거나, 희망하거나, 필요로 할 때
- 개인적으로든, 감정적으로든 결과와 관련이 있다고 여겨질 때
- 해당 사건에 흥분하거나 두려워하는 마음이 일 때
- 사건에 대한 정보가 모호할 때

투자자들이 위의 의사결정 상황을 인식하려고 노력할 수는 있겠지만 실제로 인식하기는 대단히 어렵다. 가능성 효과에 빠질 수도 있는 상황은 수도 없이 많고 복잡하며, 어떤 경우에는 잠재의식에 작용해 상당히 미묘하게 영향을 미친다.

그럼에도 위와 같은 간단한 목록을 제시하는 이유는 확률 평가가 어떤 식으로 저해될 수 있는지 약간이라도 고민해보기를 바라는 마음에서다. 이제부터는 신뢰의 문제를 논하려고 한다. 투자자가 시장 정보를 해석하거나 고객과 상호 행동할 때 신뢰는 어떤 역할을 할까?

최후통첩 게임의 신경과학

모호하거나 불확실한 정보를 근거로 빨리 의사결정을 내려야 한다면, 그 정보가 믿을 만한지 아닌지 어떻게 평가해야 할까?

'정보의 출처'를 믿는다면 정보를 액면 그대로 믿게 될 가능성도 높아진다. 투자 정보는 항상 조금씩은 의심을 품어야 한다. 그러나 대다수 투자자는 세간의 신뢰를 받는 보도 매체의 이름이 붙어 있으면 의심쩍은 정보일지라도 믿는다.

독일 뮌스터 대학교 학자들은 피실험자들이, 내용이 모호해도 신뢰도가 높은 전문지에 실려 있으면 쉽사리 믿는다는 사실을 발견했다. 신뢰가 생기면 전두엽중앙피질이 활성화된다. 전두엽중앙피질은 감정적으로 만족스런 사건을 보거나 보상을 학습할 때 활성화된다. 신뢰는 기분을 좋게 만드는 것으로 보이며, 사람들은 자신의 정치 성향이나 편향과 일치하는 보도 내용을 잘 신뢰하는 편이다.

경제학 실험에서 신뢰할 또는 신뢰하지 못할 만한 행동을 유도하는 가장 간단한 방법은 최후통첩 게임의 패러다임을 이용하는 것이다. 최후통첩 게임의 참가자는 연구진이 제공한 돈을 다른 참가자에게 전달할 수 있는 기회를 가진다. 제안자가 돈을 보내면 연구진이 이 돈을 세 배로 불린다. 응답자는 연구진이 불린 돈을 제안자에게 전부 돌려보낼지, 아니면 일부만 보내거나 전혀 보내지 않을지 선택할 수 있다.

예를 들어 제안자가 총 10달러의 돈을 제공받았다고 치자. 제안자가 응답자에게 이 10달러 중 5달러를 제안한다. 실험진은 이 5달러를 세

배인 15달러로 만든다. 이제 응답자는 15달러 중 일부를 제안자에게 돌려보내 보답할 기회를 얻는다. 물론 제안자와 응답자에 따라 전혀 돈을 보내지 않는 사람도 있고, 약간만 보내는 사람도 있고, 대부분을 보내는 사람도 있다. 전달되는 돈의 액수는 개인마다 큰 차이가 있다.

또한 제안자와 응답자가 매 게임마다 상대편에게 돈을 얼마나 보내는지를 의미하는 '신뢰 신호' 역시 전달되는 돈의 액수에 영향을 미친다.

최후통첩 게임을 이용한 한 연구에서는 연령대와 성별에 따라 흥미로운 차이가 발견되기도 했다. 실험 참가자들은 같은 나이대의 사람을 더 선호하는 경향을 보였다. 나이 든 참가자보다는 어린 참가자들일수록 상대편을 더 많이 신뢰했는데, 어린 참가자들이 상대편에게 보낸 돈은 나이 든 참가자들에 비해 24%가 더 많았다. 성에 따른 차이도 두드러졌다. 여자들이 남자들에 비해 상대편에게 많은 신뢰를 보였으며, 또한 상대방으로부터도 더 높은 신뢰를 받았다.

변형된 형태의 최후통첩 게임에서 제안자는 응답자에게 돈을 나눠 가질 비율을 제안한다. 응답자가 제안을 거절하면 둘 다 돈을 받지 못한다. fMRI_{기능적 자기공명영상} 촬영에서 응답자가 부당한 제안이라고 생각하면 뇌섬엽이 활성화되었고 제안을 거절할 가능성이 높았다. 부당한 제안을 거절함으로써 응답자는 감정적인 반응_{혐오와 고통}을 보이고, 더불어 보장된 이익도 포기하고 있었다.

시장에서 '부당한' 사건을 이런 식으로 거부하면 커다란 피해가 발생할 수도 있다. 예를 들어 기업의 실적 발표가 어닝서프라이즈가 아닌 어닝쇼크일지라도, 투자자는 해당 종목이 기본적으로 저평가되어 있다는 조사 결과가 뒷받침되는 한 팔고 싶은 충동을 억눌러야 한다.

영국의 학자들은 fMRI를 이용한 실험에서 피실험자들에게 얼굴 사진을 보고 '신뢰성' 점수를 매겨달라고 요구했다. 신뢰할 수 없다고 판단되는 얼굴을 보자, 양쪽 편도체와 오른쪽 뇌섬엽의 활동이 증가했다. 신뢰할 수 있다고 생각되는 얼굴 사진을 봤을 때는 측두엽 부분이 활성화되었다. 연구진의 설명에 따르면 측두엽이 활성화되었다는 것은 신뢰에는 인지적인 의도가 작용한다는 의미인 반면에, 불신은 자동으로 발생하는 부정적인 감정 반응이었다.

신뢰성이 없는 사람일지라도 '정직해 보이는 얼굴'이라면 즉각적인 부정적 감정 반응을 유발하는 사태를 피할 수 있다. 물론 엔론의 CEO였던 켄 레이의 사람 좋아 보이는 미소처럼 의도적으로 꾸며진 얼굴 표정은, 뇌섬엽과 편도체에서 자동으로 발생하는 부정적 반응을 해제시켜 즉각적인 회피 행동이 발생하지 못하게 만들 수도 있다.

또한 재무 컨설턴트가 고객의 신뢰를 유도하고 감정적 오해를 피하기 위해서는 신체적으로 매력적이고, 금전적으로도 관대하게_{수수료 할인} **굴어야 한다는 간접적인 증거도 존재한다.**

뇌 속 호르몬, 금융 심리를 설계하다

캘리포니아 남부 클레어몬트 대학원의 폴 자크 교수는 경제 활동에서 신뢰가 맡는 문화적 역할에 큰 관심이 생겼다. 자크 교수는 옥시토신이라는 호르몬이 신뢰를 형성할 때 무슨 역할을 하는지 알아보기 위해 여러 건의 연구를 수행했다. 자크가 옥시토신에 관심을 가지게 된 계기는 〈사이언스〉에서 '들쥐들의 옥시토신 수치'에 대한 글을 읽으면서였다.

들쥐들은 북아메리카에 살며 설치류에 속한다. 초원들쥐는 대평원에 살며, 산들쥐는 로키산맥에 서식한다. 두 종은 거의 똑같지만 성적 행동은 다르다. 산들쥐는 수시로 짝을 바꾸지만, 초원들쥐는 평생 일부일처제를 유지한다. 학자들은 들쥐의 호르몬 수치를 검사한 결과 짝을 가리지 않는 산들쥐에 비해 일부일처제인 초원들쥐가 옥시토신이 훨씬 높다는 사실을 발견했다.

인간의 경우 옥시토신은 엄마와 아기의 유대감 형성을 촉진한다. 수유를 하면 엄마와 아기 모두에게서 옥시토신이 분비된다. 게다가 여성은 오르가슴을 느낄 때도 옥시토신 수치가 올라가 상대방에게 유대감을 느낄 수 있게 된다. 자크는 '신뢰 게임최후통첩 게임'이 진행되는 동안 옥시토신이 상대방을 믿는 행동에 영향을 미치는지를 알아보기 위해 한 가지 실험을 설계했다.

실험 결과, 제안자로부터 높은 비중의 돈을 받은 응답자일수록 돈을 받은 직후 옥시토신 수치가 올라갔다. 또한 제안자에게 돈을 많이 돌려준 응답자는 돌려주는 행동을 하기 직전에 옥시토신 수치가 올라갔다. 자크 교수는 제안자가 신뢰를 주는 행동을 응답자가 인식했기 때문에 옥시토신 수치가 올라간 것으로 생각한다. 신뢰가 내포되지 않은 채 돈만 받은 경우에는 옥시토신이 증가하지 않았다.

스위스의 학자들과 연계한 연구에서 자크 교수는 제안자에게 비강을 통해 옥시토신 약물을 주입하면 응답자에게 보내는 돈의 액수가 늘어날 가능성이 높다는 것을 발견했다. 실제로 옥시토신을 주입받은 제안자의 약 45%가 처음 실험에서 전액을 응답자에게 보낸 반면, 위약을 주입받은 제안자는 20%만이 전액을 보냈다.

자크가 발견한 것은 어쩌면 '부존 효과_{주식에 애착을 보이는 행동}', 재무 컨설턴트의 수수료 할인에 보답하고 싶어 하는 욕구, 호감 가는 기업을 좋은 주식투자로 여겨도 되는지 사이에서 오는 혼란, 자국의 주식만을 선호하는 자국 편향_{Home bias} 등 투자자 심리적 편향을 불러오는 생물학적 메커니즘_{옥시토신 수치}일지도 모른다.

투자자는 최적 투자를 선택하기 전에 모든 투자안의 기대 가치를 계산해야 한다. 하지만 기대 가치 계산이 리스크 인지에 의해 편향되기도 한다. 2000년 멕시코 대선 전 폭동에 대한 두려움으로 리스크 인지가 상승하면서 증시는 20%나 급락했다. 모호하거나 불확실한 정보를 평가할 때면 투자자는 위험 발생 확률을 과대평가한다. 투자자는 감정적 방어 기제인 투사 편향에 휩싸이고, 모호한 데이터에 존재하는 리스크를 두려움 때문에 과대평가하게 된다.

두려움과 같은 감정은 확률은 낮지만 생생하게 상상되거나 감정적으로 중시하는 사건의 발생 가능성을 지나치게 신경쓰게 만든다. 특정 결과에 집착할수록 이런 편향의 강도는 더욱 늘어난다.

리스크 인지 편향을 스스로 인식하기는 대단히 어려운 일인데, 무의식적 감정이 사고의 왜곡을 유발하기 때문이다. 투자자는 정말로 위험이 존재한다고 믿고는, 두려움으로 인한 자신의 리스크 회피 행동을 정당화하기 위한 확실한 증거를 찾아다닌다.

신뢰는 리스크 인지와 강한 관련이 있으며, 투자자는 정보와 정보 출처도 믿을 만하다고 판단될 때 리스크를 적게 인식한다. 투자자는 낯선 주식이나 시장은 좀처럼 신뢰하려고 하지 않으면서 리스크를 더 크게 인식한다. 선진국의 투자자 대부분이 높은 수익률을 보이는 해외 투자를 꺼리고, 자신이 사는 지역이나 자국 내 종목을 선호하는 것도 아마 이런 이유 때문일 것으로 짐작된다.

옥시토신 호르몬은 신뢰를 촉진한다. 옥시토신 수치는 상대가 관대한 행동을 보일 때 상승하며, 또한 투자에 대한 애착이나 보답 행동 증가와도 상관관계가 있다. 국가적, 문화적 차원의 신뢰는 시장수익률과 관련이 있다. **폴 작크 교수의 발견에 따르면 신뢰 수준이 높은 OECD 국가일수록 주식시장 수익률도 더 높았다.**

PART III

돈을 생각할 때의 투자 심리

Chapter 10
프레임 : 수익을 결정짓는 심리 메커니즘

"실적이 좋은 기업을 팔고 성과가 형편없는 종목을 좇는다면, 이는 잡초에 물을 주고 꽃을 쳐내는 것과 다름없다." – 피터 린치

J.R. 심플로트는 15살에 학교를 중퇴하고 자수성가한 억만장자다. 그는 감자 농사와 프렌치프라이 생산에 현명하게 투자한 덕분에 큰돈을 벌었다. 현재 그는 오리건 남부에 미국 최대의 목장인 ZX목장을 소유하고 있다. 목장은 델라웨어주의 60% 크기에 달한다. 엄청난 부를 일궜음에도 그는 겸손을 잃지 않았다.

에릭 슐로서의 《패스트푸드의 제국》에서 심플로트는 자신이 부를 모은 과정을 이렇게 설명한다.

"이보시오, 작가 양반. 나는 그저 운이 조금 좋은 늙은 농부라오."
내가 성공 비결을 묻자, 심플로트가 말했다.
"내가 잘한 것은 딱 하나요. 이것만 기억하면 된다오. 99%의 사람들은

처음에 2,500~3,000만 달러를 벌고 나면 싹 팔아치우곤 하지. 나는 팔지 않았소. 아직도 가지고 있단 말이오."

충동을 이겨내는 선택받은 사람들이 있기는 하지만, 대다수 투자자는 '성공적인 종목을 너무 빨리 팔아치우고' 나중에 가서야 더 높은 이익을 내지 못했다며 아쉬워한다.

학자들은 단순한 투자 실험에서 '성공적인 주식 팔기' 편향을 확인했다. 쿠넨 교수와 넛슨 교수는 투자 배분 행동 전략BIAS 실험에서 참가자들은 처음 주식에서 10달러를 벌면, 다음 실험에서는 '채권'으로 갈아타는 성향이 높았다.

피실험자들은 합리적인 이유 때문에 이익을 본 후에 더 보수적인 투자 전략으로 갈아탄 것이 아니었다. 쿠넨의 설명을 따르면, 이러한 갈아타기 행동은 사람들이 이익을 보존하고 싶다는 사실을 암시하며, 손실 회피와도 비슷하다.

일부 전문가들은 성공적인 포지션을 너무 빨리 파는 이유가 '자존심을 중시하기' 때문이라고 말한다. 다른 전문가들은 최근에 벌어들인 이익을 잃을지도 모른다는 두려움 때문에 성공적인 종목을 너무 빨리 처분하는 행동이 나타난다고 말한다.

성공적인 종목을 너무 빨리 파는 것은 '처분 효과'라는 심리적 편향의 한 특징이기도 하다.

손실 회피의 역설, 이익은 팔고 손실은 버틴다

월스트리트에는 "성공적인 종목은 알아서 굴러가게 놔두고 실패한 종목은 빨리 쳐내라."는 오래된 격언이 있다. '손실 회피'의 인지 편향을 경고하는 메시지다. 손실 회피의 밑바탕에는 손실이 실제로 '실현되는' 사태를 피하고 싶다는 강한 욕구가 자리한다. 똑같은 돈과 물건이라면 사람들은 돈이나 물건을 얻게 될 가능성보다는 잃게 될 가능성에 더 민감하게 반응한다.

손실 회피에는 처분 효과라는 인지 편향이 밑바탕에 깔려 있다. 학자들은 투자의 손실 회피 성향을 설명하기 위해 처분 효과를 이용한다. 처분 효과에 빠진 투자자는 성공적인 종목은 너무 빨리 처분하고 패배한 종목은 그대로 유지한다.

노벨상을 수상한 의사결정 이론인 '전망 이론Prospect theory, 위험을 수반하는 대안들 간에 의사결정을 어떻게 내리는지를 설명하려는 이론'에서 주요 골자로 삼는 것도 바로 손실 회피 성향이다. 전망 이론은 단순한 심리 실험을 통해 대다수 인간이 의사결정을 내릴 때 사고 프레임이나 준거점Reference point, 순간의 기분이나 상태에 따라 관점을 다르게 만드는 기준, 앵커Anchor, 닻처럼 상대방의 무의식을 낚아채는 심리적 유도 행위에 얼마나 크게 의존하는지를 보여준다.

인간은 잠재적 손실이든 잠재적 이익이든, 재무적 의사결정을 사고 프레임의 틀 안에서 바라본다. 프레임과 준거점에 의존하게 되면 의사결정 과정이 체계적으로 왜곡된다. **전망 이론의 주요 소재인 손실 회피에 의하면, 인간은 의사결정을 내릴 때 이익에서 얻는 쾌락보다는 손실에서**

얻는 고통을 '두 배로' 중요하게 생각한다.

손실 회피 편향을 이해하기는 쉽지 않다. Chapter 7 〈패닉은 본능이고 대응은 기술이다〉에서 나온 에모리 대학교 그레고리 번스의 연구는 '미리 겁을 먹게 되면' 손실을 가능한 한 앞당기려 한다는 것을 암시한다. '미리 겁을 먹은 사람들'은 무서운 전기 충격의 순간을 앞당기기 위해 더 큰 대가를 지불했다. 표면적으로는 손실을 피하기 위해 사람들이 더 큰 대가를 치렀다는 점에서 처분 효과와 반대된다고 생각할 수도 있다.

실제로 처분 효과 실험에서는 두려워하는 손실이 발생하지 않을 가능성이 언제나 존재한다. 에모리 대학교 연구에서 나오듯, 손실이 확실하다고 믿는 순간 사람들은 '빨리 해치우기 위해' 실제로 더 높은 비용을 치르곤 한다.

시장의 미래는 불확실하기 때문에 두려움을 덜기 위한 매도 행위와 손실을 피하기 위한 보유 행위를 구분하는 경계선은, 개인이 미래를 어떻게 전망하느냐에 따라 달라진다. 다시 말해 손실을 만회할 기회가 있다고 생각하면 팔지 않고 버틴다. 하지만 강한 감정에 사로잡히는 순간 전전두엽피질의 이성적 추론이 압도되고 사고가 지배된다. 강력한 두려움, 그리고 스트레스 호르몬의 심리적 영향으로 인해 투자자는 계속 가격이 떨어져 재무적 파탄 지경에 이를지도 모른다는 파국적인 생각을 하게 된다.

포지션에 희망이 없다고 생각하거나 손해를 보는 포지션 보유에 따른 스트레스가 견디기 힘든 지경이라고 생각한다면, 투자자는 팔아야

겠다는 충동에 사로잡힌다. 추가적인 손실이 확실하거나 손실 종목의 보유에 따른 긴장이 너무 커졌다고 여겨질 때 패닉 매도가 발생한다.

처분 효과는 가격 변동에 따라 주식을 매매하는 투자자에게 특히나 심각한 문제다. 투자 손익을 유심히 관찰하면서 상당한 수익이 났다는 생각이 들면, 투자자는 불확실한 미래가 자신의 부에 위험이 된다고 그리고 잠재적으로는 지금까지 벌어들인 투자 이익을 잃게 될지도 모른다고 생각한다. 투자 손실이 발생하면 투자자들은 미래를, 잃은 돈을 만회할 기회라고 여긴다.

아버지와 아들의 주식 매매

어떤 사람이 처분 효과 편향에 빠지게 되는지는 여러 요인이 작용한다. 내 친구 한 명은 1990년대 초부터 시스코 시스템즈의 경영자로 일해왔다. 처음 시스코에서 일하면서 그는 아버지에게 시스코 주식을 사라고 권했다. 아버지는 아들의 조언대로 주식을 샀고, 1999년 말이 되자 주식 가치는 700만 달러로 상승했다. 아들은 1999년에 스톡옵션 권리를 행사해 시스코 주식으로 수백만 달러를 벌었다. 하루는 두 사람이 진지하게 대화를 나눴다.

"시스코 주식을 팔 생각이다. 은행에 700만 달러가 있으면 죽을 때까지 편안하게 살 거 같다."

"하지만 아버지, 계속 가지고 있으면 훨씬 더 많이 벌 수 있어요."

"실리콘 밸리 전에도 이런 일이 있었지. 나는 똑같은 과정을 밟고 싶지 않구나. 이 돈만 있으면 나는 일찍 은퇴해서 내가 원하는 대로 살 수 있어. 조언 고마웠다."

아들은 당황스럽기도 하고 조금은 화도 났다.

"아버지, 후회하실 거예요. 우리 회사가 얼마나 좋은 회사인데요."

물론 나머지 과정은 역사가 말해준다. 아버지는 현재 편안하고 안락하게 살고 있지만 아들은 여전히 시스코에서 일한다. 아들이 금전적으로 쪼들리는 상태는 아니지만, 그래도 거품이 터질 때까지 시스코 주식을 계속 가지고 있었던 것을 여전히 후회한다.

처분 효과의 관점에서 보자면 아버지는 성공적인 종목을 너무 빨리 판 셈이며, 단지 지나고 보니 잘한 일일 뿐이었다고 생각할 수도 있다. 반대로 아들이 실패한 종목을 너무 오래 보유하고 있었다고 말할 수도 있다. 물론 뒤늦게 깨달은 지혜에 불과하다. 이 경우 편향적인 의사결정과 합리적인 의사결정의 차이를 어떻게 구분할 수 있을까?

아버지는 기술주 거품이 영원히 지속될 수 없다는 사실을 깨달았다. 그는 투자 이익에 대해 구체적인 계획을 세워서 재무적인 목표를 달성했다. 그는 시스코 주식을 살 때는 주가가 낮았지만, 이제는 지나칠 정도로 올라갔다. 아버지에게 있어 모든 주가 상승은 언제나 뜻밖의 '횡재'였다. 다시 말해 기대하지는 않았지만, 추가 상승은 언제라도 환영했다. **아버지는 재무적인 목표를 달성했고, 더 이상 뚜렷한 상승이 예상되지 않는다면, 이제 노선을 바꿔야 할 시기임을 잘 알고 있었다.**

시장 경험이 많지 않았던 아들은 강세장과 하락장이 돌고 돈다는 사실을 몰랐다. 그는 시스코 주식의 적정 가격을 알지 못했다. 짧은 경험으로 인해 그는 주식을 조금만 더 오래 보유하면 이번 거품으로 엄청난 부자가 될 수 있을지도 모른다고 생각했다. **아들에게 있어 모든 주가 상승은 예기된 것이고, 하락은 생각도 못할 끔찍한 일이었다.**

두 사람 모두 각자 가진 시각에 따라 부를 어떻게 생각하느냐가 달라졌다. 아버지는 일단 재무적 목표를 달성했고, 주식은 고평가의 조짐을 보이기 시작했으므로 팔아야 한다는 생각을 품었다. 아들은 예측 가능한 미래에도 이익이 발생할 것이라고 생각했으며, 주가가 보합세거나 조금만 떨어져도 당황했다.

하락장이 시작되자 아들은 바뀌는 시장 상황을 이성적으로 바라볼 수가 없었다. 하락이 시작된 순간 아들은 심리적 마비 상태에 빠져 주가 하락을 인정하지 못했다. 높은 투자 이익을 남기고 주식을 팔기는커녕 그의 주식은 90%나 하락했고, 바닥에 떨어질 때까지도 그는 계속 주식을 보유하고 있었다.

프레임에 갇힌 투자자들

다음의 문제들은 '확실해 보이는 손실을 회피하려는' 심리적 과정을 보여준다. 이 과정은 리스크가 높은 의사결정을 내릴 때 자주 발생하며 처분 효과가 생기는 원인이 된다.

문제 ①: 다음의 선택을 내려야 하는 상황이라고 가정하자. 보장된 1,000달러를 **받든가** 아니면 위험을 감수해야 한다. 위험을 감수하겠다고 선택하면 동전 던지기 결과에 따라 앞면이 나오면 2,000달러를 받고, 뒷면이 나오면 한 푼도 받지 못한다. 확실하게 정해진 1,000달러를 받겠는가, 아니면 리스크를 감수하겠는가?

문제 ②: 다음의 선택을 내려야 하는 상황이라고 가정하자. 지금 1,000달러를 **지불하면** 게임이 끝나지만, 위험을 감수하기로 하면 동전 던지기로 결과를 결정한다. 앞면이 나오면 0달러를 잃는다. 뒷면이 나오면 2,000달러를 잃는다. 확실하게 1,000달러의 손해를 보겠는가, 아니면 리스크를 감수하겠는가?

물론 어떤 선택을 내리는지는 중요하지 않다. 모든 대안의 기대 가치는 동일하다. 그럴지라도 대부분의 사람은 문제 ①에서는 확실한 이익을 선호하고, 문제 ②에서는 리스크를 감수하는 쪽을 선호한다.

노벨경제학상 수상자인 대니얼 카너먼은 아모스 트버스키와 공동으로 비슷한 의사결정 상황을 실험했다. 실험 참가자들의 84%는 문제 ①에서는 확실한 이익을 선택했지만, 문제 ②에서는 70%가 리스크 감수를 선택했다.

내 세미나에 참석한 청중들은 문제 ①에서는 대체로 확실한 이익을 선호했고 78%, 반면에 문제 ②에서는 리스크 감수를 선호했다 72%. 한 전문 트레이더는 이렇게 지적했다.

"문제 ①과 문제 ②의 선택을 뒤집고 싶다는 마음이 들 수도 있습니다. 그렇다면 문제가 있다고 봐야겠지요."

그의 말이 맞다. 어떤 감정이 들 때 사람들은 이 같은 결정을 바꾸고 싶어 할까?

손실 리스크와 관련된 의사결정에는 두려움이 작용한다. 뇌는 이익보다는 손실에 훨씬 민감하게 반응하며_{이익보다는 손실에 두 배의 가중치를 둔다}, 손실이 실현되는 사태를 피할 수 있는 결정에 우선순위를 매긴다. 이미 벌어들인 이익을 가지고 판단할 때는 '이익' 프레임의 관점에서 보자면, 장부상 이익을 잃을지도 모른다는 두려움이 존재한다. 계속해서 손실을 보고 있는 상황에서 의사결정을 내릴 때도 역시 두려움에 이끌린 강력한 손실 회피 메커니즘이 존재한다.

단기적으로 장부상 이익과 관련해 자존심을 가장 만족시키는 행동은 이익이 났을 때 파는 것이다. 차익을 실현하면 이미 벌어들인 이익을 '되돌려줘야' 할지도 모른다는 두려움을 덜고 자기만족과 자존심도 유지된다. 장부상 손실과 관련해 자존심을 가장 보호하는 행동은 손해가 나는 포지션을 그대로 보유한 채 '본전치기'가 되기를 희망하면서 문제를 부정하는 것이다.

따라서 **투자자가 리스크를 어떻게 다루는지는 의사결정의 '프레임'에 따라 달라진다.**

학문적 용어로 표현하면 대다수 투자자가 이익의 영역에서는 리스크를 회피하고_{따라서 확실한 이익을 선호하기 때문에 성공적인 주식을 빨리 처분한다}, 손실의 영역에서는 리스크를 추구한다_{확실한 손실보다는 도박을 선호한다}. 손실이 났는데도 손해가 난 주식을 그대로 보유하게끔 이끄는 심리적 편향은 위의 문제 ②에서 확실한 손실보다는 도박을 선호하도록 이끈 심리적 편향과 똑같다.

위험한 도박을 선호하는 것은 손실과 관련한 의사결정에서 '리스크를 추구하는' 행동이라고 간주할 수 있으며, 이런 선호로 인해 투자자는 '정액 분할투자_{Dollar-cost average, 특정 투자 종목을 정기적으로 정해진 금액만큼 매입하는 투자 방식}' 방법을 시도하면서 만회하기를 희망한다.

어떤 경우든 손실 회피 편향의 투자자는 프레임에 갇혀 리스크를 바라보면서 객관성을 잃는다. 손실 회피는 처분 효과_{성공적인 종목을 너무 빨리 처분하고 실패한 종목을 너무 오래 보유}의 바탕에 깔린 심리적 과정을 설명하고 있음을 잊지 말아야 한다.

투자자들이 가치가 하락 중인 포지션에 계속해서 더 많은 자원을 퍼부을 때도 있다. 예를 들어 '매몰 비용' 편향이란 기업 투자자들이 '이번 프로젝트에 그토록 많은 돈을 퍼부었으니, 성과가 나기 전까지 계속해서 자본을 투입해야겠어'라고 생각하는 현상을 의미한다.

여러 지방정부도 이런 식의 잘못된 합리화에 빠져서 예산만 잡아먹고 성과가 빈약한 건설 프로젝트에 계속해서 돈을 투입한다_{보스턴의 동부 간선도로 지하화 프로젝트인 '빅 딕' 고속도로 사업이 대표적인 예다}. 매몰 비용의 편향은 실패한 아이디어가 언젠가는 보상을 거두기를 희망할 때 발생하며, 자멸적인 계획을 수정하지 못하도록 방해하는 비합리적인 행동이다.

프레이밍의 리스크

잠재적 이익을 예상하고 결정을 내리면 뇌의 보상추구 시스템이 활동을 시작한다. 손실과 관련된 의사결정을 내릴 때 손실 회피 시스템이 활성화된다. 두 동기부여 시스템 중 어느 쪽이 활성화되는지는 개인이 결정을 어떤 시각에서 바라보는지즉, 잠재적 기회인지 아니면 잠재적 리스크인지에 따라 달라진다. **같은 결정일지라도 손실을 중시하는지 아니면 이익을 중시하는지에 따라 시각이 달라지는 것을 '프레이밍'이라고 한다.**

하버드 대학교의 심리학 교수인 댄 애리얼리는 두 개의 학부 수업에서 자신의 자작시를 선별하여 학생들에게 읽어줄 계획이라고 말했다. Ⓐ수업에서는 학생들에게 10분 동안 시를 듣는 대가로 5달러를 내거나, 아니면 학생 본인이 합당하다고 생각되는 금액을 써서 내게 했다. Ⓑ수업에서는 10분 동안 시를 듣는 대가로 5달러를 받거나, 아니면 학생 본인이 합당하다고 생각되는 금액을 써서 내게 했다.

어쨌든 학생들은 돈을 내거나Ⓐ수업 아니면 돈을 받거나Ⓑ수업 둘 중 하나의 입장이었다. 어떤 학생도 제시된 것과 반대되는 입장내는 것과 받는 것을 바꿔서에서 금액을 적어내지 않았다. 학생들의 기대는 애리얼리가 제시한 의사결정의 프레이밍에 갇혀 있었다.

프레이밍 연구는 투자를 어떻게 제안하는지에 따라'절호의 기회'로 제시하느냐 아니면 '위험한 도박'으로 제시하느냐 의사결정이 영향을 받을 수 있음을 입증한다. 기본적으로 말해 프레이밍은 손실 회피의 바탕이 되는 심리적 과정이다. 런던의 연구진들은 프레이밍과 관련된 기본적인 신경 과정을 관찰하기로 결정했다.

런던의 신경과학자들은 프레이밍을 이용해 손실 회피를 구성하는 신경 과정을 유도하기 위한 실험을 설계했다. 베네데토 드 마르티노 교수는 fMRI 촬영을 위해 17분씩 세 차례에 걸쳐 뇌 스캔에 응해줄 20명의 남녀 실험 참가자를 모집했다.

매회 실험이 시작되기에 앞서 피실험자들은 미화 100달러에 해당하는 영국 파운드화를 받았다. 그런 다음 피실험자들은 확실한 결과_{손실 또는 이득}와 도박 중 하나를 선택해야 했다. 도박은 반반 확률의 단순한 게임이었으며 피실험자들은 미리 정해진 돈을 걸 수 있었다. 도박의 기대 가치는 결과가 확실한 선택안과 동일했다. 따라서 피실험자들이 확실한 결과나 도박 중 어느 하나를 선호할 만한 재무적인 이유는 없었다.

확실한 금액을 유지할 것인지 도박을 할 것인지 사이에서 선택하는 문제로 의사결정의 프레임을 제시하자, 대다수 참가자는 돈을 유지하겠다고 선택했다. 예를 들어 도박하지 않겠다고 선택하면 처음 받은 액수의 40%가 '유지된다'고 말해줬을 때, 실험 참가자들은 안전한 쪽을 선호했으며 도박을 선택한 사람은 43%에 불과했다.

반대로 도박을 하지 않을 경우 처음 받은 돈의 60%를 '잃는다'는 말을 들었을 때는 결과가 확실한 선택안과 기대 가치가 다르지 않았음에도 62%가 위험 감수를 택했다. 흥미롭게도 드 마르티노의 실험은 리스크가 있는 선택안의 프레임을 만들 때 사용된 언어에 의해 리스크 회피가 일어난다는 사실을 입증했다.

피실험자들은 실험이 시작되기 전에 도박의 승률을 자세히 들었기 때문에 두 상황 모두 확률이 똑같다는 사실을 알고 있었다. 그럼에도 그들은 '40달러 유지'라는 이익 프레임의 관점에서 설명 들었을 때와 '60달러 손실'이라는 손실 프레임의 관점에서 설명 들었을 때 서로 다른 결정을 내렸다.

드 마르티노는 "모든 참가자가 크든 작든 감정 편향을 보였다. 감정 편향에서 완전히 자유로운 사람은 아무도 없었다."고 말한다. 실험 참가자 중 네 명은 자신들의 의사결정이 일관적이지 않았다고 인정했다. 그들은 확률이 아니라 프레임에 따라 선택하면서 "나도 알아. 그래도 어쩔 수 없었어."라고 둘러댔다.

손실 회피는 사람마다, 최근 사건마다, 제각기 다르다

손실 회피 심리는 주식투자자, 부동산투자자, 트레이더 등 여러 전문가 집단에서도 자주 발견된다. 금융 전문가 집단이라고 해서 손실 회피 편향에 면역력이 생기는 것은 아니었다.

2000년에 발표한 '전문 트레이더들도 손실 실현을 회피하는가?'라는 제목의 논문에서 로크와 맨은 시카고상업거래소 객장 트레이더들의 트레이딩 패턴을 연구했다. 연구 결과에 의하면 가장 성공적인 트레이더일수록 손실 회피 편향이 적었다. 상대적으로 성공한 트레이더들은 손실을 보는 거래를 오래 놔두지 않는 편이었다.

1998년 개인투자자들을 대상으로 한 연구에서 오딘은 개인 트레이더들이 성공한 종목보다는 실패한 종목을 더 오래 보유하는 탓에, 전체적인 수익률 악화를 이끈다는 사실을 발견했다. 그리고 2005년에 행해진 연구에서는 시카고상품거래소의 트레이더들이 아침에 손실을 보면 오후에 16% 이상 리스크를 많이 감수하고 있음을 알아냈다. 게다가 점심을 먹은 후에는 가치가 하락한 포지션의 규모도 늘렸다.

하락한 포지션에 대해 더 많은 리스크를 감수하는 것이나 패배한 종목을 팔지 않는 것이나 매한가지 행동이다. 두 경우 모두 손해를 본 종목은 빨리 처분하든가, 더 이상 보유하지 않든가, 아니면 규모를 늘리지 말아야 한다.

비단 전문 트레이더와 개인투자자만이 아니라 뮤추얼펀드의 포트폴리오 매니저들 역시 처분 효과의 영향을 받는다. 위와는 다른 연구에서 투자자들은 주식 외에도 부동산, 기업 스톡옵션, 선물 등 다양한 투자 자산에 대해서도 손실 회피의 성향을 보였다.

투자자들이 기업의 기본적인 가치를 중시한다면 주가는 단지 저평가 내지는 고평가를 판단하는 지침으로서만 의미가 있다. 워런 버핏이나 데이비드 드레먼 같은 **위대한 장기 가치투자자들은 주가가 펀더멘털 가치보다 훨씬 낮을 때 주식을 매입한다. 가치투자자들은 일단 매입한 후에는 시장이 기업의 가치를 더 이상 저평가하지 않을 때까지 주식을 팔지 않고 보유한다.**

손실 회피의 수준은 사람마다 다르며, 같은 사람이어도 최근 겪은 사건에 따라 시시각각 변한다. 앞에서 언급했듯이 위험한 재무 도박을 할 기회가 주어지면 대다수 사람은 이익을 긍정적으로 평가하는 마음보다는, 손실을 부정적으로 평가하는 마음이 두 배는 더 강하다. 손실 회피 비율이 2:1인 셈이다.

2:1의 비율이란 평균 '람다Lambda, 손실 회피 상관계수'가 2라는 의미다상황에 따라 달라지기 때문에 실제 평균은 2.5 정도다. 여기서 람다란 기대 효용 측면에서 손실 회피가 이익 추구에 비해 얼마나 중시되는지를 나타내는 값이다.

천성적으로 불안감이 높은 사람들의 람다는 6이 넘는다. 이들 '고람다High lambda'인 사람들은 손실을 매우 두려워하기 때문에 잠재적 이득이 잠재적 손실의 6배를 넘지 않는 한, 심지어 동전 던지기처럼 확률이 반반인 도박도 하려 하지 않는다.

위대한 투자자들 대다수는 '저람다Low lambda'로 1이 조금 넘는다. 그들은 승률이 높은 리스크가 연달아 이어지면 장기적인 수익을 거둘 수 있음을 잘 안다. 도박 중독자를 비롯해 병적인 리스크 감수자들은 람다가 1 이하다. 그들은 리스크 감수의 흥분감을 얻기 위해 기꺼이 대가를 치른다. 연구에 따르면 고람다인 사람들은 실수를 통해서도 배우지 못하는 경우가 많았고, 이로 미루어 신경증과 마찬가지로 손실 회피도 고착된 인성 특징이라고 볼 수 있다.

투자자들은 실패한 포지션을 너무 오래 보유한 행동에 대해 여러 가지 합리화를 둘러댄다. 실패는 대단히 큰일이고 어쩌면 고통, 모욕감, 죄책감, 수치심도 느낄 수 있기 때문에 손실을 인정하기가 힘들다. 무엇보다도 우리 대부분이 스스로에게도 손실을 인정하지 못한다는 것이야말로 가장 위험하다.

개인의 손실 회피 수준람다은 시시때때로 달라진다. 최근에 손실을 겪고 나면 대다수가 손실을 더 회피하게 되는데, 이는 편도체의 활동이 활발해지기 때문이다. 사랑하는 사람의 죽음이든, 질병이든, 사고든, 업무와 관련한 상실감이든, 아니면 트레이딩의 손실이든 종류를 불문하고 모든 손실은 비슷한 영향을 미친다.

아마도 이런 이유 때문에 두려운 표정을 짓는 사람들은 자신도 모르는 사이에 리스크를 줄이는 결과가 나타나는지도 모른다. 손실을 겪고 나면 인간은 전보다도 손실을 더 회피하게 되고, 더 큰 고통을 피하기 위해 자신이 아는 것을 고집스럽게 집착하게 된다.

시장 참가자들의 처분 효과를 조사한 최근의 연구에서 독일 맨하임대학교 마르틴 베버와 프랑크 벨펜스 교수는 독일 온라인 증권사에 계좌를 가진 개인투자자 3,000명의 4년간 매매 거래를 분석했다. 베버의 조사에서 대다수 투자자가 처분 효과를 보였지만 상당수전체의 약 $\frac{1}{3}$는 역처분 효과를 보였다.

그들은 성공적인 종목보다는 실패한 종목을 더 빨리 처분했다. 게다가 성공적인 종목을 너무 일찍 판 투자자들과 실패한 종목을 너무 오래 보유한 투자자들이 일치하지 않는다는 흥미로운 결과도 나왔다. 또한 **성공적인 종목을 빨리 처분하는 현상은 특정 투자자에게서만 나타났지만, 실패한 종목을 지나치게 오래 보유하는 것은 대다수 투자자가 공통으로 보이는 특징이었다.**

개인과 집단의 손실 회피 성향을 분석한 연구들은 많다. 손실 회피 성향이 나타날 것임을 암시하는 특징도 있다. 실적이 뛰어난 투자자들과 전문 트레이더들은 실적이 낮은 투자자와 비전문 트레이더들에 비해 실패한 종목을 빨리 처분하는 편이다. 공격적인 투자 전략을 취하는 투자자일수록 성공적인 주식을 빨리 파는 성향이 있다.

게다가 경험이 증가할수록 손실 회피 성향은 감소한다. 예를 들어 거래 경험이 높은 투자자는 성공적인 종목을 포트폴리오에 그대로 유지시키고 실패한 종목은 빨리 처분하거나 줄인다. 개인투자자가 한 종목을 오래 보유하는 편이라면 처분 효과의 영향을 받을 가능성도 그만큼 줄어든다.

성공적인 종목을 계속 보유하기

성공적인 주식을 빨리 팔고서, 자신이 합리화하지 않았는지 조심해야 한다. 아마도 자신이 둘러대는 이유가 얼마나 왜곡되어 있는지 깨닫지 못할 수도 있다.

처분 효과에 영향을 받고 있음을 자각한다면, 그 영향을 최소화하기 위해 다음의 방법을 실행에 옮겨보자.

① **투자하기에 앞서 매번 계획을 문서로 정리해둔다.** 언제 그리고 어떤 상황일 때 자신이 주식을 팔아야 하는지 유념하자. 계획에서 벗어나지 말아야 하며, 트레이딩이나 세금에 대해서도 미리 계획을 세워둬야 한다.

② **성공적인 포지션에 대해 두려움 마음이 들지라도, 특히 그 종목에서 대대적인 폭락장이 발생한 적이 있을지라도 아직은 팔지 말아야 한다.** 대신에 매도 기준을 다시 평가해야 한다. 포지션이 이익 목표를 달성했는가? 해당 주식의 근본적인 무언가가 변해서 지금 팔아야 한다는 신호를 보내는가? 가격 상승이 너무 빠르고 심리적 요인이 많이 작용했다면 지금이 발을 뺄 적기일 수도 있다. 하지만 계획을 세울 때 미리 이런 행동을 감안해야 한다.

③ **앞서 여러 편향에서도 소개되었듯이, 단기적인 감정이 이성적 사고를 압도하는 경우 성공적인 종목을 너무 빨리 파는 행동이 나오게 된다.** 기대보다 포지션 가치가 훨씬 많이 올랐다면 자신의 감정 상태를 유심히 관찰해야 한다. 이익이 사라지게 될까 그리고 나중에 후회하게 될까 두려운가? 지금 팔지 않으면 멍청한 행동일 것 같아서 걱정되는가? 스스로에게 자부심을 느끼기 위해, 남들에게 보여주기 위해, 무언가를 사기 위해 이익을 챙기고 싶은가? 지금껏 살면서 겪은 경험과 최근의 재무 상태에 따라 이유는 천차만별로 달라질 수 있다.

④ **단기적으로만 성공적인 종목이라면 이익의 일부를 회수할 준비를 해야 한다.** 주가 급등을 유리하게 이용할 수 있도록 이익 상한 또는 추적 손절매Trailing spot, 일정 기간 내에서 고점 대비 하락폭을 손절매 선으로 정한 뒤 손절매 선까지 조정 없이 상승세를 모두 취하는 매매 전략이다. 일반적인 손절매와 달리 새로운 고점이 형성되면 손절매 선도 상승한다를 정해둘 필요도 있지만, 이럴 때도 체계적인 전략을 마련해야 한다. 대개 주가 급등 후에는 반대 현상이 많이 나타난다.

⑤ **틈만 나면 주가를 확인하는 행동은 금물이다. 특히 장기투자자나 비전문가는 더욱 유념해야 한다.** 포지션 보유 기간이 평균 1년이라면 시세창을 매일매일 확인하는 행동은 하지 말아야 한다. 주가를 너무 자주 확인하면 변동성을 의식하게 되고, 감정적으로도 과민 반응이 발생하며, 과다 트레이딩의 가능성도 아주 높아진다. ①번에서 말했듯 미리 계획을 세워뒀다면 계획을 충실히 따라야 한다.

장기투자자들의 성공 비결

위대한 장기투자자들은 대개가 장기적인 투자 전략을 개발한다. 작은 문제가 생기면 팔아야 한다고 생각하지 않고 기회로 인식한다. 하지만 대다수 투자자는 정반대로 생각한다. 경기가 좋은데도 수평선에 먹구름이 끼는 기미만 보여도 많은 투자자가 너도나도 주식을 판다.

성공적인 종목을 너무 빨리 처분하는 행동을 예방하기 위해 가치투자 전문가들은 펀더멘털 가치보다 훨씬 저평가되어 거래되는 주식을 매입한다. 그 결과 단기적인 가격 리스크를 별로 겪지 않는다. 그들은 기업이 펀더멘털에 비해 고평가되기 시작할 때야 주식을 매도한다.

프레이밍 효과는 투자를 잠재적 기회이익로 보느냐 아니면 잠재적 리스크손실로 보느냐의 시각 차이를 의미한다. 어떤 시각에서 바라보느냐에 따라 선택도 달라지게 된다.

일반적으로 대부분의 사람은 손실을 두려워한다. 이익과 관련해서 투자자들은 투자 이익을 잃기보다는 묶어두는 쪽을 선호한다. 손실과 관련해서 투자자들은 확실한 손실보다는 손실이 전혀 나지 않을 가능성을 선호한다. 잠재적 이득이 잠재적 손실보다 두 배 이상 높을 때도 손실 회피 성향이 나타난다. 리스크에 대한 2:1 성향을 '람다 계수'라고 한다. 최근의 사건손실을 봤는지 아니면 이익이 발생했는지, 의사결정의 프레이밍, 한 개인의 인성 유형, 그리고 비슷한 도박에서 겪은 경험 등 여러 요인이 람다 계수에 영향을 미친다.

손실 회피는 뇌의 기본 체계인 손실 회피 시스템과 전전두엽피질에 깊숙이 뿌리박힌 성향이다. 손실 프레임은 이러한 영역들을 활성화시켜서 더 방어적인 입장에서 의사결정을 내리게 만든다. 흥미롭게도 손실에 대한 두려움에 휩싸인 사람들은 본인 내부에 의사결정 편향이 존재한다는 사실을 알지 못한다.

여러 조치를 동원해 손실 회피 성향을 줄일 수 있다. 특히 투자 계획과 목표를 세우면 자신의 행동을 추적하는 데 도움이 된다. 아침에 일어나 본인의 투자 시각을 새롭게 다진다면 앵커링과 준거점본인이 '성공적인' 포지션과 '실패한' 포지션에서 느끼는 감정 등 효과를 줄일 수 있다.

투자에서 느끼는 두려움을 추적하는 것도 도움이 되는데, 특히 계획대로 행동하고 있지 않을 때는 큰 효과를 볼 수 있다.

Chapter 11

손실 회피 ; 수익을 가로막는 심리 패턴

"내가 다른 트레이더보다 뛰어난 것은 아니다. 단지 실수를 남들보다 빨리 인정하고 다음 기회로 옮겨갈 뿐이다." - 조지 소로스

어떤 투자자는 주식이나 포지션과 사랑에 빠진다. 특정 주식과 사랑에 빠진 이유는 지금까지 높은 수익을 달성해줬거나, 그 회사의 스토리를 사랑하거나, 회사에서 일하고 있거나, 그도 아니면 주식을 보유한 것이 즐겁기 때문이다.

이유가 무엇이든 투자자들이 특정 주식에 집착하거나 지나치게 의식하면 팔아야 할 적기가 와도 이성적으로 판단할 능력을 잃는다. 애정을 가지고 오랫동안 사용한 자동차를 팔거나 지하실의 잡동사니를 청소할 때처럼, 주식을 파는 것도 고통스럽고 불필요하다고 여긴다. 심지어 대세 상승기가 와서 사람들이 주식을 많이 매입하는 상황에서도 말이다. 주식을 비롯해 자신이 소유한 물건에 감정적으로 집착하는 성향을 '부존 효과'라고 하며, 이는 손실 회피에서 흔히 나타나는 성향이다.

투자자들이 현재 보유한 주식을 처분하기 힘들어하거나, 가치가 떨어진 주식일수록 더욱 그런 경향을 보이는 이유는 무엇일까?

학자들은 투자자들이 매수와 매도 결정에 어느 정도의 시간을 할애하는지를 조사했다. 적극적인 개인투자자의 90%는 매도보다는 매수를 결정할 때 시간이 더 많이 든다고 답했다. 하지만 매수 결정을 내리기가 더 힘들다고 답한 사람은 20% 미만이었다.

투자자들이 매도 결정에 들이는 시간이 적을지라도, 80% 이상은 매도 결정을 내리기가 더 힘들다고 답했다. 매도 결정을 내리기가 그토록 힘든 이유는 무엇일까? **매수 결정은 대개 객관적 정보를 바탕으로 이루어지지만, 매도 결정은 감정에 많이 좌우되기 때문이다.**

팔지 못하고 주식에 집착하는 이유

부존 효과란 자신이 가진 물건의 가치를 과대평가하는 성향을 의미한다는 사실을 기억하자. 부존 효과의 전형적인 증거를 찾아내기 위해 나는 행동재무학 세미나 참가자들 절반에게 펜을 나눠줬다. 그런 다음 펜을 받은 사람들에게 펜의 어떤 부분이 마음에 드는지 적으라고 요청했다. 펜을 받지 않은 나머지 사람들에게는 펜의 품질을 객관적으로 적어달라고 부탁했다.

과거의 연구 결과에서도 입증되었지만 자신이 소유한 물건에 대한 품질의 장점을 종이에 적은 사람들에게서는 부존 효과가 올라가는 반면에, 객관적으로 품질을 평한 사람들의 부존 효과는 감수한다.

그런 다음 펜을 받은 사람들은 펜을 받지 않은 나머지 절반에게 얼마에 펜을 팔지 가격을 적었다. 펜을 가지지 않은 사람들도 원하는 구입 가격을 적었다. 펜을 가지지 않은 사람들이 부른 평균 가격은 1.50달러였지만, 펜을 가진 사람들이 부른 가격은 5.50달러였다. 펜을 가진 사람들이 그렇지 않은 사람들보다 가격을 훨씬 높게 매겼다. 실제 펜의 가격은 1.40달러였다.

일반적으로 투자자들은 자신이 보유한 종목을 그렇지 않은 사람보다 높게 평가하고, 따라서 가격이 지나치게 낮게 형성되어 있다 싶으면 처분을 꺼린다.

온라인 경매에서도 부존 효과의 흥미로운 사례가 존재한다. 연구진은 이베이 스타일의 온라인 경매에서 최고가 입찰자들은 자신들이 최고가를 적어냈음을 깨닫는 순간, 구입하고 싶은 물건을 소유하게 되었을 때를 더 구체적으로 상상한다고 말했다. 그 결과 그들은 물건에 부분적인 애착을 보이는, 이른바 '준부존 효과'가 생겨난다.

연구진은 그들이 무엇을 기대하는지를 알아냈다. 온라인 경매에서 최고가로 입찰한 사람들은 다른 사람이 더 높은 입찰가를 적어내면 더 적극적으로 물건을 사려고 한다. 주식시장에서도 투자자가 지정가 주문이 처리되지 못하면 더 높은 가격을 좇는 행동을 보인다는 점에서 비슷한 효과가 나타난다고 볼 수 있다.

Chapter 4 〈감정의 덫 : 투자자가 판단력을 잃는 순간들〉에서 나온 제니퍼 러너 교수의 연구에서도 설명했듯이, 개인의 감정 상태에 따라 부존 효과의 강도도 달라진다. 예를 들어 슬픔에 빠진 사람은 환경을 바꿔야겠다는 생각을 많이 하게 된다. 그 결과 슬픔에 빠진 사람들은 부존 효과가 없어지는데, 이는 그들의 관심이 환경을 바꾸는 데^{가진 것을 팔고 새것을 사려는 데} 집중되어 있기 때문이다.

부존 효과의 강도를 바꾸는 것은 감정 상태만이 아니다. 물건을 사기 위해 포트폴리오 주식을 처분해야겠다는 생각을 품으면 투자자의 부존 효과가 줄어들기도 한다. 주식을 처분해야겠다는 결정이 지금까지 소유를 지지해왔던 심리 구조를 없애 버리기 때문이다. 이렇게 되면 팔아야 할 적기가 왔을 때 마음을 머뭇거리게 만드는 감정의 개입도 발생하지 않는다.

전문가들의 경우에는 부존 효과가 지속되지 않는 것으로 보이는데, 부존 효과에 휘둘리다 보면 수익성이 침해되는 사태가 벌어질 수도 있기 때문이다. 한 실험에서 야구카드 전문 트레이더들은 매매 실험이 거듭될수록 부존 효과가 거의 소멸 수준으로 감소했다. 하지만 주식시장 참가자들도 경험이 쌓일수록 부존 효과가 사라지는지에 대해서는 아직 명확한 연구 결과가 나오지 않았다.

손실 회피의 신경과학

투자자의 $\frac{2}{3}$ 정도가 손실 회피 성향을 띤다면, 무언가 생물학적 원인이 있다고 짐작할 수 있지 않을까? Chapter 10 〈프레임 ; 수익을 결정짓는 심리 메커니즘〉에서 나온 영국의 fMRI 촬영 실험은 편도체 활성화두려움를 부존 효과의 한 가지 원인이라고 설명했다. 재미있는 사실은 원숭이의 행동에서도 손실 회피와 부존 효과가 입증되었다는 점이다.

예일 대학교 경제학자 키스 첸은 흰목꼬리감기원숭이에게 금속으로 만든 작은 동전을 사용하고 가치를 매기는 법을 훈련시켰다. 첸은 다양한 의사결정 상황에서 원숭이의 선택을 관찰했다. 실험 내용은 원숭이가 좋아하는 음식인 사과 조각을 여러 크기로 제시한 뒤 선택하게 하는 것이었다.

첸은 손실 회피 같은 심리적 편향이 사회적이거나 문화적인 학습 등 특정한 환경적 경험 때문인지, 아니면 모든 영장류의 신경 프로세스에 기본적으로 존재하는지를 알아내고 싶었다.

흰목꼬리감기원숭이는 다른 크기의 사과 조각들 가운데 하나를 선택해야 했다. 어떤 조각은 이익 프레임이었고, 어떤 조각은 손실 프레임이었다. 첸이 발견한 바로는 원숭이들의 행동은 전망 이론 등 여러 이론에서 말하는 행동을 보이고 있었다. 흰목꼬리감기원숭이들은 크기가 같다면 이익보다는 손실을 더 중시하며, 준거점 의존만이 아니라 손실 회피 편향도 보였다.

이 연구의 결론은 이렇다. **손실 회피는 선천적이며, 진화적으로도 아주 오래된 인간 선호의 특징이라는 것이다.** 다시 말해 흰목꼬리감기원숭이와 인간이 분리되기 이전부터 진화해온 의사결정 시스템의 기능인 셈이다.

손실 회피 편향에 사로잡히기 쉬운 것은 단지 열대의 원숭이들만이 아니다. 인간의 아이들 역시 비록 기대 가치를 고려해 도박 참가 여부를 판단할 수는 없지만 손실 회피 성향을 보이며, 대학생이 될 때까지는 나이를 먹어도 그 영향력이 감소하지 않는다.

주식 프리미엄 퍼즐

주식 프리미엄 퍼즐이란 역사적으로 주식이 채권에 비해 수익률이 높은 현상을 의미한다. 경제학자들에 따르면 지난 110년 동안 미국 주식시장의 연평균 실질수익률_{인플레이션 조정수익률}은 약 7.9%였다. 같은 기간 동안 상대적으로 위험하지 않은 증권의 실질수익률은 1.0%였다. 두 수익률의 차이인 6.9%가 주식 프리미엄이다.

수익률이 비교적 낮은데도 미국 채권이 인기가 높은 이유는 이해하기 힘든 점이다. 투자자들이 채권보다 주식의 리스크를 훨씬 높게 인식함에도 수익률이 더 높다는 것은 합리적인 경제학 모델로서는 설명하기 힘든 수수께끼였다.

투자자들은 변동성에 민감하게 반응한다. 주가를 확인하는 횟수가 늘수록 인식하는 증시 리스크도 늘어난다. 시세창 확인 빈도를 바꾸는 실험에서 이전 투자 결정의 성과를 확인하는 빈도가 줄어들자즉, 시세창 확인 횟수를 줄이자 주식에 투자하는 사람들이 늘어났다.

시카고 대학교 슬로모 버나치와 리처드 탈러는 피드백이 많을 때 보수적인 투자채권를 하는 이유는 근시안적 손실 회피 과정 때문이라고 주장했다. 주가 변동의 피드백을 자주 받을수록 투자자들은 근시안적인 입장에서 리스크를 평가한다. 실험 횟수를 늘리면 늘릴수록 주가를 자주 관찰하는 사람들은 불리한 가격 변동을 더 유심히 관찰하면서, 자신의 재산이 위협받고 있다고 인식했다.

탈러는 6%의 주식 프리미엄 크기는 투자자들이 매년 투자 실적을 평가하고, 이익보다는 손실을 두 배로 중시하는 행동과 일맥상통한다고 주장했다.

투자자들의 근시안적 손실 회피는 정보의 양과 빈도에도 비례해서 증가한다. 손실 회피 성향을 보이는 고객으로 인해 이스라엘 최대의 뮤추얼펀드인 뱅크 하포알림은 1개월에 한 번씩 하던 펀드 실적 보고를 3개월 주기로 바꾸면서 '가끔씩 있는 주가 하락에 겁먹지 말아야 한다'고 지적할 정도였다.

시카고상품거래소의 트레이더들과 대학생들을 비교하는 실험에서 사실상 트레이더들이 근시안적 손실 회피를 더 심하게 보였다. 객장 트레이더들은 신속하게 리스크/보상 평가를 하는 기술을 갈고닦은 사람들이다. 재빠른 평가 능력이 단기적인 가치 평가와 투자 결정에는 도움이 될지 몰라도, 반드시 장기적인 최적 결정을 내리는 데 도움이 된다고 말하기는 힘들다.

이 밖에도 학계는 전문 트레이더와 투자자들 대부분이 주가에 존재하는 심리적 편향을 이용해 거래하지 못한다는 사실도 알아냈다. 잘만 이용하면 투자 이익을 높일 수 있다는 사실을 알고 있음에도 주식 프리미엄 퍼즐 같은 가격 이상 현상은 사라지지 않았다.

그렇다면 현명한 투자자는 어떤 식으로 행동할까? 그들은 채권이나 현금이 아니라 주식에 장기적으로 투자한다. 안타깝지만 말처럼 쉬운 일은 아니기에 주식 프리미엄은 언제나 존재한다.

고의적인 풋옵션의 유혹

2010년 초 캐나다 캘거리 출신의 32세 물리학자며 응용수학을 배운 브라이언 헌터는 만기가 1년 정도 남은 가령 2011년 3월과 4월이 만기인 천연가스 선물의 가격이 현물 가격에 수렴하게 되리라고 예상하며 높은 돈을 걸었다. 2010년 9월이 되어 자신이 계약한 선물은 물론이고 다른 선물들도 현물 가격과 점점 차이가 벌어졌고, 헌터는 손실액이 계속 늘어나자 리스크 노출을 증가시켰다.

2010년 9월까지 헌터가 근무하는 아마란스 캐피털의 손실액이 60억 달러 이상이라는 보도가 발표되었다. 이 회사의 총자본은 90억 달러였다. 회사는 문을 닫았고, 포지션은 청산되었으며, 남은 자산은 투자자에게 배분되었다.

1년 전인 2009년만 해도 헌터는 뛰어난 트레이딩 실적으로 7,500만 달러를 벌었는데, 이렇게 거액의 차익을 거둔 데에는 허리케인 카트리나로 천연가스 가격이 급등한 것이 주요 원인이었다. 그때까지 그는 괄목할 만한 트레이딩 실적을 거두고 있었지만, 2010년 아마란스 캐피털에 돈을 맡긴 투자자들은 자본의 66%를 잃고 말았다.

펀드가 파산하기 전까지 몇 년 동안 헌터가 아주 높은 수익을 내고는 있었지만, 이와 함께 본인의 리스크 관리 능력도 과잉 확신하게 되었다. 그는 2010년에 처음으로 손실이 불어나기 시작하자 리스크 노출을 높였다. 다행히도 2010년 여름에는 도박이 맞아떨어졌다. 그러나 2010년 9월부터 선물시장이 다르게 움직이기 시작했는데도 헌터는 과도한 리스크 노출을 줄이지 않았고, 이번에는 그도 쉽사리 발을 뺄 수가 없었다.

트레이딩의 똑같은 손실 회피 패턴은 롱텀 캐피털 매니지먼트의 창립자인 존 메리웨더에게서도 분명하게 드러났다. 두 경우 모두 트레이더들은 실패한 포지션에 대해 리스크 노출을 계속 증가시켰다손실 회피. 그들은 손실의 고통을 받아들일 수가 없었기 때문에 무리하게 포지션을 계속 보유했다. 심지어 손실 회피 편향에 지배된 투자자들은 합리적인 선택이라고 주장하면서, 실패한 포지션에 대해 '판돈을 두 배로' 올리기도 했다.

리스크를 과도하게 감수하는 헤지펀드 트레이더들은 윤리적 딜레마를 겪는다. 그들은 '고의적인 풋옵션'을 실행한다. 이는 높은 리스크를 감수해 실적이 좋으면 많은 보상을 받지만, 대신 엄청난 손실이 발생할지라도 해를 넘겨서 발생하면 보상에 별다른 영향을 받지 않는다헤지펀드에 자기 돈을 투자한 매니저가 아닌 한**는 의미다.** 헤지펀드 매니저를 비롯해 매니저들에게 최악의 상황은 다니던 직장을 잃고, 현재의 소득을 유지하지 못하고, 연말 보너스를 받지 못하게 되는 일이다.

브라이언 헌트는 2009년에 7,500만 달러를 벌었고 아마란스 캐피털에 보너스의 $\frac{2}{3}$ 이상을 투자했지만, 2008년과 2009년에 했던 트레이딩 실적으로 받았던 수천만 달러가 은행에 있기 때문에 최악의 상황에 빠지지는 않을 것이다. 2010년에 60억 달러를 잃은 수많은 투자자에 비하면 나쁘지 않은 결과다.

헌터의 성공과 이후의 몰락에서 드러난 한 가지 흥미로운 점이 있는데, 다른 트레이더들이 그에게 존경과 감탄을 보낸다는 사실이다. 다른 전직 동료들은 "헌터가 방관자의 입장에 있는 것은 커다란 지적 자본의 낭비다."라고 말하면서, 그가 트레이딩 업무로 복귀해야 한다고 주장한다. 롱텀 캐피털 매니지먼트가 무너진 후 존 메리웨더에게도 비슷한 찬사가 쏟아졌다.

헌터와 메리웨더 모두 뛰어난 능력이 있다는 사실에는 의문의 여지가 없지만, 놀랍게도 대다수 트레이더가 두 사람의 몰락이 말하는 기본적인 교훈을 무시한다. 트레이더가 몇 년 동안 높은 이익과 현명한 시장 통찰력을 보였을지라도, 총체적 붕괴의 위험에서 면역력을 갖게 되는 것은 아니다.

리스크 관리가 대단히 중요하지만, 수익성을 제한하고 따분한 일이 되기 십상이다. 죽음의 소용돌이에 갇힌 금융회사들은 소용돌이에서 빠져나가기 위해 훨씬 높은 리스크를 감수하기도 한다. 판돈을 두 배로 키우는 일이 많아지고, 그러다가 '리스크 중독'에서 헤어 나오지 못하게 될 수도 있다.

손실 회피를 어떻게 극복할까?

손실을 받아들이면 기분은 좋지 않지만 그래도 인정해야 한다. 다음은 투자에서 손실 회피 성향을 보이는 투자자들과 트레이더들을 위한 다시 말해 가치가 하락한 종목의 매도를 회피하고, 손실을 만회하고자 판돈을 더욱 키우려는 투자자들을 위한 몇 가지 조언이다. 실제로 판돈을 두 배로 걸었다가, 포지션이 반등해서 전체 수익을 높이는 투자자도 있기는 하다. 하지만 가격이 반등하지 않으면 투자자는 결국 모든 것을 잃게 된다.

일반적으로 손실 회피는 경험이 쌓일수록 사라지며, **다음의 조언은 패배한 종목들을 과거의 일로 묻어 버리는 데 도움이 될 것이다.** 이 책 전체에서 같은 내용이 거듭 반복된다.

① **보유한 투자 포지션을 재평가할 때는 승리한 포지션이 아니라 패배한 포지션의 매도를 우선적으로 고려하라.** 스스로에게 "모든 조건이 동일하다면 오늘 이 포지션에 진입하겠는가?"라는 질문을 던지자. "아니다."라는 답이 나오면 그 포지션을 매도 리스트에 올려야 한다.

② **패배한 포지션을 계속 보유하기 위해 합리화나 변명을 둘러대고 있지는 않은지 살펴보라.** 자신의 손절매 규칙을 어긴 트레이더들은 "팔기 전에 조금이라도 만회하지는 않을지 확인하고 싶었다."고 말한다. 자신을 기만하지 말아야 한다. 만회하기를 기다리는 동안 본인의 잘못된 자산 관리를 합리화하고 있었던 셈이다. 진짜 심정은 고통을 받아들이고 싶지 않았을 따름이다. 패배를 인정하려면 많은 용기가 필

요하다. 그리고 고통을 받아들이기 전에는 다음 투자 기회를 위한 마음을 다잡을 수 없다.

③ **계획대로 매도하기는커녕 옵션이 만기가 될 때까지 기다렸다가 가치가 완전히 사라지게 되는 일을 없게 하라.** 외가격 콜옵션현재 행사하면 손실을 보게 되는 상태이나 만기가 오래 남은 '저리스크' 차익 거래 포지션을 손절매하는 대신에, 언젠가는 오르기를 희망하면서 계속 보유하고픈 마음이 들기 쉽다. 또한 주식을 쇼팅할 때도 엄격하고 현실적인 매도 기준을 미리 마련해둬야 한다.

④ **인간은 천성적으로 최근에 손해를 보거나 과거 거액의 손실을 겪고 나면 손실 회피 편향에 빠지기 쉽다.** 살아오면서 경험한 손해와 상실감을 기억해내고, 이런 감정들이 투자에 어떤 영향을 미칠 수 있는지 알아둬야 한다.

⑤ **겸손을 잊지 마라.** 통찰력이 있는 우수한 트레이더라는 평판을 얻게 되면 자만심에 빠지기 쉽다. 실수를 저질러도 평판을 잃을지 모른다는 두려움 때문에 실수를 인정하려 들지 않는다. 기억하라. 시장은 언제나 개인보다 위대하다.

⑥ **손절매 규칙을 마련하고 지켜라.** 확실한 자산 관리 체계를 마련해두지 않았다면 다른 무엇보나 계획부터 세워라. 앞에서 나온 저분 효과를 최소화하는 방법, ①번을 다시 읽기 바란다.

대다수 투자자는 실패한 종목을 너무 오래 보유하는 등 손실 회피와 관련된 투자 오류에 빠지기 쉽다. 적지 않은 투자자들이 성공적인 종목을 너무 빨리 처분한다.

학자들은 특히 모순이 겉으로 드러나는 실수에 주목했다. 머니 매니저이자 경제학 교수인 리처드 탈러의 실험에서, 참가자들 대다수가 게임에서 이긴 후에는 리스크를 높였다. 탈러는 이런 현상에 '하우스머니 효과House money effect, 공돈 효과'라는 이름을 붙였다.

하우스머니라는 말은 카지노에서 자주 사용되는 표현으로, 도박을 하는 사람들은 거액을 딴 다음에는 어차피 공돈이기 때문에 '하우스머니'로 판돈을 높인다. 그들은 딴 돈을 완전히 자기 것으로 생각하지 않기 때문에, 그 돈을 잃는 것을 두려워하지 않는다.

확신보다 의심을 훈련하라

뉴저지 소재 헤지펀드인 팰컨 매니지먼트의 매니저 짐 리트너는 글로벌 매크로Global macro, 거시경제의 중장기 전망을 근거로 거시변수들의 추세적 변동을 예측해 전 세계의 주식, 채권, 통화, 상품 등에 롱이나 쇼트포지션을 취하는 전략 투자의 '교황'이라는 평을 듣는다. 리트너 본인의 추산에 따르면, 그는 금융회사에서 일하면서 자신과 회사에 20억 달러의 돈을 벌어줬다.

리트너는 근면하고, 겸손하며, 지적 호기심이 왕성하고, 경험이나 지식 함양을 위해서라면 단기적인 희생도 불사한다. 1997년 팰컨 매니지먼트를 설립한 이후 그는 매년 약 30%의 수익률을 올렸다.

저자 겸 헤지펀드 컨설턴트인 스티브 도브니는 리트너와 투자 비결을 인터뷰했다. "가격이 언제 엇나가는지 어떻게 아느냐?"는 질문에 리트너는 이렇게 답했다.

"나는 타고난 능력은 없다. 시장에 대단히 큰 관심을 가지고 언제나 모든 것을 관찰하는 데서, 나의 능력이 나온다."

리트너는 주의 깊은 관심과 경험을 통해 '정상적이라면 상황이 어떻게 진행되어야 하는지에 대한 정신적 데이터베이스'를 개발했다. 달리 보면 그는 기대 가치를 산정하고, 시장이 기대 가치에서 일탈하는 순간을 정신적 '레이더망'으로 감지하는 능력을 기른 셈이었다.

리트너는 감정이 아닌 실제의 사건과 가격을 바탕으로 자신만의 평가 메커니즘을 만들었고, 그 덕분에 그는 거래할 때 절대로 감정에 구애받지 않는다고 했다.

"가끔은 나한테도 손실이 발생할 수 있다는, 순수하게 확률적인 관점에서 생각하기 때문에 손실은 내게 아무 영향도 미치지 못했다. 지금까지 내가 시장에서 결과가 좋았는지 나빴는지 아내가 알아챈 적이 한 번도 없다."

리트너가 감정적 영향을 받지 않는 비결은 무엇이었을까? 그는 결과에 집착하지 않기 때문에 자존심이 다치거나 높아지지 않았다. 감정에 구애받지 않을뿐더러, 그는 이렇게도 말한다.

"나는 내 무지를 겸허하게 인정한다. 아무리 많은 돈을 벌었을지라도 나는 솔직히 내가 무지하다고 생각한다."

리트너는 돈을 버는 능력을 앞세워 무언가를 입증하겠다는 생각도 하지 않는다. 그는 지적 게임을 사랑하며, 투자도 지적 게임의 하나로 접근한다. 리트너의 인터뷰에는 자만심도 과잉 확신도 느껴지지 않는다. 오직 시장에 대한 강한 호기심과 겸손, 그리고 언제라도 가정을 재검토할 수 있다는 의지만이 보인다.

성공을 꿈꾸는 트레이더들에게 리트너는 모든 분야의 시장 경험에 마음을 열고, 너무 한 분야에서만 전문가가 되는 것을 피하고, '기업의 스토리에 끌려 매수하지' 않는 방법을 배우라고 충고한다.

"스토리에 끌려 매수하는 편향을 피하려면 계량화를 해서 어떤 것이 싸거나 비싼 이유를 이해해야 한다. 이때는 싸다는 의미나 비싸다는 의미와 관련해 어느 정도 엄격한 잣대를 이용해야 한다. 물론 스토리를 완전히 무시해서도 안 된다. 스토리는 여전히 필요하다. 사람들은 스토리에 매력을 느끼게 되고, 매력이야말로 시장을 움직이는 요인이기 때문이다."

리트너는 균형 잡힌 준거 프레임을 이용해 문제의 좋은 면과 나쁜 면을 모두 관찰한다. 그는 확증 편향의 심리로 인해 대다수 투자자가 자기 생각을 뒷받침하는 증거만을 찾아다닌다는 사실을 아주 잘 안다.

"본인의 생각과 반대되는 증거를 찾기 위해 스스로를 훈련시키는 사람은 아주 드물다. 나는 트레이딩할 때 내 생각에 반대되는 증거를 찾고자 노력한다. 이것은 아주 어려운 일이다. 그렇기에 나는 어째서 포지션이 올라가지 않고 내려갈 거라고 믿는지, 스스로에게 그 이유를 묻는 훈련을 계속한다."

손실 회피 편향을 이기는 투자자들의 원칙

대부분의 투자자가 손실 회피 편향에 빠지기 쉽다면, 이것을 극복하려면 어떻게 해야 할까? UC버클리의 시출스와 팽의 공동 논문에 따르면, **시간이 흐를수록 투자자의 현명함**포트폴리오 다양성 등 트레이딩의 특성으로 측정과 경험이 합쳐지면서 손실 회피 편향이 사라진다. 트레이딩의 경험을 쌓는다고 해서 손실 회피가 완전히 없어지지는 않으며, 반드시 투자자의 **현명함도 공존해야 한다.**

두 사람의 논문에서 한 가지 특이한 결과가 있는데, 투자의 현명함과 트레이딩 경험이 결합되어야 이익을 빨리 실현하려는 심리가 다소 최대 37% 줄어든다. 심지어 전문투자자도 경험이 아주 폭넓을지라도 두려움에 젖어 성공적인 종목을 빨리 처분하려 할 수도 있다.

조지 소로스는 기술주 거품이 정점에 이르렀을 때 자사의 최대 주식 펀드인 퀀텀과 쿼타의 폐쇄를 발표했다. 그의 포트폴리오 매니저인 스탠리 드러켄밀러는 2000년 4월 주식시장이 '완전히 제정신이 아니며 믿을 수 없을 정도로 위험하다'고 언급했다. 주식시장에서 손을 떼면서 소로스는 이렇게 말했다.

"마지막에 들어왔지만 가장 먼저 나가는 것이, 우리가 할 일이다."

가장 먼저 나간 행동에는 소로스가 한시바삐 손익을 실현하고, 더는 이해하지 못할 시장에서 벗어나려 한다는 뜻이 담겨 있었다.

폴 튜더 존스는 역사상 가장 위대한 트레이더 중 하나로 손꼽힌다. 잭 슈웨거의 《시장의 마법사들》을 보면 존스는 전문 트레이더로 일하던 첫해에 큰 손실을 봤고, 그 이후로 인생과 트레이딩이 완전히 바뀌었다고 말한다.

"지금 나는 하루를 최대한 행복하고 편안하게 보내려고 노력한다. 포지션이 내 예상과 어긋나면 즉시 빠져나온다. 포지션이 예상대로 흐르면 그대로 보유한다."

존스는 트레이딩하는 날은 정신 상태를 최상으로 유지하기 위해 감정의 개입을 줄이며, 그런 이유에서라도 패배한 종목을 빨리 처분한다. 존스는 손실 회피로 이끄는 프레이밍 편향을 줄이기 위해 매일 준거 프레임을 새로 다잡는다.

"지금 포지션의 상태가 어떤지에 대해 지나치게 걱정하는 태도는 버려라. 그날 하루 내가 포지션을 낙관하는지 비관하는지, 오직 그것만이 중요한 문제다. 오늘의 출발점이 전날 밤의 종가라고 생각하라."

가격 변화는 중요하지 않다. 가격 변화 외에 펀더멘털을 바꿀 만한 새로운 정보가 존재할까? 존스는 과거의 손실을 만회하려는 태도를 물리칠 수 있는 조언을 제시한다.

"패배한 종목의 손실을 만회하려 하지 마라. 트레이딩 실적이 나쁠 땐 거래량을 줄이고, 트레이딩 실적이 좋을 땐 늘려라."

포지션의 가치가 전혀 오르지 않는데도 지나치게 오래 보유하고 있으려는 마음을 미연에 방지하려면 존스는 이렇게 하라고 충고한다.

"가격 경고 신호를 사용하는 데 그치지 말고, 시간 경고 신호도 이용해라. 시장이 무너질 것 같으면 아직 손해가 나지 않았을지라도 빠져나와라."

나스닥 수치가 연일 사상 최고가를 갱신하던 2000년 3월 11일, 전직 헤지펀드 매니저고 더스트리트닷컴의 개설자며 CNBC 〈매드 머니〉의 인기 진행자인 짐 크레이머는 아내의 트레이딩 십계명을 다시 올렸다. 제1계명은 패배한 종목을 정신적 규율에 따라 매도해야 한다는 내용이었다.

> 정신적 규율이 확신보다 중요하다. 내 아내는 트레이딩에서 언제나 오류 가능성을 염두에 둔다. 아내는 본인은 옳다고 생각할지라도 실제로는 대다수가 틀릴지도 모른다는 사실을 잘 알고 있었다.
> 그래서 그녀는 아주 엄격한 규칙을 세웠다. 감정이 개입할 여지를 주지 마라. 다 무너질 때까지 방치하지 마라. 완전히 사로잡히지 마라.

정신적 규율은 모든 것에 우선한다. 정신적 훈련은 모든 감정 편향의 길목을 차단한다. 십계명을 올리면서 크레이머는 투자자들에게 시장에서 빨리 발을 빼라고 조언했고, 훗날 투자자들은 그의 충고에 고마워했다.

위의 전문가들은 손익을 분석할 때 감정을 개입시키지 않으며, 패배한 종목은 엄격한 정신적 규율에 따라 매도하며, 손실 회피 같은 감정 편향이 생기지 않도록 겸손함을 잃지 않는다.

Chapter 12
쏠림 현상 ; 남들도 다 그렇게 한다

"절대로 남들의 의견에 흔들리지 마라. 시장에서 성공하려면 스스로 결정을 내릴 수 있어야 한다. 수많은 트레이더가 타인의 의견에 귀를 기울였던 것이 최악의 실수였다고 말한다. 스튜어트 월튼과 마크 미너비니도 이런 판단 착오 때문에 투자한 자본을 몽땅 날렸다." – 잭 슈웨거

남들이 조언하는 종목에 결코 귀를 기울이지 마라. 이는 암묵적인 불문율이다. 하지만 종목을 추천한 사람이 믿을 만한 친구고, 그 친구가 주식에 나름의 일가견이 있으며, 주가 급등을 아주 자신만만하게 말한다면 어떻게 해야 할까?

나는 대박을 바라며 '남들의 조언'에 따라 주식을 산 적이 한 번도 없다. 나는 '남들의 조언에 따라 주식을 사지 마라'고 수년 동안 입이 아프게 말해왔다. 그래서 믿을 만한 대학 친구여기서는 'F'라고 부르자가 굉장한 주식이 있다고 말해줬을 때도 시큰둥하게 굴었다.

F는 런던의 헤지펀드에서 일한다. 그녀는 바이오테크 종목의 전문가로 일하면서 뉴로셀가명이라는 회사에 대한 멋진 내부 정보를 들었다. 이 작은 제약회사가 알츠하이머를 치료할 획기적 신약을 개발하고,

FDA의 승인을 기다리고 있다는 정보였다. 유럽에서는 이미 승인받았고, 이제 FDA 승인이 나오기만을 기다린다고 했다.

"지금 당장에라도 FDA 승인이 나올 거야. 이 약을 연구한 주요 인사들과 다 이야기를 나눠봤어."

F의 말을 빌리면, 약품 테스트를 한 12개 의학연구소의 신경과와 정신과 전문의들에게 일일이 전화를 걸었고, 그들이 약품에 대한 칭찬을 늘어놓았다고 했다.

내가 조금은 회의적으로 굴면서 연구진이 임상시험 동안 약품의 장기적인 부작용 데이터를 관찰하지 않았을지도 모르고, 약품의 진짜 정체도 파악하지 못했을지도 모른다고 우려를 표했다. 그러자 그녀는 자신 있게 손을 휙휙 저으며 그런 걱정을 무시했다.

"나라면 아이들의 대학 등록금을 털어서라도 사겠어."

우와! 나에게 이보다 더 확실한 장담은 없었다. 물론 나는 아이들의 대학 등록금까지 털어서 투자할 정도로 어리석게 행동하지는 않았다. 하지만 나는 지금껏 F가 그렇게 흥분하는 모습은 처음 봤다. 그녀는 이 제약회사와 신제품에 완전히 마음을 뺏긴 상태였다.

남의 조언으로 주식 사면 망한다

1996년부터 여러 해 동안 그녀가 운용하는 펀드는 연수익률 20% 이상의 높은 실적을 거둬 왔다. 전에 이 펀드의 창립자를 만난 적이 있었는데, 그는 이렇게 말했다.

"우리는 일 년 후에 30% 이상 가치가 올라갈 것이라고 확신이 들 때만 포지션을 매입합니다."

뉴로셀은 환상적인 실적 기록을 보유한 헤지펀드가 장담하는, 승리를 거둘 종목이자 위대한 회사였다. 아닌 말로 '적극 매수' 추천 종목인 셈이었다. 나는 잠시 '남들 조언으로 주식을 사서는 안 되는데'라고 생각했지만, 12개 의학연구소에 일일이 전화를 걸었다는 확신에 찬 소리에 마음이 움직였다.

나는 몇 주를 샀다. 그런 다음 몇 주씩 더 샀고, 이렇게 사 모은 주식이 나중에 가서는 후회할 정도로 많아졌다. FDA 승인이 조만간 발표될 거라는 생각에 기대감이 쌓여 갔다. 하지만 FDA는 뉴로셀의 신약 승인을 거부했다. 젠장!

FDA 통보서는 복용자들의 뇌졸중 확률이 높아질 수 있다는 이유에서 비관적 견해를 보였지만, 승인 가능성이 완전히 사라진 것은 아니었다. FDA는 뉴로셀에 더 자세한 자료를 요구했다. FDA가 승인 요청을 거절하면서 첫 주 동안 뉴로셀의 주가는 60%나 빠졌다.

"도대체 왜 나는 이 주식을 샀을까? 심장 카테터법에 대해 내가 아는 게 뭐가 있다고. 그러니 60%나 잃었지!"

얼마 안 가 생각보다 내가 더 큰 곤란에 빠져 있다는 사실을 깨달았다. FDA의 승인 거절 통보서가 나간 지 1주일 후에 F가 내게 전화를 걸었다. 그녀는 아주 낙관하고 있었다.

"어이쿠, 사람들이 제정신이 아니야. 뉴로셀이 너무 헐값에 팔리고 있어서 우리는 지금 최대한 사 모으는 중이야. 떨어진 첫날에만도 엄청나게 사들였어."

"더 사고 있다고?"

나는 믿을 수가 없었다. 그때는 나도 나름대로 계량적 조사를 마친 참이었다. 보통 대단히 부정적인 소식에 급락하면 잠시 주가가 반등했다가 더 큰 매도세로 돌아서는 것이 일반적인 패턴이다. 왜 그녀는 하락 첫날에 대량으로 매입했을까? 갑자기 노름판에서의 오랜 격언이 머리를 스쳤다.

"그 판에 누가 호구인지 모르겠으면, 니가 바로 그 호구다."

맙소사! 물론 F가 뉴로셀에 돈을 털어 넣으라고 전화한 사람은 나만이 아니었다. 그녀는 다른 친구들과 가족에게도 확실한 주식이라고 권했다. F는 상당히 곤란한 처지였다. 돈을 잃은 친구들이 많았기 때문에, 그녀는 매몰 비용의 편향으로 인해 이는 부존 효과와 비슷하다 계속해서 뉴로셀을 권하는 처지에서 벗어날 수가 없었다. 그녀는 좋은 소식을 전해줘야 한다는 온갖 사회적 압박에 시달리고 있었고, 긍정적 분석의 프레임에 갇혀 있었다. 그녀는 더는 객관적 시각을 유지하지 못했다.

종목 추천을 듣고 투자했다가 후회한 경험이 있을 것이다. 보통 누군가가 특정 주식에 흥분해서 다른 사람에게 강하게 추천할 즈음이 되면, 이 좋은 소식이 주가에 상당 부분 반영되어 있기 마련이다. **주가는 이미 한참이나 올라간 상태며, 아마도 다른 사람들 역시 본인만큼이나 열광하고 있을 가능성이 높다. 그다지 좋은 신호가 아니다.**

게다가 주가를 계속 끌어올릴 심산에서 주위의 친구나 친척들에게 좋은 주식이라고 열심히 알리고 다니게 되면, 정신적으로도 그런 믿음을 버리기가 상당히 힘들어진다.

나는 이후 곧바로 뉴로셀을 팔았다. FDA가 승인 거부 통보서를 보내는 상황에 대해서는 아무 계획도 세워두지 않았기 때문이다. 솔직히 **아무 원칙도 없이 했던 투자라 계획을 세우기도 불가능했다.** 월스트리트의 오랜 격언은 말한다.

"의심스러우면 퇴장하라."

조금이라도 방심한 순간 미스터 마켓이 잽싸게 그 틈을 노려 나를 이용할 것이 분명하다. **남들의 주식 추천을 따르는 것은 일종의 쏠림 현상 Herding, 양떼 효과에 속한다.** 재무학에서 '쏠림 현상'은 투자 아이디어가 집단 전체에 전염병이 번지듯이 퍼지는 것을 의미한다. 투자자 대부분이 어떤 한 리더의 조언을 따르면서 직접 알아볼 필요가 없다고 생각한다면, 이런 행동이 바로 쏠림 현상이다.

쏠림은 본능, 수익은 선택

생물학에서 무리 짓기는 몇몇 종의 동물들이 안전을 도모하기 위해 다수가 함께 움직이는 성향을 의미한다. 안전이 위협받는다고 느끼거나 무리의 일원이 기회를 발견했음을 다른 동료들도 감지하게 될 때 무리 짓기가 생겨난다. 어떤 때는 무리 전체가 깜짝 놀라 갑자기 도망치기도 하고, 어떤 때는 일제히 푸른 초원으로 달리기도 한다.

투자자들은 쏠림 현상과 다른 현상을 자주 혼동한다. 집단 사고는 동질적인 구성원들로 이뤄진 집단이 똑같은 결론대개는 잘못된을 내리는 성향을 말한다. 군중 행동은 군중 속의 누군가가 갑작스럽게 취한 행동이 전염되어 일반적으로 패닉이나 폭력으로 치닫게 되는 현상을 말한다. 투자의 경우 집단 사고는 투자위원회에 대단히 큰 문제가 되며, 군중 행동은 1998년 러시아 채무 디폴트와 루블화 평가 절하 때 모스크바 시민들의 뱅크런이 단적인 예다.

쏠림 현상이 정말로 나쁜 것일까? 타이밍이 나쁘면 돈을 잃을 수도 있지만, 처음 움직이는 사람이 되면 돈을 벌 수 있다. 집단이 한쪽으로 쏠려서 움직이고 있음을 인식할 때면 너무 늦어서 빠져나오지 못할 수도 있다. 하지만 더 푸른 초원을 발견해서 제일 먼저 가는 것은 가능하다. 군중이 그 뒤를 따라올 때 자신은 유리한 입장에 서게 된다.

리더십은 쏠림 현상의 기본적인 특징이다. 양떼는 대장 수컷을 따른다. 대개 양치기 개는 양떼의 대장을 찾아내 이끄는 식으로 무리 전체를 인도할 수 있다. 포식동물인 양치기 개에 대한 두려움을 느끼게 되면 양떼 전체가 대장을 따르는 행동이 더 분명하게 나타난다.

시장에서는 리더의 행동을 관찰해 돈을 벌 수 있다. 그들이 어디에 관심을 집중하고 있는가? 무엇을 매도하고 있는가? 상장기업의 리더란 경영자, 이사회, 기타 중요 내부자를 말한다. 상당량의 내부자 매도나 구주매출Secondary selling, 대주주나 일반 주주 등 기존 주주가 이미 보유한 주식 중 일부를 일반인에게 공개적으로 파는 행동이 자주 행해진다면 문제가 있기 마련이다. 물론 내부자들은 그런 경고를 절대 인정하지 않는다. 현명한 투자자라면 리더의 권위에 무조건 따르지 않고 철저히 조사해야 한다.

2000년에 나는 샌프란시스코의 헤지펀드에서 다소 흥미로운 작업을 하게 되었다. 회사의 파트너들이 가격이 싼 철도주와 에너지주를 찾기 위해 미국 시장을 샅샅이 뒤지고 있었다. 2000년에 골프를 같이 치는 친구에게 철도주나 석탄주를 추천했다면 제정신이 아니라는 소리를 들었을지도 모른다. 당연히 2000년에 군중의 관심은 인터넷주, 기술주, 바이오주에 쏠려 있었고 에너지주는 열외였다.

하지만 이 헤지펀드는 선견지명을 발휘했다. 2002년이 되자 시장의 관심이 에너지와 철도주로 옮겨갔다. 2006년이 되자 두 종목은 시장에서 가장 인기 있는 종목이 되었다. 내가 일했던 헤지펀드가 보유한 두 종목은 대부분이 10배가량 상승했다.

돈의 흐름과 미디어의 관심을 유심히 관찰하면 투자자들의 쏠림 현상을 비교적 쉽게 확인할 수 있다. 하지만 다음에도 또 푸른 초원을 찾아내기는 쉽지 않으며, 군중의 쏠림 현상에 같이 휩쓸리지 않기는 정말로 어려운 일이다. 사회와 동료의 압박이 대단히 거세지기 때문이다.

투자위원회나 이사회와 같은 의사결정 집단은 쏠림 현상을 예방하기가 대단히 힘들다. **집단 사고, 권위에 대한 복종, 그리고 사회적 압박이 내부자들에게 쏠림 현상을 일으킨다.** 특히 권위와 카리스마가 있는 리더가 존재하면, 그럴 의도가 아닐지라도 반대 의견이 무시당하기 십상이다. 집단 리더에게 반박하는 행위는 사회적으로 받아들일 수 없다고 여겨진다. 구성원들에게 아무리 자기 의견을 자유롭게 말하라고 강조해도 소용이 없다.

쏠림 현상을 식별하고, 본인과 집단의 쏠림 현상을 예방하고, 더불어 시장의 쏠림 현상을 유리하게 이용할 줄 알아야 한다. 이것이 이번 챕터의 주제다.

사회적 증명, 앞서간 사람들의 발자취

석유 탐사꾼이 천국의 문 앞에서 성 베드로를 만났다. 그의 직업을 들은 성 베드로가 말했다.

"이런, 정말 안타깝군. 자네는 천국으로 들어가기 위한 모든 시험을 다 통과하기는 했네. 하지만 심각한 문제가 있다네. 저쪽에 있는 방이 보이는가? 거기에는 천국으로 들어가기를 기다리는 석유 탐사꾼들이 머무는 곳이라네. 그런데 지금 꽉 차서 한 사람도 더는 들어갈 수가 없다네."

석유 탐사꾼이 잠시 생각하더니 말했다.

"제가 저 사람들에게 몇 마디만 해도 되겠습니까?"

"그래도 문제는 없을 듯하군."

그러자 그가 손나팔을 불면서 외쳤다.

"지옥에서 석유가 발견됐다!"

그 즉시 방에 있던 석유 탐사꾼들이 문을 억지로 비틀어 열고는 밖으로 나와 최대한 빨리 지옥을 향해 날개를 펄럭이며 날아갔다.

"아주 교묘한 속임수로군. 들어가게. 이제 저 방은 자네 것이네. 방은 아주 넓다네."

석유 탐사꾼이 머리를 긁적이더니 말했다.

"아니요. 괜찮으시다면 저도 저들을 따라가겠습니다. 전혀 틀린 소문은 아니었나 봅니다."

— 워런 버핏, 벤 그레이엄이 즐겨 말하던 우화를 다시 인용함

우리는 대개 불확실한 상황에 처하면 다른 사람들을 관찰해 어떻게 행동할지를 학습한다. 우리는 직접 책임을 지고 올바른 길을 알아내기보다는 남들이 먼저 올바른 길을 '확인할' 때까지 기다린다.

심리학자 로버트 치알디니는 확증을 찾는 행위를 '사회적 증명Social proof'이라고 부른다. 단계별로 문제를 고민하는 대신에 먼저 길을 걷는 사람들의 행위를 관찰하고, 그들이 이끄는 대로 따른다. 앞서간 사람들의 발자취에 편승하는 것이다.

시장에서 쏠림 현상은 대개 후발주자들의 손실로 막을 내린다. 사회적 증명과 쏠림 현상을 좇는 사람은 타인의 의사결정 기준에 좌우되기 마련이다. 리더의 행동이 잘못되었음이 드러나면 남들의 의견을 그대로 따랐던 투자자들은 대부분 신뢰를 잃고 무리에서 이탈하기 시작한다. 하지만 상당수 투자자에게 강력한 감정적 방어 기제가 작동하기 시작한다. 그들은 리더의 행동과 자신들의 믿음이 틀렸다는 사실을 받아들이지 못한다.

2000년대 초 인터넷 종목의 상승장과 하락장이 번갈아 발생하게 만들었던 투자자들이 이런 진정한 신봉자에 해당한다. 그들은 인터넷주의 전망에 대한 확고한 믿음을 바꾸지 못했다. 2002년 인터넷주 거품을

앞장서서 부추겼던 상당수 애널리스트들이 기소된 후에야, 비로소 이들 신봉자도 추종할 무리를 잃게 되었다.

뜻밖에도 '새로운 인터넷 경제'가 허상에 불과하다는 사실이 드러난 후에도, 이들 대다수 신봉자의 열렬한 개종 행위는 그치지 않았다. 왜 어떤 사람들은 올바른 사실을 전하려고 노력하기는커녕 잘못되었다고 입증된 사고방식을 고수하는 것일까?

이들은 패배를 인정하기가 매우 고통스럽기 때문에 마치 손실 회피 행동을 하듯이 희망의 끈을 놓지 못하며, 심지어는 새로운 개종자들을 끌어모으려고 노력한다. 충실한 신봉자들은 자신들과 똑같은 교리를 믿는 사람이 늘어날수록 자신들의 믿음이 틀리지 않았음이 입증될 것이라고 생각한다.

때로 투자자들은 자의와 상관없이 가격 추세를 따라야 한다고 느끼기도 한다. 이는 일종의 '대용변수에 의한 쏠림 현상 Herding by proxy'이다. 다른 투자자들이 해당 종목을 매수하고 있다는 사실은 알지만, 정확히 누가 매입하는지는 모른다. 추세장이 형성되면 대다수 투자자는 가격 변동을 이끄는 사람들이야말로 미래를 더 잘 알고 있을 것이라고 믿게 된다. 그래서 추세를 더 많이 좇는다.

심지어는 유리한 추세에서 가격을 '확인'한 다음에야 투자를 시작하는 투자자도 있다. 예상했던 가격 변동이 본인의 생각이 옳았다는 것을 확인하고 나서야 그들은 안심하고 포지션을 구축한다.

시장이 급락해 투자자들이 초조해지면, 그들은 최상의 대응법을 알아내기 위해 누구나 인정하는 리더들의 행동을 주시한다. 특히 투자자들은 본인과 비슷하다고 생각되는 리더들의 행동을 관찰한다. 투자자가 월스트리트의 유명 투자자보다 본인이 속한 투자 클럽의 회원들에게 더 동질감을 느끼면 그는 불확실한 시기에는 같은 회원들의 행동을, 특히 클럽이 인정하는 리더들의 행동을 본인의 지침으로 삼는다.

사회 비교, 타인의 성취가 나의 결핍이 되다

알렉산더의 일대기를 읽다가 카이사르는 생각에 잠겨 한참을 앉아 있더니, 이윽고 눈물을 쏟았다. 친구들이 놀라서 그 이유를 묻자, 카이사르가 답했다.
"그대들은 내가 눈물을 흘릴 이유가 없다고 생각하겠지. 하지만 지금의 내 나이에 알렉산더는 그토록 많은 나라를 정복했는데, 이제까지 나는 기념할 만한 일을 해놓은 것이 하나도 없지 않은가?"
– 《플루타르크 영웅전》에서 카이사르 편

당시 30대 중반이었던 카이사르는 키케로에 이어 두 번째로 저명한 율법학자로 알려져 있었지만, 개인적으로는 상당한 빚을 지고 있었다. 그가 세운 뛰어난 군사적 업적은 모두 알렉산더 대왕의 일대기를 읽은 직후부터 시작되었다. 카이사르는 즉시 빚을 청산하고 스페인의 자치 부족들을 정복해 나갔다.

카이사르는 바람직하지 않은 '사회 비교Social comparison'에 반응했던 셈이다. 그는 알렉산더 대왕의 생애를 토대로 자신의 목표와 개인적인 기대를 설정했으며, 역할 모델과 비교해 자신의 성취도를 평가했다. 알렉산더의 업적보다 자신의 업적이 한참 뒤처져 있다고 생각한 카이사르는, 즉시 자신의 공신력을 수습하고 군사적 평판과 정치적 입지를 키우는 작업에 착수했다.

개인이 자신의 재무 상태에 만족하는 수준도 사회 비교 이론을 통해 설명할 수 있다. 대다수 사람은 본인의 재산을 생각할 때는 '작은 연못의 큰 물고기'가 되는 편을 더 선호한다.

하버드 대학교의 학자들은 실험 참가자들에게 평균 소득이 25,000달러인 집단에서 연소득 5만 달러를 버는 것과, 평균 소득이 20만 달러인 집단에서 연소득 10만 달러를 버는 것 사이에서 어느 쪽에 속하고 싶은지를 물어봤다. 159명의 학생이 실험에 참여했고, 그중 52%는 전자 5만 달러 소득를 선택했다. 교수들과 직원들 75명에게 물었을 때도 32%가 비슷한 대답을 했다. 그들은 절대치에서는 반에 불과할지라도 집단 평균 소득의 두 배를 버는 쪽을 선호했다.

동등 집단과의 비교는 목표 추구를 견인하며 또한 깊은 두려움을 극복하기 위한 동기도 부여해준다. 사회학습 이론의 주창자인 앨버트 밴두라가 입증했다시피, 인간은 비슷한 공포증이 있다고 생각되는 사람이 그런 증상을 이겨내는 모습을 관찰하기만 해도 자신의 공포증을 극복할 수 있다.

뱀을 무서워하는 것과 같은 파충류 공포증이 있는 성인은 영화에서 배우들이 처음에는 뱀을 무서워하다가 시간이 지날수록 점차 공포증을 벗어나는 모습을 보면서, 본인 역시 공포증을 치료하게 된다. 심지어 영화의 결말에서는 배우들이 뱀을 어깨에 두르고 있어도 아무렇지 않게 여긴다.

밴두라는 보육원에 다니는 아이 중 개를 무서워하는 아이들을 연구했다. 개를 무서워하는 아이들에게 매일 20분씩 다른 아이가 개와 노는 모습을 지켜보게 했다. 나흘이 지나자 개를 무서워하던 아이들의 67%는 강아지와 함께 안전용 펜스 안에 있어도 무서워하지 않았으며, 다른 사람들이 방을 나간 동안에도 강아지를 토닥거리고 어루만졌다. 다른 아이들이 강아지와 함께 노는 영상을 보게 했더니 아이들은 훨씬 빨리 공포증을 극복했다.

밴두라의 연구를 투자자들의 리스크 회피가 낮아지는 현상에 적용할 수 있다. **다른 투자자들이 리스크가 높은 분야의 종목을 활발히 매수하는 모습을 보면 리스크에 대한 두려움이 줄어든다.** 나 혼자 판단해야 했다면 결코 뉴로셀 주식을 사지 않았을 것이다. 하지만 친구인 F를 비롯해 다른 친구들도 뉴로셀 주식을 사고 있다는 소식을 들은 뒤에 내 리스크 인지가 낮아졌다.

내가 직접 분석이나 조사를 하지 않았으면서도 나는 다른 사람들의 행동을 보면서 뉴로셀이 분명히 성공적인 투자가 될 것이라고 확신했다. **이익이 보장되고 함께 기쁨을 나누자는 사이렌의 노랫소리 때문에, 나는 평상시의 경계 태세를 낮추고 말았다.**

솔로몬 애쉬와 동조 현상

1951년 미국의 사회심리학자 솔로몬 애쉬는 타인으로부터의 압력이 개인의 인지에 어느 정도나 영향을 미치는지 알아보기 위한 실험을 고안했다. 실험 참가자는 8~10명의 다른 '참가자'실제로는 연구진과 미리 말을 맞춘 사람들이었다과 한 집단을 이루게 했다.

참가자 집단에게 다음 그림을 보여준 후 시각적 인지 연구가 실험의 목표라고 말해줬다. 집단에서 실험 참가자미리 말을 맞춘 사람 한 명을 골라 선 ②의 Ⓐ, Ⓑ, Ⓒ 중 어느 것이 선 ①과 가장 비슷한지 큰 소리로 말하게 했다. 진짜 피실험자는 두 번째로 답하게 했다.

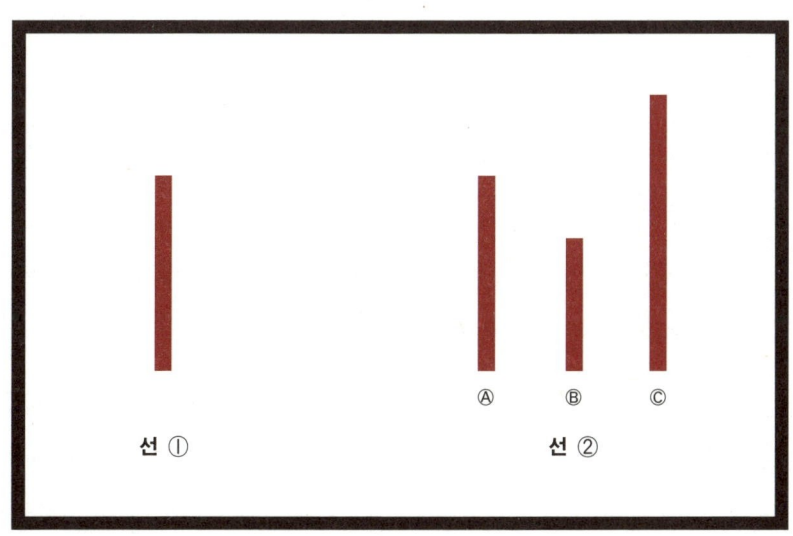

※ 솔로몬 애쉬의 실험에 사용되었던 것과 유사한 형태의 막대 그림

실험 전에 먼저 지시받은 참가자는 실험이 18번 진행되면, 그중 12번은 선 ②의 ⓑ나 ⓒ가 선 ①과 가장 비슷하다고 답했다. 물론 오답이었다. 50명의 피실험자 중에서 37명이 적어도 한 번은 다수의 의견에 동조했으며, 12번의 실험에서 평균적으로는 네 번을 동조했다.

추가 실험을 진행한 후에 애쉬는 **인간이 다수에 동조하는 데에는 크게 두 가지 이유가 있다는 결론을 내렸다. 첫 번째는 집단의 호감을 받고 싶어 하기 때문이고, 두 번째는 집단의 판단이 본인보다 훌륭하고 생각하기 때문이다.**

정보 캐스케이드 현상

투자자들이 투자 정보를 얻는 곳은 대개가 비슷하다. 데이터 제공 서비스회사, 증권거래소 보고서, 기업의 고객과 공급업체, 기업 임직원, 언론 등이다. 투자자들은 각기 다른 방식으로 정보를 처리하지만, 그들이 정보를 얻는 출처는 제한적이다.

가끔은 입수한 정보로 투자자들이 비슷한 결론을 내리기도 한다. 비슷한 결론이 내려진 순간 시장의 가격 변동이 발생한다. 어떤 투자자는 시장의 가격 행보만을 행동 지침으로 삼는데, 이는 시장의 가격이 자신보다 정보력이 뛰어난 투자자들의 행동을 대변한다고 생각하기 때문이다. **먼저 행동한 사람들을 관찰한 뒤, 그들의 행동을 그대로 흉내낼 때 일어나는 현상이 바로 '정보 캐스케이드**Information cascade**'다.**

타인의 생각과 행동을 전달함으로써 정보 캐스케이드 현상을 유도하는 것은 비단 주가의 움직임만이 아니다. 많은 투자자가 본인도 의식하지 못하는 사이에 동료와 미디어의 유명 인사들이 보내는 언어, 감정 신호, 보디랭귀지를 관찰한다. 이런 비언어적 소통에는 '시장의 맥박'이 반영되어 있다.

비언어적 소통의 이면에는 상호 행동을 자주하는 투자자일수록 서로 비슷하게 생각하고 행동할 가능성이 높아진다는 문제가 있다. 그들은 새로운 정보를 접하면 비슷한 결론을 내리고 비슷하게 반응한다.

이런 집단에 속한 사람들의 언어 신호와 비언어 신호를 연구하면 그들이 집단적으로 어떻게 생각하는지 통찰력을 얻을 수 있다. Chapter 1 〈투자 심리를 지배하는 보이지 않는 손들〉에서도 나왔듯이, 집단의 편향된 사고방식을 이해함으로써 외부인은 시장 기회를 식별하는 능력을 기를 수 있게 된다.

주식 사이트 게시판은 주가의 향방을 논하고, 더불어 서로의 능력을 저울질하기를 원하는 투자자들이 일반적으로 모이는 장소다. 게시판에는 욕설과 거친 말들이 난무하지만, 그 와중에도 학자들은 게시판 이용자들의 언어에서 놀랍게도 유의미하고 실질적인 정보를 뽑아낼 수 있다는 사실을 알아냈다.

산타클라라 대학교 산지브 다스 교수와 동료들은 기술적으로 까다롭지만 흥미로운 연구를 진행했다. 이들은 7개월 동안 12,000명의 주식 사이트 게시판 이용자들이 올린 10만 3,000개의 글을 분석했다.

연구진은 포스팅의 수, 주식 거래량, 이후 주식의 실적 저조 사이에

양의 상관관계가 있다는 사실을 발견했다. 주가가 하락할수록 게시판에 올라오는 글이 늘어나며, 주가 하락에 대한 투자자들의 의견도 다양해졌다. 그리고 낙관적인 전망이 사라졌다. 주가 반등을 바라는 투자자들이 올린 글에는 손실 회피의 성향이 뚜렷하게 나타났다. 게시판 전체의 분위기는 최근의 거래량과 가격 등락에 직접적으로 좌우되었다. 다스의 말을 빌리면, 게시판의 분위기를 읽는다 해도 시장을 예측하는 능력은 크게 향상되지 않았다.

좋은 옷, 빠른 차, 근사한 직함

어떤 사람을 처음으로 만나게 되면 흔히 그 사람의 업무 분야를 물어본다. 명함에는 그 사람의 조직 내 직위가 적혀 있다. 회사 웹사이트의 임직원 이력 소개란에는 다닌 학교, 학위, 업무 내용, 발표한 논문과 책을 알려준다. 훌륭한 이력이 그 사람의 권위를 세워주기는 하지만, 실제로 유능한지는 따로 알아봐야 한다.

멀리서 봤을 때 직함과 경력보다도 훨씬 쉽게 눈에 띠면서 권위를 전달하는 것이 바로 옷차림이다. 옷차림 외에 보석과 자동차도 부를 시각적으로 보여주는 신호다.

텍사스에서 진행된 실험이 있다. 똑같이 무단횡단을 하는 사람이라도, 작업복을 입었을 때와 고급 양복을 입었을 때 사람들의 반응이 다르다는 사실을 발견했다. 양복을 입은 무단횡단자를 따라 건너는 사람이, 작업복을 입은 사람보다 3.5배나 더 많았다. 옷차림 외에 보석과 자동차도 부를 시각적으로 보여주는 신호다.

샌프란시스코에서 진행된 실험도 있다. 고급 세단을 모는 연구원과 경차를 모는 연구원이 녹색불이 켜졌는데도 앞으로 가지 않았다. 경차 뒤에 오던 거의 모든 운전자가 경적을 울려댔으며, 심지어 두 사람은 뒤 범퍼를 들이박기까지 했다. 고급 세단 뒤에 오던 운전자들은 세단이 출발할 때까지 가만히 기다렸으며 경적도 울리지 않았다.

우리 대부분은 자신이 이렇게까지 권위에 복종한다는 것을 믿지 못한다. 고급 세단 뒤에서 가만히 기다리지도 않고, 전문가의 추천일지라도 무조건 따르지도 않을 것이라고 말한다.

샌프란시스코의 연구진은 학생들에게 녹색불이 켜진 상태에서 바로 앞에 고급 세단이나 경차가 있을 때 자신이 어떻게 행동하게 될지 예상해보라고 했다. 남학생들은 경차보다는 세단이 바로 앞에 있을 때 경적을 더 크게 울릴 것이라고 답했다. 그들의 예상은 실제 행동과는 정반대였다.

사회심리학자인 로버트 치알디니의 설명에 따르면, 권위에 대한 복종은 의식 아래에서 발생하는 '자극과 즉각적 반응'이다. **권위자의 지시를 받으면 우리는 잠재의식 속에서 상황에 대한 '생각'에서 '반응'으로 옮겨간다. 인정할 수 있는 권위자에게서 나오는 정보는 그 상황에서 어떻게 행동해야 할지 결정을 내릴 수 있도록 귀중한 지름길을 제공해준다.**

금융 애널리스트들은 월스트리트에서 해당 종목과 시장 분야의 권위자들이다. 그들의 의견과 추천은 증권시장에서 수십억 달러를 움직이게 만든다. 투자자들이 애널리스트들의 추천 종목으로 쏠려도 전혀 놀랄 일이 아니다.

하지만 애널리스트가 부패하거나 비윤리적이라면 이런 쏠림 현상은 큰 문제가 된다. 1990년대 후반 인터넷 종목의 스타급 애널리스트들인 헨리 블로젯, 메리 미커, 애비 조지프 코헨이 '사라'고 추천했을 때 수백만의 투자자가 무턱대고 돈을 걸었다.

애널리스트들의 권위 남용

증권 애널리스트들은 압박감이 매우 심한 환경에서 일하면서도 기업 경영진과는 친밀한 관계를 발전시키기 위해 노력해야 한다. 신용평가기관은 그들이 추천한 종목의 실적을 면밀히 관찰한다. 더 성공한 애널리스트가 종목 추천을 바꾸면 신참 애널리스트는 '리더의 의견을 따라야 한다'는 심리적 압박을 느낀다. 놀랄 일도 아니다.

재무학 교수인 이보 웰치는 애널리스트들이 다른 애널리스트의 의견에 크게 영향을 받는다는 사실을 발견했다. 어떤 애널리스트가 매매 추천 종목에 대한 의견을 바꾸면, 두 명의 애널리스트가 영향을 받아 추천 종목을 바꿨다.

1990년대 말 월스트리트에서는 고액 연봉을 받는 대다수 주식 애널리스트들이 실제로는 고려할 가치도 없다고 여기는 주식을 추천하라는 압력을 받았다. 메릴린치, 도이체 방크, 모건 스탠리 등 애널리스트가 일하는 대형 투자은행들은 애널리스트들이 추천한 기업들과 금융 거래를 해 높은 수익을 올리기를 원했다. 결국 투자은행들은 자신들과 자금을 거래하는 기업의 주식을 매도하라고 권유하는 애널리스트들을 강등시키거나 해고해야 했다.

모건 스탠리는 프라이스라인의 자본 조달을 대행해주며 수백만 달러를 벌었다. 모건 스탠리의 인터넷 종목 애널리스트인 메리 미커는 프라이스라인의 주식을 주당 134달러에 매수하라고 추천했다. 주가가 78달러로 떨어졌을 때도 매수 추천을 반복했으며, 심지어는 주당순자산이 3달러 이하로 떨어졌을 때도 계속해서 프라이스라인의 주식 매수를 권유했다.

메릴린치의 헨리 블로젯은 펫츠닷컴을 추천했다. 펫츠닷컴은 메릴린치를 통해 대부분의 자본을 조달했고, 이 투자은행도 수백만 달러의 수수료를 챙겼다. 블로젯은 주당 16달러에서 펫츠닷컴의 주식을 사라고 추천했다. 주가가 7달러로 떨어졌을 때도 매수 의견을 거듭했다. 심지어 1.69달러로 내려갔을 때도 매수 의견만을 내놓았다. 주가가 1.43달러로 내려가자 블로젯은 투자 의견을 하향했지만, 이때도 '저가 매집'의 기회라고 말했다.

결국 펫츠닷컴은 거래소에서 제명되었다. 투자자들은 한 푼도 건지지 못했지만, 2000년에 미커와 블로젯은 각기 1,500만 달러에 이르는 연봉을 챙겼다.

경제전문 TV채널들도 인터넷주 열기를 부추겼다. CNBC와 CNNfn을 비롯해 여러 경제전문 TV채널들은 프로그램이 돋보이도록 유명 게스트를 초빙해야 했다. 마크 헤인스가 진행하는 CNBC의 〈스쿼크 박스〉에도 애널리스트들이 출연했다. 헤인스는 애널리스트가 종목을 추천한 다음에는 '시세창을 내려다보면 갑자기 그 종목이 5달러에서 10달러가 껑충 뛰어 있었다'고 기억한다.

주식투자라고는 처음 해보는 수천 명의 사람들이 초빙된 애널리스트의 말을 충실히 따랐지만, 이 시청자들은 애널리스트의 객관적인 종목 추천과 그의 연소득 사이에 이해관계가 있을지도 모른다는 사실은 꿈에도 짐작하지 못했다. 현재 CNBC는 게스트에게 이해관계가 있는 종목에 대해서는 프로그램 출연 전에 미리 밝혀달라고 요구한다.

이런 상충한 이해관계는 월스트리트에서는 너무나도 잘 알려져 있다. 하지만 불행하게도 아마추어 인터넷 종목 투자자들에게는, 그 사실이 어느 정도 가려져 있다. 2000년부터 2002년까지 애널리스트의 종목 추천에 따랐다가 수백만 달러를 잃은 유권자들을 달래기 위해 정치권은 분노를 표했다.

투자자들이 손실을 본 이유가 내심으로는 무가치하다고 여기는 주식을 비윤리적하지만 법에 저촉되지 않게으로 추천한 애널리스트들의 잘못 때문일까? 탐욕에 이끌려 전문가라는 사람들의 조언만 믿고 쓰레기나 다름없는 주식에 우르르 몰려들었던, 수백만 투자자는 아무 잘못도 없다고 말할 수 있을까?

뮤추얼펀드 역시 쏠림 현상을 크게 보이는데, 특히 성장주와 소형주 지향의 펀드일수록 그런 성향이 뚜렷하게 나타난다. 펀드의 쏠림 현상이 항상 비합리적인 것만은 아니다. 실제로 뮤추얼펀드의 선두주자들에게는 쏠림 현상이 높은 수익을 벌어주기도 한다. 쏠림 현상으로 매수되는 주식은 매도되는 주식에 비해 이후 6개월 동안 4% 정도 더 높은 실적을 올린다.

뮤추얼펀드의 쏠림 현상은 포트폴리오 매니저들의 입소문 전달과 관련이 있다. 실제로 같은 도시에 사는 포트폴리오 매니저들일수록 쏠림 행동을 더 많이 보인다. 미국 15개 대도시에 본사를 둔 1,635개의 뮤추얼펀드를 대상으로 한 조사에서, 같은 도시에 있는 펀드끼리 협력해서 자주 대규모 거래를 진행하는 경우가 많았다.

학자들은 애널리스트들이 이른바 '은밀한' 정보를 어떻게 다루는지 유심히 관찰했다. 그들은 1985년부터 2001년까지 3,195개 회사의 5,306명 애널리스트가 행했던 130만 개의 시장 예측을 표집으로 삼았다. 평균적으로 애널리스트들은 은밀하다고 생각되는 정보를 더 중시하는 편이었다.

하지만 애널리스트들은 자신의 예측이 전체보다 낙관적일 때 은밀한 정보를 비중 있게 다뤘지만, 반대로 전체에 비해 자신의 예측이 비관적이라고 판단될 경우에는 은밀한 정보를 의도적으로 무시했다. 다시 말해 대다수 애널리스트는 해당 기업을 낙관적으로 평가하는 수단으로써 은밀한 정보를 해석한다.

연구진의 결론에 따르면 **애널리스트들이 정보의 경중을 잘못 매기는 이유는, 어떤 특정한 인지 편향 때문이 아니라 자신이 근무하는 금융회사에 더 많은 거래 수수료를 벌어주기 위해서였다.**

개인투자자는 본인의 무의식적인 편향이 어떤 식으로 투자수익을 방해하는지 이해하는 순간 약간의 자기혐오를 느낄 수도 있다. 이처럼 불리한 심리적 환경에서도 성공적으로 투자를 하려면 어떻게 해야 할까? 이를 위해 일부 개인투자자들은 시장에서 자신과 반대되는 시각을 활용하기도 한다.

추세를 거스르는 라이프 스타일

스스로를 통념과 반대로 투자하는 역투자자라고 생각한다면 그 사람은 '역추세 매매자'에 속한다고 볼 수 있다. 하나로 정해진 인성 유형은 존재하지 않지만, 대다수 역투자자는 인기 있는 투자 기법이나 권위자 집단을 의심의 눈초리로 바라본다. 일전에 고집이 센 역투자자와 근사한 전화 통화를 나눈 적이 있었다.

제임스는 런던의 객장 트레이더로 일하다 미국으로 건너와 헤지펀드를 차렸다. 그는 객장에서 꽤 훌륭한 실적을 거뒀으며, 트레이더로서도 나무랄 데 없는 명성을 누리고 있었다. 안타깝게도 그의 동료들은 그를 조금도 존중하지 않았다. 그는 그 이유를 이렇게 설명했다.

"리더가 말하면 무조건 따르더군요. 너무 바보 같아서 구역질이 날 정도입니다."

제임스는 헤지펀드를 마케팅할 때도 상대방을 경시하는 태도를 보였기 때문에 어려움이 많았다.

"시장에 대해서는 하나도 모르더군요. 남들이 알아주는 학위가 있고,

연기금에 아는 사람이 있는 게 전부더군요."

그가 잠재 고객에게 상당히 적대적으로 구는 듯 보인다는 나의 말에 제임스는 대답했다.

"그냥, 전 멍청이가 싫을 뿐입니다."

그는 합리적으로 의견을 말하는 법을 몰랐다. 나는 다시 물었다.

"그럼, 펀드투자자를 어떻게 모을 겁니까?"

"나랑 비슷한 사람을 찾아야죠. 그러니까 시장이 어떻게 흘러가는지 진짜로 이해하는 사람들 말이에요."

"어렵지 않겠어요?"

"나는 추세를 쫓는 멍청이들을 이용해 돈을 법니다. 나는 추세가 언제 방향을 틀지 알고 있죠. 그게 내 재능입니다. 나는 결코 추세를 따라 거래하지 않습니다! 하지만 대부분의 투자자는 추세의 일부입니다. 그렇게 해서 처음에 추세가 만들어지게 되는 거죠. 대형 투자자도 연기금도, 내가 왜 다른 사람들과 똑같이 행동하지 않는지 이해를 못하더군요. 마치 미치광이 보듯이 나를 봅니다."

"그들에게 돈을 벌어주는데, 왜 당신을 미치광이라고 생각하는지 이해가 안 가는군요."

"내 성격이 그러니까요. 아시겠어요? 나는 다른 사람들이 하는 행동은 하지 않습니다. 극장에 가서도 줄이 길면 다른 영화를 보러 갑니다. 다른 사람들이 하는 행동은 절대 하지 않아요. 아내와 결혼한 것도 남들이 전혀 그럴 거라고 생각하지 않았기 때문이죠."

그는 뼛속까지 역투자자였고, 그 나름대로 성격에 맞는 시장의 틈새를 찾은 셈이었다. 그리고 그가 옳았을지도 모른다. 추세의 꼭대기나 바닥을 성공적으로 알아보는 투자자는 거의 없다. 그들은 스토리에 갇혀서 명확하거나 비판적으로 생각할 수 없기 때문이다.

가치투자와 역추세 전략은 역투자자의 성격에 더욱 부합된다. 역투자자들은 군중과 떨어져 기회를 찾아낼 수 있는 장점을 타고났다. 그들은 남들이 간과하는 부문에서 확실한 투자 기회를 추구하기도 한다. 결국 모든 산업 부문의 인기는 돌고 돌면서 언젠가는 시들해지기도 하고, 언젠가는 살아나기도 하기 마련이다.

역투자자들은 이제 막 추세가 오른 종목을 쇼팅했다가 뼈아픈 대가를 치르게 될 수도 있다. 역투자자라면 인기 있는 증권이나 분야를 쇼팅하기 전에 확실하게 인기가 꺾이거나 반전될 기미가 있는지 분명하게 확인해야 한다.

역투자 전략은 자기 파괴적인 투자 습관이 될 수도 있다. 역투자자를 자칭하는 일부 투자자들은 위험 징후만을 관찰한다. 그리고는 시장 붕괴를 애타게 기다리면서 장기적인 상승장을 누리지 못한다. 이것이 지나친 불안감과 건강한 비판적 사고의 차이며, 자신은 이 둘 중 어느 쪽인지 분명하게 이해해야 한다. 불안감에 휩싸인 사람들은 오랫동안 역투자 전략을 유지하지 못한다.

시장에서 쏠림 행동을 보이는 투자자들은 독자적으로 조사해 투자 결정을 내리기보다는 구루의 종목 추천, 조언, 소문을 따를 가능성이 훨씬 높다. 대다수가 투자자가 여기에 해당한다.

군중과 추세를 이해하기를 원한다면 군중의 행동 이면에 숨은 이유를 파악할 수 있는 시각을 유지해야 한다. 추세 추종자라면 자신의 사회적 인성에 부합하는 투자 전략 모멘텀 위주든 아니면 성장 위주든 을 고민해야 한다. '인기 있는' 부문에 투자하는 것도 나쁘지 않지만, 추세 변화를 인식할 수 있어야 하며 언제 포지션을 처분할지 명확한 규칙을 세워둬야 한다는 조건이 붙는다.

사교적인 성격이라면 그 장점을 충분히 살려라. 새로운 추세와 유행을 알아낸 다음, 이를 적절히 활용할 만한 전략이 있는지 살펴봐야 한다. CNBC와 경제전문지 등 유명 금융 미디어의 조언은 귀담아듣지 마라. 권위의 효과로 인해, 너도나도 미디어에서 열심히 선전하는 투자 종목의 막차에 뛰어오른다. 그리고 가는 길은 대개가 아주 험난하다.

Chapter 13

차트 읽기의 심리학 : 주식시장의 점성술

"충분히 독립적인 현상을 연구하고 상관관계를 찾는다면, 당연히 무언가가 발견될 것이다. 그것은 통계학자들이 말하는 '우호적 상황에 대한 계산 오류'에 불과하다."
- 칼 세이건

인간의 독창성은 무작위한 주식 데이터 속에서도 예측력을 확보하는 놀라운 힘을 발휘한다. 역사적으로 예언자들은 별의 움직임, 새의 이동, 조수의 변화 등 자연 현상을 관찰해 예측력을 발휘했다. 심지어 오늘날도 '금융 점성술' 웹사이트들은 점성술로 금융시장의 향방을 예언해주는 뉴스레터를 보낸다.

20세기 동안 주식시장에서는 여러 종류의 선행 지수들이 악명을 떨쳤다. 1920년대에는 '치마 길이' 지수가 인기가 있었다. 여성의 스커트 길이가 짧아질수록 증시가 올라간다는 내용이었는데, 이는 경기 호황 때의 자유분방한 태도에서 발단한 생각이었다.

슈퍼볼 지수는 NFL팀이 슈퍼볼에서 우승을 한 해에는 시장이 상승한다고 말했는데, 1967년부터 1997년까지 연간 증시 예측에서 90%의

적중률을 보였다. 그러나 슈퍼볼 지수나 치마 길이 지수나, 무작위한 우연의 일치에 불과하다.

계량적 도구를 이용한 시장 예측은 시각적인 도식화가 가능하다는 점에서 확실성의 매력이 있다. 시장 예측에 최초로 사용된 계량 분석 도구는 일찍이 17세기 일본의 쌀 상인들이 개발했다고 알려진 양초형 차트Candlestick chart, 하루 중 가격 움직임을 하나의 양초 모양으로 요약한 차트다. 다른 말로는 봉차트라고도 한다다.

20세기 초에는 찰스 다우가 시장을 예측하기 위해 가격 차트를 이용했다. 20세기 말 컴퓨터의 프로세싱 파워가 비약적으로 증가하면서 이런 도표 도구들은 모두 컴퓨터에 병합되었다.

1980년대 초 가격 변동을 수학적으로 단순하게 예측하기 위한 거래의 전산화가 무사히 정착했다. 1990년대 초 카오스 이론과 복잡계 이론이 혁신적인 시장 예측 기법이라며 등장했지만, 이들 역시 일관되게 시장을 이기는 모델을 제공하지는 못했다.

1990년대 중반, 신경망Neural network이 과거 가격 데이터를 분석해서 미래 가격을 예측하는 데 도움이 되는 패턴을 찾기 위한 통계 도구로 주목받기 시작했다. 이들 통계 도구는 나름의 가치를 지니지만, 이론의 신봉자들이 주장했던 것처럼 시장의 근본적인 패러다임의 변화를 불러오지는 못했다.

컴퓨팅 파워가 늘어나면서 과거에는 접근하지 못했던 분야에서 예측을 위한 상관관계를 찾을 수 있게 되었다. 데이터 마이닝은 수백만 개의 데이터 포인트Data point, 하나의 모집단에 대한 일련의 측정값이며, 데이터 포인트가 많을수록 샘플 수가 늘어나게 된다를 검토해 시장 예측을 위한 잠재 변수를 알려준다. 하지만 불행하게도 컴퓨터를 통한 데이터 분석 역시 수천 가지 새로운 자기기만을 만들어내기도 한다.

인공신경망, 주식시장은 학습할 수 없다

월스트리트에서는 컴퓨터가 계량 분석이든, 기술 분석이든, 펀더멘털 분석이든 사실상 거의 모든 주식 분석의 플랫폼 역할을 한다. 월스트리트 일각에서는 컴퓨터의 투자 결정 능력이 인간보다 더 뛰어나다고 여긴다. 이런 시각에는 인간이 직접 기계를 조작하면 본인의 결함을 시스템에 반영하지 못한다는 전제가 깔려 있다.

나는 계량 분석 예측 도구의 결함으로 인해 뼈아픈 경험을 치른 적이 있다. 2005년과 2006년 동안 나는 신경망여기서는 생물학적 뉴런의 특징을 흉내 낸 프로그래밍 구조를 의미한다과 유전자 학습 알고리즘을 이용해 주가 데이터의 패턴을 찾아내는 금융 소프트웨어를 개발했다. 이 예측 소프트웨어가 시장을 상당히 정확하게 예측했기 때문에 처음에는 대단한 업적이라는 생각이 들었다. 실제 트레이딩에 이용했을 때 소프트웨어는 처음 6개월 동안 시장의 방향을 59%나 정확하게 예측했다.

하지만 그때부터 소프트웨어의 예측 능력이 떨어지기 시작했다. 소프트웨어를 실행한 지 1년이 지나 2006년이 되자 정확성이 53%로 떨어졌다. 그 결과 나는 새로운 예측 소프트웨어를 개발했다. 새 소프트웨어도 처음 몇 달은 좋았지만, 이윽고 정확성이 떨어지기 시작했다. 2007년이 되자 새로운 계량 분석 소프트웨어는 개발해도 별 소용이 없을 정도가 되었다.

분명히 말하지만, 2000년대 초와 중반에 훌륭하게 주가 패턴을 인식했던 도구들은 이제 그 소용성이 완전히 사라져 버렸다.

투자자들이 비합리적인 가격을 찾아내 매매 활동차익 거래을 하게 되면 주가는 적정 가격을 향해 나아가고, 차익 거래의 장점도 점차로 감소하게 된다. 잘못된 시장 가격을 이용하기 위해 충분히 많은 돈이 움직이는 순간, 우위는 완전히 사라지게 된다.

내가 이용한 신경망이 시장을 더 이상 예측하지 못한 것도 아마 그런 이유 때문일지도 모른다. 너무나 많은 사람들이 비슷한 도구를 이용해 똑같은 이익 기회를 찾아내려 했기 때문이다. 이익 기회를 남김없이 찾아내면서 기회가 사라져 버렸던 것이다.

내 경험을 말하는 데에는 그럴 만한 이유가 있다. **우리가 데이터의 패턴을 찾아낸다면 다른 누군가도 똑같은 패턴을 찾아낼 가능성이 크다.** 충분히 많은 돈이 기회를 좇으면 기회는 재빨리 사라진다. 나 역시 이렇게 빨리 사라지는 이익 기회를 두 눈으로 직접 경험했다.

시장은 언제나 진화하며, 계량적으로 분석할 수 있는 패턴은 언젠가는 발견될 수밖에 없다. 하지만 인간의 뇌에서 기원하는 가격 패턴은 아주 오랫동안 사라지지 않고 남아 있다.

데이터 마이닝과 자기기만

|

방대한 금융 데이터에서 가격 예측을 위해 패턴을 찾아내는 것을 '데이터 마이닝Data Mining, 대규모 데이터 세트에서 숨겨진 패턴, 관계 및 정보를 발견하는 과정'이라고 한다. 데이터 마이닝은 임의적인 우연의 일치를 자주 이끌어낸다. '수비학자Numerologist, 데이터 측정값과 사건 사이에 신비하거나 특별한 관계가 존재하는지 탐구하는 사람나 부주의한 통계학자들은 이런 임의적 우연의 일치에 곧잘 속아 넘어가기도 한다.

증시 예측에 도움되는 관계를 찾아내려면 정부의 경제 통계 수치, 과거 금융시장의 가격 변동, 인터넷 글, 기업 데이터 등 방대한 데이터베이스를 샅샅이 뒤져야 할 수도 있다.

데이비드 레인웨버는 하버드 대학교에서 수학 박사 학위를 딴 뒤 퍼스트 쿼드런트와 코덱스를 비롯해 월스트리트의 여러 대형 기관에서 트레이딩 기술을 담당했다. 1990년대 초 월스트리트 사람들이 컴퓨터로 발견한 데이터의 상관관계가 무의미하다는 사실에 주목하고는, 이런 무가치한 결과는 무시해도 상관없다는 결론을 내렸다. 이를 토대로 그는 '어리석은 데이터 마이닝 기술, S&P의 통계 과적합'이라는 제목의 논문을 작성했다.

레인웨버는 미국의 상품 생산 통계 데이터베이스를 분석했다. 과연 이 통계 수치와 S&P 500 사이에서 상관관계를 발견할 수 있을지 그도 의문이었다. 방글라데시의 버터 생산을 이용했을 때 S&P 500 표집의 예측 정확도는 75%였다. 뉴질랜드의 양고기 생산량을 모델에 대입했을 때는 정확도가 90% 이상으로 올라갔다. **레인웨버는 대수롭지 않다는 듯 이런 식으로 분석했는데, 무작위한 데이터에서 정확도가 높은 관계를 찾아내기가 얼마나 쉬운지 보여주기 위해서였다.**

불행하게도 금융 미디어도 시장 데이터의 어리석은 상관관계를 심심치 않게 부추긴다. 이스라엘의 레바논 공격이 시작된 직후인 2006년 7월 17일, 〈월스트리트 저널〉의 머니 앤 인베스팅 섹션은 '해외가 전쟁 중이어도 시장의 침착함은 유지된다'는 제목의 기사를 머리기사로 보도했다. 기사는 1967년 이후 다섯 차례의 중동 전쟁이 발발하고 1년 동안 미국의 증시 상황을 일별로 제시한 표를 보여줬다.

다섯 번의 전쟁 중 미국 증시가 일주일과 일 년 동안 상승한 플러스수익률 경우는 세 번이나 되었다. 〈월스트리트 저널〉은 '중동 전쟁이 미국 증시에 장기적인 피해를 입힌 경우는 거의 없었다'는 결론을 내렸다. 내가 기사의 내용을 지지하든 아니든, 표본 다섯 개로는 통계적으로 유의미한 결론을 이끌어내기에 한참이나 부족하다는 사실이 기사에서는 언급되지 않았다.

야구 점수를 이용해서 주식시장을 예측하려고 하든, 아니면 방글라데시의 버터 생산이나 신경망, 심지어는 과거의 가격 데이터와 도표를 이용하든, 통계적 과대적합 Overfitting, 모델이 훈련 데이터에 지나치게 맞춰져서 새로운 데이터에 대한 예측 성능이 떨어지는 현상이나 표본 부족 그리고 특히 자기기만에 빠지지 않도록 조심해야 한다.

추세 VS 평균회귀 편향

경제학자들은 기술 분석을 위시해 차트 기법의 장점들에 이견을 보여 왔다. 앤드류 로는 이렇게 말한다.

"차트 투자 기법의 중요한 문제는 기술 분석 자체가 주관적 성격이 대단히 높다는 것이다. 과거의 주가 차트에서 기하학적 형태가 존재하는지 아닌지는, 종종 보는 사람의 눈에 좌우된다."

《시장 변화를 이기는 투자》에서 버튼 맬킬은 이렇게 말한다.

"과학적으로 엄격히 조사하면 차트 분석은 연금술과 같은 기둥을 공유한다."

하지만 전설적 투자자 조지 소로스는 주식시장의 추세에 대해 이렇게 정의하고 있다.

"불확실성이 높을수록 사람들은 시장의 추세에 영향을 받는다. 그리고 추세를 따르는 투기의 영향이 높아질수록 상황은 더욱 불확실해진다."

기술 분석가들은 가격 추세를 가늠하기 위해 '지지', '저항' 등의 단어를 사용해서 차트에 표시하곤 한다. 학계의 회의적 시각에도 불구하고 많은 개인투자자가 차트를 이용해 투자를 결정한다. 하지만 다른 정보를 무시하고 차트에만 너무 의존하면 실적이 크게 손상될 수 있다.

심리학자들은 투자자의 주식 매수 결정이 차트상에서 가격 정보가 어떻게 표현되어 있는지에 따라 달라진다는 사실을 발견했다. 두드러진 고점과 저점, 최근의 가격 추세, 그리고 주가의 장기 평균과 같은 차트 정보가 투자자의 결정에 영향을 미친다.

투자자가 보는 차트가 장기적으로 상승하는 가격 추세를 보인다면, 투자자는 미래에도 그런 추세가 이어질 것이라고 생각하기 때문에 주식 매입 쪽으로 결정을 내릴 가능성이 높다. 차트가 장기적으로 하향하는 가격 추세를 보인다면, 매도 결정을 내릴 가능성이 높다.

장기 이동평균 추세보다 높은 가격이나 낮은 가격으로 거래되는 주식은 '평균으로 회귀'한다고 여겨진다. 평균회귀란 주가가 이동평균에서 일탈했을지라도 언젠가는 원래 경로로 회귀해 평균 수준을 회복한다는 개념을 의미한다. 평균회귀는 말만 복잡할 뿐 결국 '올라간 것은 내려가기 마련이다'는 의미로 생각하면 된다. 그래서 차트에서의 '지지선'과 '저항선'은 주가가 평균으로 회귀할 것으로 예상되는 지점을 의미하며, 만약 주가가 평균으로 회귀하지 않을 때는 '붕괴'라고 한다.

게다가 장기이동평균보다는 최근의 주가 추세가 투자자의 매매 결정에 더 큰 영향을 미친다. 보통 투자자는 최근의 가격 추세가 상승 방향으로 움직이면 미래의 수익률을 긍정적으로 예측하게 되는 반면, 반대로 최근의 가격 추세가 하락 방향이라면 수익률을 부정적으로 예측하게 된다.

내가 진행하는 행동재무학 워크숍에서 나는 참가자들에게 가상의 주식을 제시하고, 어느 쪽을 매입하고 어느 쪽을 매도할지 결정을 내려달라고 요구했다. 참가자들에게는 그림 Ⓐ와 그림 Ⓑ를 보여줬다.

두 주가 차트 모두 평균회귀와 최근의 가격 추세 사이에 충돌이 있다. 워크숍에 참여한 투자자들 대부분평균 60%은 그림 Ⓐ의 주식을 매입

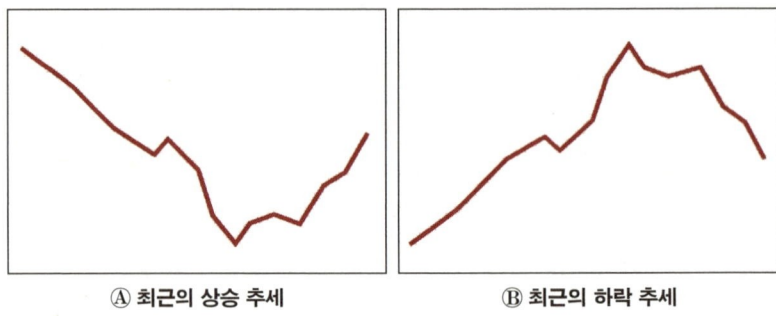

ⓐ 최근의 상승 추세　　　　ⓑ 최근의 하락 추세

하기로 선택하는 반면, 나머지 40%는 그림 ⓑ의 주식을 선택했다. 기본적으로 그들의 선택은 투자 결정을 내릴 때 최근의 가격 추세에서 더 큰 영향을 받는다는 사실을 드러낸다.

만약 그림 ⓐ에서 최근의 상승 추세가 더 짧고 마지막까지 이동평균 이상으로 올라오지 못한다면, 최근의 가격 추세와 평균회귀 효과 때문에 이 주식을 매수하겠다고 선택하는 투자자는 거의 없을 것이다. 차트를 이용하는 투자자들은 대체적으로 미래의 주식 방향을 예상할 때 평균회귀와 최근의 가격 추세를 모두 감안한다.

투자자가 가격 추세나 평균회귀가 지속될 것이라고 믿을지 아닐지는 차트에 나타난 주가 추세의 길이에 따라 달라진다. 추세가 짧으면 투자자들은 '핫핸드 편향Hot hands bias, 지금까지 잇따라 높은 수익을 낸 종목이나 펀드가 앞으로도 좋은 성과를 낼 것이라고 기대하는 편향'에 빠져 최근의 추세가 계속 이어질 것이라고 믿는다. 반대로 추세가 길면 투자자들은 평균회귀가 일어날 것이라고 예상한다.

폴 슬로빅 교수는 장기적인 사고와 예측을 해야 할 경우에는 가용 정보를 취합해 일반화를 시도하게 된다고 말한다. 반면에 단기 예측을 해야 할 때는 사람들은 세부 사항에 근거해 예측한다. 장기 예측을 하는지, 아니면 단기 예측을 하는지에 따라 정보 처리 과정에도 체계적인 편향이 존재하게 된다.

차트를 믿는 순간, 확신이 된다

주가 차트에서 두드러진 고점이나 저점이 있으면 평균회귀의 편향이 작동하기 시작한다. 독일의 토마스 무스바일러와 카를 슈넬러는 투자자가 차트에 나타난 최근의 고점과 저점들로 기대치를 고정시킨다는 가설을 입증하기 위한 연구를 시작했다.

두 사람은 12개월짜리 주가 차트를 만들었다. 첫 번째는 정중선에서 시작해 시간이 지날수록 고점에 올랐다가 다시 정중선 바로 밑으로 떨어지는 차트였고 위쪽 그림, 두 번째는 정중선에서 시작해 바닥으로 내려갔다가 막판에는 정중선 바로 위까지 올라가는 차트였다 아래쪽 그림. 두 차트 모두 시작점부터 마지막인 12개월 뒤까지의 전체적인 평균수익률은 20%였다.

그런 다음 두 학자는 연구를 위해 개인투자자들과 전문투자자들을 모았다. 실험 참가자들에게는 가상의 회사와 이 회사의 펀더멘털, 과거 한 해 동안의 주가 차트를 보여주는 반 페이지짜리 설명서를 나눠줬다. 실험 참가자들은 두 주식의 12개월 뒤 가격을 예상한 다음 매매 결정

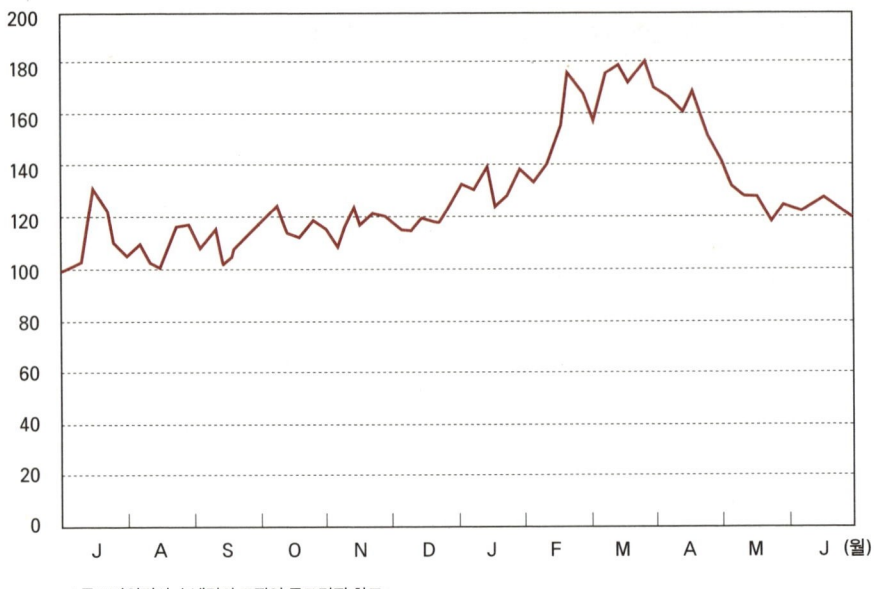

※ 무스바일러와 슈넬러의 고점이 두드러진 차트.

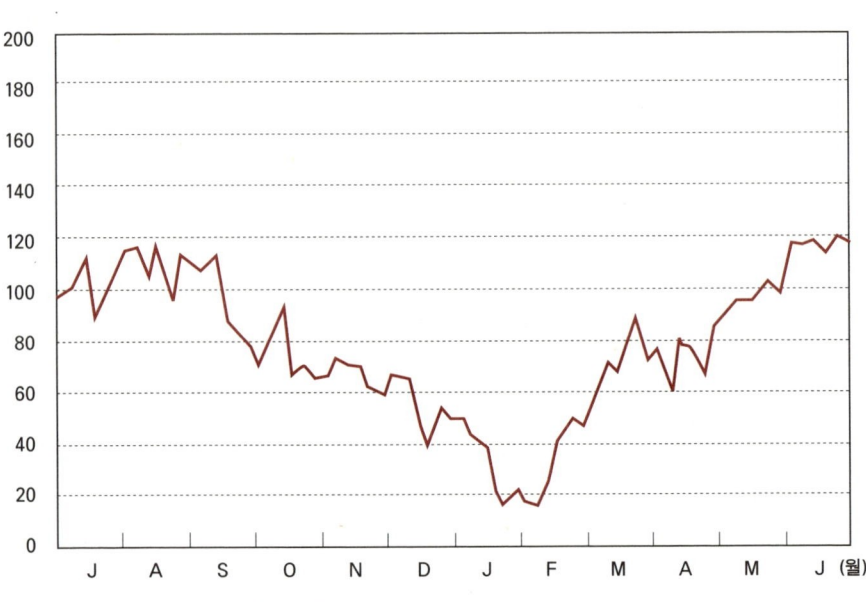

※ 무스바일러와 슈넬러의 저점이 두드러진 차트.

을 내려야 했다.

연구진은 차트만을 이용할 때 어떤 효과가 있는지 알아보고 싶었기 때문에, 차트 군데군데에 텍스트 정보를 무작위로 적어뒀다. 실험 참가자들은 모두 똑같은 내용의 텍스트 정보를 제공받았지만, 차트는 두 가지로 다르게 제시했다.

두 학자는 '비교 효과'를 언급하면서 실험 의도를 설명했다. 차트의 저점을 본 투자자는 저점의 원인을 설명해줄 부정적 정보를 찾는 데 주력하는 반면에, 고점이 있는 차트를 제공받은 투자자는 고점의 원인을 설명해줄 긍정적 정보를 찾는 데 더 주력했다.

결과는 연구진의 예상대로였다. 주식수익률을 예측하는 실험에서 피실험자들은 12개월의 기간 동안 뚜렷한 저점이 존재하는 차트보다는 고점이 두드러진 차트를 봤을 때 연간수익률을 더 높게 예상했다. 같은 차트를 투자자 집단에게 제시해 주식을 얼마나 매수할지 정하라는 과제를 내자, 이번 역시 고점이 두드러진 주식을 더 많이 매수하겠다최대 세 배고 답했다.

같은 실험 조건에서 이번에는 주식을 얼마나 많이 매도할지 결정하라는 과제를 냈다. 실험에 참여한 투자자들은 차트에서 저점이 두드러진 주식을 매도하겠다고 선택했다최대 두 배. **투자자들의 미래수익률 예상, 매수 결정, 매도 계획은 차트의 패턴에 따라 달라졌다.**

더욱이 피실험자들이 이용할 수 있는 기업 정보의 양을 늘리자, 차트 의존도가 훨씬 심해졌다. 연구진은 할인증권사의 웹사이트에 올라와 있는 실제 인터넷 기업에 대한 완전한 텍스트 정보를 제공해줬다.

세 페이지 반 정도의 텍스트 정보에는 기업 정보 및 통계 수치가 담겨 있었다.

피실험자들전문투자자들도 포함은 차트상에서 저점이 두드러진 주식보다는 고점이 두드러진 주식을 거의 두 배나 매수했다. 정보 과부하에 걸리면 투자자는 더욱더 차트에 의존하게 된다.

실험 후 설문 조사에서 피실험자들은 저점이 두드러진 주식보다는 고점이 두드러진 주식을 더 긍정적으로 언급했다. 그들은 매수 결정을 정당화하기 위해 긍정적인 텍스트 정보 내용을 언급했다. 하지만 **모든 텍스트 정보가 피실험자들에게 무작위로 제공되었다는 점으로 미루어, 실제로 그들은 데이터를 고려하지 않고 거의 차트에만 의존해서 매매 결정을 내린 것이 분명했다.** 피실험자들은 과거의 주가 차트 모양에 따라 결정이 변했음에도 이런 근본적인 영향을 인식하지 못했다.

도박사의 오류는 서로 관련이 없는 과거의 사건이 미래의 사건에 영향을 미친다고 믿는 논리적 오류를 의미한다. 연달아 도박해서 같은 결과가 나오면 도박사는 ① 과거의 사건이 계속된다고 생각하거나핫핸드 편향, ② 과거의 연속된 사건이 평균으로 회귀할 것이라고 생각하는 오류에 빠진다.

① 오류의 예로는 야구를 들 수 있다. 타자가 연달아 안타를 때리면 관중은 '핫핸드' 편향에 빠지기 쉽다. 팬들은 그가 다음 번에도 안타를 때릴 가능성이 높다고 생각한다.

② 오류의평균회귀 예로는 시장 전략가들이 내년의 시장 실적이 전년도와는 반대되게 나타날 것이라고 예측하는 성향을 꼽을 수 있다. 실제로

수익률은 해마다 추세를 이어 가지도 평균으로 회귀하지도 않지만, 대부분의 사람은 그렇게 생각하지 않는다. **학계와 전문가 집단은 평균회귀의 오류에 빠지기 쉬운 반면, 초보자들은 지금의 추세를 미래에도 그대로 투사하는 '핫핸드' 편향에 빠지기 쉽다.**

두 경우 모두 투자자들은 시장이 '기억력'이 좋다고 믿고 과거의 시장 행동이 미래 행동에도 영향을 미친다고 가정한다. 그런 기억력이 시장 행동에 다소나마 영향력을 발휘할지라도, 투자자들의 생각과 달리 미래의 가격을 예측하는 데에는 별 도움이 되지 못한다.

평균회귀의 함정

1996년 12월 3일, 예일 대학교 로버트 쉴러와 존 캠벨은 앨런 그린스펀 의장이 동석한 가운데 연방준비위원회에서 연설했다. 두 사람은 역사적으로 보면 증시의 주가수익비율PER이 높을 때 이후 10년 동안 주식을 보유하면 수익률이 낮은 편이었다고 말했다. 쉴러는 그런 시기에는 시장이 이상 과열을 보였다고 주장했다.

쉴러는 2000년 초에 출간한 《이상 과열》에서 시장의 비이성적 과열을 자세히 설명했다.

"최근 미국 증시는 아무 타당한 이유도 없이 가치를 높게 평가하고 있다. 시장이 상승한 이유는 수백만 투자자가 무차별적으로 생각하기 때문이다. 이들 중에서 전체 증시의 장기적인 투자 가치를 주의 깊게 조사해야 한다고 생각하는 사람은 거의 없으며, 본인의 감정과 그때그때의 관심사 그리고 관습적 지혜에 따라 대부분의 투자를 결정한다."

앨런 그린스펀 연방준비위원회 의장은 쉴러와 만나고 이틀 후 12월 5일에 열린 만찬 석상의 연설에서 '비이성적 과열'이라는 문구를 인용했다. 만찬 연설의 14페이지 즈음해서 그린스펀은 수사학적 질문을 던졌다.

"하지만 언제 비이성적 과열로 인해 자산 가치가 지나치게 상승했다가, 일본이 그랬듯이 예기치 못한 장기적 경제 위축을 겪게 될지 무슨 수로 알아낸단 말입니까?"

그런 다음 그린스펀은 질문에 단서를 달았다.

"우리와 같은 중앙은행 관료들은 금융자산의 거품 붕괴가 실물 경제나 생산, 고용, 물가 안정에 위협이 되지 않는 이상 걱정할 필요가 없습니다."

그린스펀의 연설은 C-SPAN을 통해 TV로 생중계되었다. 그린스펀이 질문을 제시한 직후 도쿄의 증시가 급락해 3% 하락한 상태로 장을 마감했다. 홍콩의 항생 지수, 프랑크푸르트와 런던의 주식시장도 4%가 떨어졌다. 미국 증시도 다음 날 개장하자마자 2% 떨어졌다.

하지만 급락 직후 주식시장은 재빨리 반등했고, 이후 3년 동안 세계 증시는 역사상 최대의 거품을 누렸다.

역사적 자료에 근거할 때 PER이 이후 10년 동안의 수익률을 예측해 준다는 쉴러의 주장이 맞기는 하다. 그러나 주식시장의 기억은 그렇게 단순하지가 않다. PER의 역사적인 평균값은 14.2였다. 1872년 이후 대부분의 기간 동안 평균 PER은 8~20 사이에서 움직였다. 1996년에 평균 PER은 28이었다.

이를 기준으로 쉴러와 캠벨은 1997년부터 2006년 동안 주식시장이 실제 가치에서 40%가 하락하고, S&P 500이 450선으로 주저앉을 것이라고 예상했다. 결과는 정반대였다. 2006년 7월 26일에 S&P 500은 1273으로 올랐지만, PER은 17.5였다. 쉴러와 캠벨은 기업의 생산성과 순이익이 IT 기술 활용으로 엄청나게 증가하게 될 것이라는 사실은 예상하지 못했다.

1996년 〈배런스〉는 월스트리트의 대형 투자은행 투자 전략 담당자들에게 1997년 주식시장을 전망해달라고 부탁했다. 그때 다우존스 산업 평균 지수는 1995년에는 33.5%, 1996년에는 26%가 오른 상태였다. 평균회귀의 오류를 보여주기라도 하듯이 일곱 명의 투자 전략 담당자들은 1997년 다우 지수가 -0.2%의 실적을 보일 것이라고 대답했다. 실제로 1997년 다우존스의 평균수익률은 22.6%였다.

시장이 침체기였던 2000년과 2001년이 지난 후에 〈배런스〉는 투자 전략 담당자들에게 의견을 물어봤고, 그들은 다음 연도의 시장 실적이 크게 오를 전망이라고 예상했다. 2001년 실적 예상에서 투자 전략 담당자들은 S&P 500이 평균 18.7%의 수익률이 예측된다고 답했다. 2002년 예상에서 그들은 S&P 500이 평균 21% 상승할 것이라고 전망했다. 정작 S&P 500은 2001년에는 13%가 하락했고, 2002년에도 23.4%가 떨어졌다.

평균회귀 예측은 전문가와 학계 모두에 똑같은 영향을 미친다. 아마추어 투자자들이 영향을 받지 않는 이유는 무엇일까? 왜 아마추어 투자자들은 평균회귀가 아니라 '핫핸드' 편향에 빠지는 것일까?

아마추어 투자자들은 기억하는 기간과 경험이 상대적으로 짧은 편이다. 이들 투자자의 관심은 최근의 수익률에 집중되어서 과거를 미래에 그대로 대입하게 된다.

학계와 전문투자자 집단처럼 과거수익률에 대한 정보가 방대하면, 그들은 눈에 띄는 고점역사적으로 높은 PER 등**과 두드러진 저점에 관심을 집중하게 된다. 그렇기에 그들은 미래를 예측할 때 최근의 추세보다는 두드러진 고점과 저점에 맞춰 예측을 정착시킨다.**

현재의 증시가 역사적인 데이터와 비교했을 때 상대적으로 높거나 낮은 수준이라면, 전문가와 학자들은 평균회귀의 오류를 보이게 된다. 이러한 사고방식에는 미래가 언제나 과거와 같은 것은 아니며, 두드러진 고점과 저점 역시 사후 관찰을 통해 인식한 것에 불과하다는 문제가 있다.

많은 전문가가 평균회귀를 기준으로 투자 전략을 활용한다. 정상과 바닥의 타이밍을 잘못 예상할 때의 피해를 줄이기 위한 완충 장치로 그들은 적은 양을 거래하고, 분산투자를 하며, 장기 보유 계획을 짜둔다.

짐 리트너는 이렇게 말한다.

"시간이 지날수록 평균회귀가 작동된다는 것은 말할 필요도 없이 자명한 이치다. 평균회귀를 이용하려면 최소 1년 이상의 장기 계획이 필요하며, 이상적으로는 5년 이상의 계획을 마련해야 한다."

장기 계획을 마련해야 하는 이유는 대다수 포트폴리오 매니저가 단기적인 실적 압박에 시달리기 때문이다. 평균회귀에도 투자 기회가 존재하지만, 이 방법을 사용할 때는 적절한 리스크 관리 기법이 병행되어야 한다는 점을 각별히 유념해야 한다.

수차우 도박 실험

도박사의 오류핫핸드 편향는 도박 실험에 참여한 대학생들이 평소와는 다른 패턴으로 돈을 잃는 데 중요한 작용을 할 수도 있다. 타이완의 수차우 대학교와 양밍 대학교 연구진은 연달아 작은 돈을 따다가 가끔 큰돈을 잃어 결국 손해를 보는 전략이라도, 도박자들이 그 전략을 선호한다는 사실을 발견했다.

두 대학교 학자들은 Chapter 4 〈감정의 덫 ; 투자자가 판단력을 잃는 순간들〉에서 소개한 '아이오와 도박 실험'의 변형인 '수차우 도박 실험'을 통해 이런 비정상적인 행동을 발견했다.

수차우 도박 실험 참가자들은 네 벌의 카드 중 한 벌의 카드를 선택해 최대한 돈을 많이 따야 한다는 과제를 제시받았다. 네 벌의 카드에는 Ⓐ, Ⓑ, Ⓒ, Ⓓ라는 글자가 적혀 있었다. 각 카드를 뒤집으면 돈을 잃는지 따는지 결과가 나온다. Ⓐ벌과 Ⓑ벌의 카드를 뒤집었을 때 예상되는 기대 가치는 −250달러다. Ⓒ벌과 Ⓓ벌의 카드들은 한 장당 기대 가치가 +250달러다.

같은 벌에 속해 있을지라도 카드마다 보상이 다르다. Ⓐ벌의 조합은

수차우 도박 실험	카드 5장당 돈을 따게 되는 평균 횟수	상금액	카드 5장당 돈을 잃게 되는 평균 횟수	손실액	카드 5장당 기대 가치
Ⓐ벌	4	$200	1	-$1,250	-$250
Ⓑ벌	4	$100	1	-$650	-$250
Ⓒ벌	1	$1,250	4	-$200	+$250
Ⓓ벌	1	$650	4	-$100	+$250

※ 수차우 도박 실험의 카드 한 벌당 결과의 확률과 빈도. 제일 오른쪽에 나온 기대 가치를 눈여겨봐야 한다.

한 장에서 1,250달러를 잃게 되면 4장에서는 200달러씩 따게 된다. Ⓑ벌은 카드 한 장에서 650달러를 잃으면 4장에서는 100달러씩 따게 되는 조합이다. Ⓒ벌은 한 장에서 1,250달러를 따게 되면 4장에서는 200달러씩 잃게 되고, Ⓓ벌에는 한 장에서 650달러를 따면 4장에서는 100달러씩 잃게 된다. 지금까지 수차우 도박 실험에 참여한 피실험자들의 수는 대략 600명이다.

이상하게도 실험 참가자 대다수가 돈을 잃을 가능성이 높은 카드들을 선호했다. 200번의 카드 뒤집기 동안 선택된 카드의 60% 이상이 기대 가치가 마이너스라 돈을 잃을 확률이 더 높은 A벌과 B벌의 카드였다. 피실험자들은 게임에서 돈을 따고 싶어 하는 재무적 유인이 있었지만, 꾸준히 자신의 이득에 상충하는 선택을 했으며 심지어 200번 이상 과제를 풀어도 더 좋은 의사결정 방법을 학습하지 못했다.

피실험자들의 성적이 계속 저조하자 실험 책임자는 방법을 바꿔서 100번째 카드를 뒤집은 후에 카드 네 벌의 실제 보상 금액(기대 가치과 확률을 알려줬다. 하지만 정보를 얻은 후에도 피실험자들은 A와 B벌에서 거의 절반이나 카드를 선택했다. 피실험자들은 확률을 알고 난 후에는 더 이상 돈을 잃지 않았지만 그럼에도 여전히 따는 돈과 잃는 돈이 거의 같았다.

101번째 카드 뒤집기에서 보상 확률을 알게 된 후에도 기대 가치가 마이너스인 A벌과 B벌의 카드를 선택하는 사람은 크게 줄지 않았다. 200번째 뒤집을 때까지 피실험자들이 A벌과 B벌의 카드를 선택한 횟수는 C벌과 D벌의 카드를 선택한 횟수와 거의 비슷했다. 실험 책임자는 이렇게 한탄했다.

"실험에서 거의 모두가 돈을 잃었다. 어떻게 도와줘야 하는지 알 수 없었다."

실험 참가자들이 기대 보상이 낮은 카드를 선택한 이유는 무엇일까? 그들은 연달아 돈을 따게 된다는 것에 이끌렸다. A벌과 B벌에서는 5장의 카드마다 승리를 만끽하는 횟수가 네 번이고, 손실의 고통을 느끼는 순간은 한 번에 불과했다. 어떤 면에서 연달아 돈을 따는 것은 중독이나 다름없다. 수익을 내면 커다란 행복감에 휩싸이기 때문에 투자자들은 잇따라 작은 이익을 거둬 만족감을 누리고 나면, 가끔씩 거액의 손실이 나는 것은 당연한 결과라며 위험을 감수한다.

어떤 점에서 이런 결과는 손실 회피와 비슷하다. 투자자들은 승리한 포지션은 일찍 처분해 작은 이익에 만족하고, 반대로 패배한 종목은 너무 오래 보유하고 심지어는 거액의 손실까지 입는다. 이익 한 번에서 얻는 기쁨보다 손실 한 번에서 발생하는 고통이 두 배 크다면, 이익이 네 번은 발생해야 손실 한 번으로 얻는 고통의 두 배만큼 기쁨을 얻게 된다손익 규모와는 상관이 없다.

전문투자자들은 수차우 도박 실험 참가자들이 보인 소액의 손실 회피 성향을 보이지 않는다. 전문 트레이더들의 승률은 단순히 숫자상으로만 보면 별로 좋지 않다. 비록 그들이 전체 매매 활동에서 80%는 손해가 날지라도 나머지 20%의 성공적인 포지션에서 대단히 높은 수익을 거두기 때문에 작은 손실들을 메우고도 남을 정도다.

본질적으로 위대한 투자자들은 C와 D벌에 있는 카드를 꾸준히 선택하며, 대단히 성공적인 포지션을 장기적으로 유지하는 동안 연속된 작은 손실은 투자 과정의 불가피한 대가로 받아들인다.

작은 이익을 추구하는 대다수 소형투자자는 주식 배당에서 안전감을 느낀다. 하지만 고배당주는 리스크 회피형 투자자에게 일종의 심리적 덫이 될 수도 있다. 그들은 심지어 주가가 부진해도 배당이 분기마다 꼬박꼬박 나오면 만족한다. 연구 결과는 고배당주들이 저배당주들에 비해 가치 상승이 현저히 떨어진다는 사실을 입증했다.

대재앙을 기다리는 사람들

증시에서는 '정규분포' 수익이 예상되는 기간보다는 급격하고 부정적인 가격 변동이 발생하는 기간이 더 많다. 이런 현상을 '두툼한 꼬리' 내지는 수익률 분산 정도가 왼쪽으로 길게 늘어진다는 의미에서 '좌측

왜도Leftward skew'라고 한다. 주식시장에서는 하루만에도 주가가 폭락하는 일이 생각보다 많이 있다는 의미다. 그러나 대다수 투자자는 하루만에도 주가가 급락하게 될 가능성은 무시하는 편인데, 특히 마지막 폭락장 이후 시간이 한참 흐른 후일수록 까맣게 잊고 만다.

앞에서 말했듯이 풋옵션은 투자에서는 일종의 보험계약이나 마찬가지다. 시장이 하락하면 풋옵션의 가치가 올라간다. 하지만 시장이 하락하지 않으면 풋옵션의 프리미엄도 서서히 떨어진다. 외가격 상태의 풋옵션은 만기일 전에 시장이 갑자기 급락하지 않는 이상 휴지조각이나 다를 바 없다.

최근 얼마 동안 시장에 대형 악재가 터지지 않았을 때 풋옵션 프리미엄의 가격은 비교적 높지 않다. 주가 급락이 진행되는 동안이나 그 직후에는 풋옵션 프리미엄이 상당히 높이 올라간다. 낮은 풋옵션 프리미엄에는 투자자의 장기 기억력이 좋지 않고, 미래의 리스크를 할인해서 바라본다는 의미가 담겨 있다.

수차우 도박 실험에서 피실험자들은 가끔씩 많은 돈을 잃을 수도 있다는 것을 적절히 경계하지 못한 채 소액의 단기 이익에 현혹되어 있었다. 기본적으로 따지면 그들은 연구진에게 지고는 있었지만, 대신에 자주 소액을 잃는 경험은 하지 않아도 되었다. 물론 가끔씩 거액을 따게 될 가능성도 없었다.

투자자들이 이따금 엄청난 재앙을 입게 될 가능성은 무시하고 연달아 작은 이익을 거두는 것을 선호하는 현상을 이용하는 전략으로 나심 니콜라스 탈레브는 '대재앙 투자' 기법을 주장한다.

대재앙 투자 방식에서는 일정 기간 이상 수익률이 높았던 시장에 투자한다. 이 시장의 투자자들은 몇 년 동안 작은 이익을 얻는 행복감에 익숙해져 있으며, 옵션의 내재 변동성Implied volatility, 옵션 프리미엄에 반영된 미래 변동성에 대한 예상치은 확 줄어든 상태다심지어 지나치게 낮을 수도 있다. 이 시장에서 외가격인 풋옵션을 산다. 이 풋옵션에서 이익이 나려면 만기 전에는 시장이 급락하는 사건이 발생해야 한다. 보통 때라면 돈을 잃을 수밖에 없다.

탈레브는 자신의 투자 전략을 '흑조'에 빗대어 설명한다. 흑조, 곧 검은 백조를 한 번도 보지 않았다고 해서 흑조가 존재하지 않는다고 증명된 것은 아니다. 탈레브의 전략은 예상하지 못한 임의의 사건이 발생해 시장을 뒤흔든다는 가정에 전적으로 의존한다.

"탈레브가 옵션을 사는 이유는 자신이 본질적으로 아무것도 모른다는 사실을 확신하기 때문이다. 아니 더 정확히 말하면 다른 사람들이 실제로는 아닌 데도 스스로 많은 것을 안다고 믿고 있음을 확신하기 때문이다."

탈레브가 고안한 전략은 몇 년 동안 계속 돈을 잃을 수도 있다. 하지만 때가 오면 시장에 대형 사건이 터져 아주 엄청난 장기 수익률을 벌어주는 전략이다. 말콤 글래드웰은 〈뉴요커〉에 실은 '쓴소리'라는 제목의 칼럼에서 탈레브의 말을 인용했다.

"탈레브는 '우리는 폭파되지 않는다. 그저 피를 흘리며 죽어갈 수 있을 따름이다'고 말한다. 그리고 피를 흘리며 죽어간다는 것은, 다시 말해 지속되는 손실의 고통을 흡수한다는 것은 인간에게 회피의 성향이 내재되어 있음을 정확히 말해준다."

탈레브는 장기적으로 생각할 줄 아는 펀드투자자는 몇 년 연달아 작은 손실을 보게 될 수도 있다고 인정한다. 하지만 그들은 몇 년 후가 될 수도 있지만 언젠가는 인내의 대가로 넘치도록 흡족한 보상을 받게 될 것임을 알고 있다. 하지만 타고난 손실 회피 편향으로 인해 이런 전략을 실천할 줄 아는 투자자는 드물다. 그리고 바로 이런 이유 때문에 탈레브의 투자 전략이 장기적으로는 흡족한 수익률을 거두게 될 가능성도 높아진다.

탈레브의 투자 전략은 매력적이지 않으며 오히려 비겁한 축에 가깝다. 남들은 전혀 생각지도 않는 대형의 부정적 사건에 판돈을 걸어 놓고는 있지만, 현실에서는 거듭해서 손해가 발생하는 비관적인 상태를 자처할 사람이 과연 누가 있을까?

글래드웰은 이렇게 말한다.

"그것이 탈레브가 말하는 교훈이다. 인간적 충동을 거부할 때, 다시 말해 상상치 못한 사건을 준비하며 고통스럽지만 계획대로 단계를 밟아나가야 할 때, 더 큰 용기와 영웅적 행동이 존재한다."

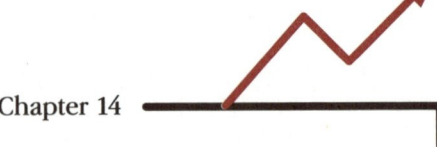

Chapter 14

주의력과 기억력 ; 이름이 뭐였더라

"당신이 약간만 신경쓰면 직장이나 쇼핑 상가에서 월스트리의 전문가들보다 먼저 굉장한 종목들을 찾을 수 있다." – **피터 린치**

2003년에 프롭트레이딩 회사에서 일하는 콜린이라는 트레이더를 만난 적이 있다. 시장들 사이의 작은 가격 차이를 노려 고레버리지로 차익 거래를 하는 것이 그의 업무였다. 예를 들어 콜린은 ADR American Depositary Receipts, 미국예탁증서의 런던-뉴욕, 또는 뉴욕-도쿄 사이의 매수 호가와 매도 호가의 작은 편차를 노려 차익 거래를 했다.

콜린이 이런 차익 거래를 할 수 있는 시간은 대개 딱 몇 초 동안만 지속되었다. 이익을 얻으려면 매수 주문과 매도 주문을 거의 동시에 넣어야 했다. 너무 늦으면 거래 비용을 잃었다 때로는 그 이상을 잃기도 했다. 그는 기회를 찾아내고, 주문을 넣고, 거래 전체를 완료하기까지 2초면 끝난다고 말했다. 거래하려면 콜린은 가격 데이터에서 눈을 떼지 않아야 했다. 거래일에 잠시라도 한눈을 팔면 기회를 놓칠 수 있었다.

시장에만 모든 정신을 집중하자니 힘들었지만, 시간이 지나면서 상황에 적응되어 가격 데이터를 오래 봐도 괜찮았다. 업무에만 초점을 기울이게 되면서 다른 문제가 생기기 시작했다. 여자 친구의 말에 집중하기가 힘들었고, 가만히 앉아서 책을 읽을 수 없었고, 쉽게 짜증을 냈다. 강도가 높은 일을 하지 않을 때는 오히려 마음이 불편했다.

콜린은 트레이딩하지 않을 때는 온라인 포커를 즐겼다. 밤늦게까지 동시에 여러 포커 게임을 하기 위해 데스크톱도 세 대를 구입했다. 그는 게임에서도 약간의 돈을 번다며 자신의 행동을 정당화했다. 트레이딩에서 버는 이익보다는 훨씬 낮은 금액이었다.

집중력 중독자, 스크린 앞에서 무너지다

2003년 말, 컴퓨터로 구동되는 '로봇 트레이더'가 등장해 콜린의 업무도 경쟁이 치열해졌다. 좋은 기회를 찾아내려면 더 높은 주의 집중력과 더 빠른 반응 속도가 필요했다. 그는 집중력과 업무 실적을 개선하기 위해 화학적 보충제를 이용하기 시작했다. 소량의 선택적 세로토닌 재흡수차단제SSRI인 플루오세틴 제제프로작를 복용하자, 쉽게 짜증을 내는 성향은 호전되었지만 주의 집중력 개선에는 도움이 되지 못했다.

이번에는 모다피닐 제제인 프로비질을 복용했더니 주의력이 눈에 띄게 올라갔다. 그러자 콜린은 모다피닐을 과용하기 시작했다. 그는 밤늦도록 온라인 포커를 쳤고, 거래일에는 새벽 다섯 시에 일어나 뉴욕장이 개장하기를 기다렸다. 그는 업무 시간에 맑은 정신을 유지하기 위해 주중에는 아침마다 모다피닐을 한 알씩 복용했다.

신경학적으로 따지면, 콜린은 보상 시스템의 도파민 수용체가 둔감해졌기 때문에 만성적인 쾌락 감소, 주의력 부족, 도박의 욕구에 시달렸다. 또한 도파민 분비를 적절히 자극하기 위해 위험을 감수하게 되었다. 이제 그는 정상적인 감정 상태를 유지하기 위해서라도 리스크를 통한 도파민 분비를 유도해야 했다.

콜린의 수면 부족도 위험한 수준이었다. 주중에 하루 수면 시간이 4~5시간에 불과하다면 이는 혈중 알코올 농도가 0.1%법적 만취 수준일 때와 비슷한 수준으로 인지 능력이 손상된다. 한잠도 자지 않고 밤을 새웠을 때도 같은 결과가 발생한다. 다음 날 대개는 반응 속도가 늦어지고, 문제 해결을 하지 못하고, 판단력이 손상된다.

콜린은 모다피닐 과용으로 수면 욕구가 감소했지만원래 약을 복용한 목적이었다 수면의 '필요성'까지 줄어든 것은 아니었다. 그는 몇 개월 동안 하루에 네 시간만 자고 모다피닐을 남용하면서 수면 부족이 계속 쌓여 갔다. 결국에는 인간관계와 미래를 위한 계획 등 복잡한 일에 대한 판단력이 손상되었다.

여자 친구는 약혼을 깨고 콜린 곁을 떠났으며, 그녀 이름으로 되어 있던 아파트 임대계약도 취소했다. 콜린은 건강을 해치면서 계속 밤새도록 포커 게임을 했다. 수면 부족과 인간관계의 문제가 겹치면서 콜린의 트레이딩 실적에도 문제가 발생하기 시작했다. 그는 아파트 임대계약이 취소되었다는 사실을 까맣게 잊고 있다가 제때 이사 나갈 준비도 하지 못했다.

주말이 되어 곯아떨어져 있는데 집주인이 아파트 상태를 보려고 찾아왔지만, 콜린은 정신을 차리지 못했다. 몇 달 동안의 수면 부족이 쌓이고 쌓여 이제 한꺼번에 잠이 몰려오고 있었다. 콜린은 맨바닥에 쓰러지듯이 누운 채 텔레비전 앞에서 자고 있었고, 집주인이 아무리 깨우려고 해도 일어나지 못했다. 주인은 앰뷸런스를 불렀다. 구급대원들이 도착했을 때도 콜린은 여전히 횡설수설하며 잠에서 깨지 못했다. 그는 병원 응급실 복도에 놓인 들것에서 잠을 자며 그날 밤을 보내야 했다.

이 일 이후 콜린은 삶을 180도 바꿔야 한다는 사실을 깨달았다. 그는 트레이딩 일을 그만두고, 호텔로 숙소를 옮겼으며, 긴 휴가 계획을 짰다. 그러고 나서 그는 1년간의 세계 여행을 떠났다.

1년 반 뒤 샌프란시스코로 돌아온 콜린과 함께 저녁을 먹으러 갔다. 그는 완전히 다른 그리고 아주 행복한 사람이 되어 있었다. 그는 인도에서 한 달 동안 침묵하면서 마음을 챙기는 위빠사나 명상에 참여했던 경험 덕분에 성격이 완전히 바뀌었다고 했다. 그는 아일랜드에 있는 가족들과 다시 연락을 주고받기 시작했으며 얼굴 한 번 본 적 없는 사촌들과도 인사를 나눴다.

콜린이 일선을 떠나 있던 1년 동안 그가 사용했던 매매 선탁은 이제 컴퓨터화된 트레이딩 로봇이 완전히 전담하게 되었다. 자동화된 소프트웨어가 인간의 능력보다도 훨씬 많은 시장 가격 정보를 검색해줬다. 물론 주문 입력 속도가 훨씬 빠르다는 것은 말할 필요도 없었다 컴퓨터는 1,000분의 1초의 속도로 매매 주문을 냈다.

콜린은 헤지펀드에서 기관 트레이더로 일하게 되었다. 위빠사나 명상을 그만두니 주의 집중력이 조금씩 흐트러지기 시작했다. 콜린은 "하루 종일 스크린을 뚫어져라 쳐다보는 것은 큰일입니다. 저라는 사람이 바뀔 정도죠."라고 말한다. **콜린의 이야기는 트레이더의 주의 집중력이 연소되었을 때 어떤 결과가 나타나는지를 보여준다.**

과거의 수익률은 미래를 보장하지 않는다

트레이더들은 정보의 흐름을 관찰하면서 매일 '가장 활발히 거래되는 종목' 목록을 모니터한다. 경험이 적은 투자자들 대다수는 최근의 수익률을 대표 수익률로 인식해 미래에도 같은 성과를 낼수 있다고 생각한다. 미래를 예측할 때 최근 사건에 비중을 높게 두는 편향을 '대표성 휴리스틱'이라고 하며, 앞에서 소개한 '핫핸드 편향'과 관련이 있다. 기본적으로 **대표성 휴리스틱은 의사결정 과정에서 최근의 단순한 정보를 중시하게 되는, 단기 기억 편향을 의미한다.**

예일 대학교 라비 다르와 알로크 쿠마르 교수는 미국의 4만 가구 이상을 대상으로 5년 동안 할인증권사 계좌에서 구입한 주식을 조사했다. 이들 개인투자자가 매입한 종목은 그전 주에 0.6% 상승한 주식이었다. 다르와 쿠마르가 조사 구간을 확대하자, 이들 개인투자자가 구매한 주식은 앞서 2주 동안 1.2%, 1개월 동안 2.2%, 3개월 동안 7.3% 상승했다. 개인투자자들은 최근에 높은 실적을 거둔 주식을 매입하고 있었다.

학계 역시 증시를 예측할 때 대표성 휴리스틱Representativeness heuristic 의 영향을 받는다. 이보 웰치 교수는 여러 교수에게 향후 30년 동안 기대되는 연간 주식 리스크 프리미엄을 예측해달라는 설문 조사를 돌렸다. 주식 리스크 프리미엄은 채권수익률을 상회해 주식에서 거둘 수 있다고 예상되는 초과적인 연간수익률을 의미한다. 조사 결과에 따르면, 최근의 주가 동향이 교수들의 향후 30년 주식 리스크 프리미엄 예측에 강한 영향을 미쳤다.

웰치 교수의 1차 설문 조사는 강세장이었던 1998~2000년 동안 진행되었다. 재무학 교수들은 향후 30년 동안 평균 7.2%의 주식 리스크 프리미엄을 예상했다.

이번에는 침체장인 2001~2003년 동안 같은 교수들에게 2차 설문 조사를 실시했다. 교수들이 평균회귀에 따라 수익률을 예상했다면, 시장 침체기 이후에 주식 리스크 프리미엄을 더 높게 예상할지도 모른다고 생각할 수 있다. 실제로 교수들이 2001년에 예상한 차후 30년 동안의 연간 주식 리스크 프리미엄은 5.5%로, 강세장이었을 때 예측한 수치보다 약 1.7%가 낮았다.

시장이 좋을 때는 전망치를 높게 잡고, 시장이 나쁠 때는 전망치를 낮게 잡는 것은 대표성 휴리스틱 편향과 관련이 있다. 다시 말해 교수들은 과거를 객관적으로 고려해 미래를 예측하는 대신에, 시장의 최근 사건을 그대로 대입해서 미래를 예상했다.

주식 리스크 프리미엄을 예상하는 웰치의 조사에 참가한 학자들은 이른바 '평균회귀' 편향을 보이지 않았다. Chapter 13 〈차트 읽기의 심리학 ; 주식시장의 점성술〉에서 미래를 예측할 때 학자들과 전문가들은 평균 회피 편향에 사로잡히기 쉽다는 사실을 입증했다. 따라서 앞의 내용과 정면으로 대치되는 결과다.

학자들이 이런 편향을 보이는 이유는 두 가지로 짐작할 수 있다. 첫째는 그들이 과거의 주가 차트를 참조해서 주식 리스크 프리미엄을 예측할 능력이 없기 때문이고, 둘째는 다음 연도에 대한 예측이 아니라 30년 동안의 평균 연간수익률을 예상해야 하기 때문이다.

투자자들의 매수 결정에 대표성 휴리스틱이 강한 영향을 미치기 때문에 증권 당국은 뮤추얼펀드 광고에 반드시 '과거의 실적이 미래의 수익률을 보장하지는 않는다'는 단서를 붙여야 한다고 규정했다. 실제로도 정부 감독기관은 투자자들에게 편향에 사로잡혀 투자 결정을 내리지 말라고 경고하고 있다.

좋은 기억 VS 나쁜 기억

사람들은 일반적으로 좋은 감정이든 나쁜 감정이든, 강력한 감정이 함께 연상되는 사건들을 더 쉽게 기억한다. 그래서 사람들은 과거를 참조해 미래를 예측할 때 감정적으로 강렬했던 사건들에 더 큰 비중을 둔다. 투자자가 시장에서 대단히 좋은 경험이나 나쁜 경험을 했다면, 미래를 계획할 때 이 하나의 사건이 대단히 중요한 역할을 하게 될 가능성이 크다.

대공황 시기에 주식시장에서 저축한 돈을 몽땅 잃은 사람이 다시 시장에 뛰어들지 않았다면, 주식시장을 생각할 때마다 항상 대단히 위험하다는 기억이 앞섰기 때문이다. 용기를 그러모아 다시 시장에 뛰어든 사람들은 1940~1950년에 번 거액의 수익이 뇌리에 더 크게 남아 있다. 기억도 희미한 대공황의 시장 붕괴보다는 1940~1950년대가 더 최근의 기억이라 더 큰 비중을 차지하기 때문이다.

금전적 보상과 손실이 단계별로 전달되는 동안 fMRI기능적 자기공명영상로 피실험자들의 뇌를 스캔하는 넛슨 교수의 금전 보상 지연MID 과제를 이용해, 스탠퍼드의 대학원생인 앨리슨 애드콕은 보상 기억이 얼마나 강하게 형성되는지 시험해봤다.

고액의 보상100달러 정도 신호에 이어 의미 없는 사진을 보여줬더니, 실험이 끝나고 3주가 지난 후에도 피실험자들은 사진을 또렷하게 기억했다. 고액의 보상 신호가 있는 사진을 봤던 순간보다 오히려 이 사진을 기억하는 순간에 피실험자들의 중격의지핵과 해마기억과 관련된 기능 수행가 더 크게 활성화되었다. 애드콕과 넛슨에 따르면, 위의 결과는 학습에 앞서 보상에 대한 동기부여가 해마에 도파민을 분비시켜 기억 형성을 촉진한다는 가설과 일맥상통한다.

흥미롭게도 기억의 암호화도 개인마다 차이가 났다. 보상 시스템의 활성화가 크게 예기되는 개인일수록 기억도 더 선명하게 했다. 잠재적 보상을 기대하며 많이 흥분할수록중격의지핵의 활성화 보상 신호가 발생했던 상황과 맥락을 잘 기억해냈다해마의 활성화.

주식 광고에 섹시한 모델과 값비싼 스포츠카가 등장하면 투자자들은 그 주식의 이름을 더 잘 기억했다. 그 주식을 기억하면서 투자자들은 긍정적인 감정을 떠올리게 되고, 그 결과 주식의 매수 가능성도 높아진다.

일단 해마에 안착한 기억은 미래에 대한 생각을 한쪽으로 기울게 만든다고 여겨진다. 인간은 해마를 이용해 앞날을 예상하거나 전망한다고 밝혀져 있다. 이것은 인간이 미래를 계획할 때 과거의 기억을 무시하지 못한다는 의미가 되기도 한다.

실제로도 인간은 계획에 편입시킬 가능 시나리오를 구성하기 위해 기억을 이용한다. 그리고 이런 사실은 ① 투자자가 왜 쉽게 대표성 편향에 빠지는지, ② 미래를 예측할 때 왜 계산 착오 과잉 확신에 빠지게 되는지 그 이유를 설명해준다고 볼 수 있다.

전문가들도 연습하고 훈련하지 않는 한 개인적인 기억의 지배에서 벗어나지 못한다. 금융시장에는 기억이 없으며, 과거의 정신 모델에 집착하는 투자자들은 바뀌는 시장 상황에 빨리 적응하지 못한다.

사후 과잉 확신 편향, '그럴 줄 알았지'

기억 편향 가운데에서도 사후 과잉 확신 편향이 가장 치명적인 영향을 미친다. 사후 과잉 확신 편향이란 대다수 사람이 '원래 알고 있었어, 그럴 줄 알았어'라고 생각하는 태도를 의미한다. 사건이 벌어진 후 인간은 실제로는 아닌 데도 자신이 그 사건을 원래부터 예상하고 있었다고 생각한다. **사후 과잉 확신 편향이 위험한 이유는 실수를 해도 학습하지 못하기 때문이다.**

폴 슬로빅 교수가 발견한 바에 따르면, 과거의 상황을 재구성해 다른 결과를 상상하는 '반사실적 사고'를 하도록 유도하는 것이, 사후 과잉 확신 편향을 물리치는 가장 좋은 심리 기제였다.

다시 말해 사건이 발생한 후에 실험 참가자들에게 다른 어떤 가능한 결과가 빚어질 수도 있었는지 생각해보도록 유도했다. 어떤 조건이었다면 다른 결과가 일어날 수도 있었을까? 질문을 고민하면서 피실험자들은 기억을 지배하는 실제 발생 결과에 집착하는 태도가 줄어들었으며, 사건이 발생하기 전에 다른 원인을 보다 열린 마음으로 생각해볼 수 있게 되었다.

위의 방법을 사용해도 사후 과잉 확신의 편향은 여전히 존재했지만, 그 강도는 훨씬 줄어들었다. 슬로빅의 연구 결과는 투자 일지 쓰기가 중요하다는 것을 뒷받침해준다.

예를 들어 2002년에 미 달러화의 지속적인 하락을 미리 예견하고 있었다고 주장하는 투자자가 있다고 치자. 만약 그가 자신의 생각과 관찰 내용을 미리 투자 일지로 정리해뒀다면 기록이 기억을 확인시켜줄 수 있다. 투자자는 거시경제와 통화 시스템에서 찾아낸 리스크와 기회를 재검토해볼 수 있다. 투자자가 기억한 그대로 달러화 하락을 확신했던 것이 맞는가?

더 중요하게는 투자 일지를 검토하면서 투자자는 자신이 미처 보지 못했던 리스크와 기회를 발견하게 될 수도 있다기억만 가지고는 이런 일을 할 수가 없다. 이처럼 자신의 사고 과정을 검토하면서 반사실적 증거를 확인하는 작업을 거치다 보면 미래를 생각하는 능력도 향상된다.

이름만 바꿨을 뿐인데, 주가가 오른다?

거래소에서 '가장 활발히 거래되는 종목' 리스트는 투자자들의 관심을 끌어모으는 데 일조하지만, 동시에 투자상품의 이름도 효과적인 마케팅 '미끼'가 될 수 있다. 연구에 따르면 투자자들은 이름이 기억하기 쉽거나 유혹적인 종목에 더 많이 투자했다. 이런 '명칭 편향Naming bias'을 불러일으키는 주범은 바로 신경의 보상 시스템 때문이다.

학계가 1994~2001년 동안 296개 뮤추얼펀드를 대상으로 조사한 결과, 인기 있는 투자 스타일이 연상되도록 이름을 바꾼 펀드들은 다음 한 해 동안 순유입이 27% 증가했다. 펀드의 이름만 바뀌었을 뿐 투자 스타일이나 전략에는 아무 변화가 없었음에도 결과는 마찬가지였다.

이름을 바꾼 뮤추얼펀드로 옮겨간 투자자들은 평균적으로 돈을 잃었다. 연구를 진행한 학자들은 명칭의 변화가 실제와는 상관없이 투자자들로 하여금 미래에 더 높은 수익률을 기대하도록 만드는 속임수 장치에 불과하다는 사실을 밝혀냈다.

기업들은 종목기호를 좀 더 눈에 띄게 바꾸기도 하는데, 할리 데이비슨이 HDI에서 HOGHog는 돼지라는 뜻이지만 Road hog는 난폭한 운전자라는 의미가 있다로 기호를 바꾼 것이 그 예다. 놀랍게도 이처럼 기호를 바꾸고 나면 전체 시장보다 수익률이 증가했다.

다른 무언가가 함께 연상되는 종목기호로는 사우스웨스트 에어라인의 LUV, 소더비의 BID, 어드밴스드 메디컬 옵틱스의 EYE를 꼽을 수 있다. 1984년부터 2004년까지 종목기호를 재미있게 바꾼 주식들의 연간 복합수익률은 23.6%였다. 같은 기간 동안 뉴욕증권거래소와 나스닥에 상장된 모든 주식의 평균수익률은 12.3%였다.

연구진은 이렇게 말한다.

"이런 결과가 나온 한 가지 원인을 말하자면 사람들이 쉽게 처리가 가능한 정보를 선호하기 때문이다."

이름에 '비이성적' 가치를 부여한다는 또 다른 증거가 프린스턴 대학교 심리학자들의 연구에서 확인되었다. 연구진은 종목기호를 발음하기가 쉬운 주식들이 그렇지 않은 주식들에 비해 주식 공모 첫날 11%나 주가가 더 오른다는 사실을 발견했다. **이런 결과는 가끔은 인간 행동 모델에 대한 단순하고 인지적인 접근법이, 전형적이고 복잡한 접근법보다 좋은 성과를 낸다는 것을 의미한다.**

투자 결정을 내릴 때는 기억하기 쉽고 발음하기 좋은 종목 이름이 정신적으로도 접근하기가 더 쉽다. 이런 이름들은 정보 처리의 지름길을 제공하고, 더 짜릿한 느낌보상을 주며, 따라서 주의를 기울이기에도 어렵지 않고 기억하기도 쉽다.

뮤추얼펀드의 이름이나 재미있는 종목기호만이 투자자들의 이목을 집중시키는 것은 아니다. '신경제'라는 말에는 사업 방식의 근본적인 변화라는 인식이 반영되어 있으며, 과거의 투자 리스크 개념을 더는 적용할 수 없다는 의미가 깔려 있다. 인터넷주와 기술주 투자자들도 '신경제'의 새로움과 무한한 잠재력에 이끌린 사람들이었다.

20세기가 접어들 무렵 구소련, 중국, 인도 등 새로운 수출시장이 열리면서 미국 기업들은 제품을 판매할 수십억 소비자를 새로 얻게 되었다. 이들 새로 개방한 시장 중에서도 중국은, 세계를 변화시키는 인터넷 기술이 합쳐져 오직 이름 덕분에 역사상 가장 과대평가된 종목이 등장하는 환경을 제공했다.

이틀 만에 320배 오른 주식

1990년대 중국의 시장에 해외 기업들이 진출하면서 증시도 상당히 들떠 있었다. 그때 당시 중국은 13억 소비자가 존재하는, 남보다 빠르게 진입한 회사에는 무한한 가능성을 약속받을 수 있었다. 주식투자자들은 중국의 시장에서 자리를 잡은 회사들을 찾아내는 데 촉각을 곤두세웠다. 그중에서도 차이나 프로스페러티 인터넷 홀딩스라는 회사는 순전히 이름에서 연상되는 기대 덕분에 1999년 말에 투자자들의 열광적인 환영을 받았다.

1999년 11월 내가 중국 관련 종목들을 의논하는 주식 사이트 게시판을 돌아볼 때의 일이었다. 당시 나는 주식 사이트의 게시판에서 포착한 심리를 바탕으로 직접 트레이딩 전략을 만들어 운용하고 있었다.

1999년 11월 16일 아침, 내가 자주 가는 게시판 중 하나에서 CPIH China Prosperity Internet Holdings라는 회사에 대한 글이 눈에 띄었다.

CPIH가 차세대 대박주가 될 것이라고 주장하는 글이었다. '기억하기 쉬운 이름이네'라는 생각이 들면서 좀 더 확인해보기로 했다. 아무리 인터넷을 뒤져도 이 회사의 펀더멘털에 대한 중요 정보는 하나도 찾을 수가 없었다. 야후! 파이낸스, SEC, 심지어 나스닥에 등록하기에 기준이 미달되는 기업들이 거래되는 장외거래소인 OTCBB의 웹사이트 게시판을 뒤져도 마찬가지였다.

나는 주가 차트를 살펴봤다. 지난 3개월 동안 매매가 아주 뜸했고 가격은 겨우 0.25달러에 머물러 있었다. 1999년 11월 16일 CPIH의 주가가 갑자기 0.25달러에서 1.00달러로 급등했다. 다섯 시간 동안 계속 급등세를 유지했다. 주가는 계속 올랐고, 그날 CPIH의 종가는 주당 14달러였다.

다음 날도 주식은 상승세를 이어갔다. 20달러 선에서 거래가 시작되더니 이윽고 CNBC 뉴스에도 언급되었다. 한 시간도 지나지 않아 주가는 82달러에 도달했다. 장중 최고가였다. 1999년 11월 17일 장이 마감될 때의 종가는 주당 32달러였다. 다음 날 주가가 조금씩 떨어지기 시작했다. 2000년 초에는 거래가 완전히 말라붙었고, 결국 거래소에서 퇴출당했다.

조금만 깊이 파헤쳤다면 투자자들은 CPIH 관련 소식을 접할 수 있었을 것이다. 알고 보니 CPIH의 이사들은 홍콩 증권 감독기관에 의해 사기죄로 기소된 상태였다. 그들은 자사와 버뮤다 소재의 회사가 합병한다고 거짓 정보를 흘리고 다녔다. 어쨌든 그들은 사기죄로 기소되기 전인 1999년 봄 OTCBB거래소_{미국의 장외거래시장으로, 비상장 주식의 거래를 지원하는 전자 인용 서비스다. 2021년 11월 8일에 폐쇄되었다}에 등록하는 데 성공했다. 따라서 CPIH는 유령회사에 불과했으며, 주가는 기소가 행해지기 전까지 같은 자리에 머물고 있었다.

정말 CPIH가 유령회사라면 어떻게 해서 이틀 만에 주가가 32,000%나 오르고 CNBC에도 언급되었을까? 이 회사의 이름을 빼면 긍정적인 정보는 하나도 없었고, 게시판에 익명으로 조언을 올린 사람도 애초에 종목을 추천하기보다는 단지 '확인할 필요가 있다'고 제안했을 뿐이었다.

주가 차트와 게시판 글 외에는 아무 정보가 없었다는 점에서 CPIH가 폭등한 가장 큰 원인은 아마도 이름 때문이라고 짐작된다. 데이트레이더들은 중국과 인터넷이라는, 거대한 잠재력을 가진 시장과 관련된 주식을 사랑했다. 더욱 미묘한 차원에서 따진다면, 투자자들은 으레 주식을 매수할 때 어느 정도의 신뢰를 원한다.

번영 또는 성공이라는 의미의 '프로스페러티'가 그들의 마음을 안심시켜줬다. 지주회사라는 뜻의 '홀딩스'는 이 회사가 반짝 히트했다 사라지는 종목이 아니라, 복잡한 기업 체계와 커다란 자산 규모와 여러 수익 창출원이 있는 기업일 것이라는 생각을 유도했다_{하지만 이 회사는 구체적인 재무제표가 없었기에 이런 자본과 수익 창출원은 투자자들이 만들어낸 허상이었다.}

전체적으로 볼 때 '차이나 프로스페러티 인터넷 홀딩스'는 기대감을 상승시키고 단기투자자들의 매수 열풍을 유도하기에 충분히 완벽한 이름이었다.

CPIH의 주가가 14달러까지 상승한 데에는 게시판에서 입소문이 퍼진 탓이 컸다. 거래 둘째 날 CNBC에서 언급된 이후 이 주식은 추가로 상승했다. **심지어 중요한 펀더멘털 정보가 없었음에도 투자자들은 이름을 들어봤다는 이유로, 이름이 매력적이라는 이유로, 그리고 가격이 상승하고 있다는 이유로 CPIH 주식을 매수했다.**

조사할 자료는 너무나도 많고 정보를 확인할 시간은 부족한 상태에서, 투자자는 어떻게 해야 우량 종목을 찾아낼 수 있을까?

뉴스에 부화뇌동하는 개인투자자들

개인투자자들은 으레 관심이 가는 주식들을 리서치하곤 한다. 하지만 관심이란 제한된 자원이다. 많은 투자자가 CNBC나 블룸버그 등 똑같은 곳에서 금융 정보를 얻기 때문에, 투자 집단이 한꺼번에 뉴스에 나온 최신 주식을 매입하는 일도 자주 생긴다. CNBC 〈미드데이 콜〉의 앵커인 마리아 바르티로모가 언급한 주식은 몇 분 뒤에 거의 5배나 껑충 뛰어오르곤 한다. 투자자들의 매수 심리를 부추기는 것은 바르티로모의 방송만이 아니다.

버클리 대학교 재무학 교수인 테런스 오딘이 증권 계좌들의 대규모 표집을 정해 조사한 결과에 따르면, 이목을 끄는 종목뉴스에 나온 주식, 거래량이 비정상적으로 높아진 주식, 일일수익률이 극단적으로 높은 주식의 순매수자는 개인투자자인 것으로 드러났다. 오딘이 두 개 할인증권사의 데이터를 분석했더니, '관심이 집중된 날_{뉴스에 소개된 날}' 투자자들이 매입한 주식은 대개가 팔 때는 실적이 저조한 편이었다. 상당수 개인투자자가 뉴스를 들은 다음에 개별 종목을 매입한다.

"대형 할인증권사들의 매매 수치를 계산한 결과, 뉴스에 나오지 않은 종목의 매매 불균형은 2.7%지만, 뉴스에 나온 종목의 매매 불균형은 9.35%였다. 대형 소매 할인증권사의 경우, 뉴스를 타지 않은 종목의 매매 불균형은 -1.84%고 뉴스에 나온 종목은 16.17%다."

뉴스의 중요도나 정확도와는 상관없이, 투자자들은 대중의 이목이 쏠린 주식을 매수하는 성향이 짙다. 개인투자자들은 거래량이 높은 날, 극단적으로 낮거나 높은 일일수익률이 발생한 날, 혹은 홍보 기사 등 관심을 끄는 시장 사건이 발생하고 나면 매수세로 돌아선다. 심지어는 어닝 서프라이즈가 발생한 후에도 좋은 일인지 나쁜 일인지 상관하지 않고 매수 행렬에 동참한다.

아마추어 투자자들은 이목이 쏠린 종목을 매수하는 덫에 쉽게 빠져들지만 전문투자자들은 그렇지 않다. 오딘이 알아낸 사실에 따르면, **전문투자자들**_{특히 개인투자자들보다 현명하게 한다고 여겨지는 가치투자자들}**은 대중의 관심 위주로 종목을 매수하지 않았다.** 다른 연구에서도 전문투자자들이 대박주를 좇는 아마추어 투자자들을 이용한다는 사실이 목격되었다.

홍콩과학기술 대학교 마크 시숄스 교수와 동료들은 상하이증권거래소의 주식이 상한가를 친 다음 날에는 개인투자자들이 순매수자가 된다는 것을 입증했다. 이런 날에는 주식을 처음으로 매수한 사람들의 비중이 상대적으로 더 높다. 개인투자자들의 매수 효과는 오래 가지 못하는데, 보통 10거래일 내에 상한가를 친 날 이전 수준으로 돌아간다.

시슐스 교수의 말에 따르면, 일부 전문투자자들은 이런 일시적인 주가 급등과 수요 증가를 미리 짐작함으로써 개인투자자들의 행동을 이용해 이익을 얻는다.

뉴욕증권거래소에 대한 조사에서도 중국과 비슷한 패턴이 발견되었다. 하루 거래 이익이 대단히 높았고, 다음 날 전날 종가보다 높은 가격에서 시초가가 형성되는 갭 상승 상황을 다른 말로 '과민 반응'이라고 부른다. 시초가 갭 상승을 과민 반응이라고 부르는 이유는 시초가가 높았지만, 그날 하루 내내 가격이 계속해서 하락하기 때문이다.

이런 과민 반응 패턴은 좋은 소식보다는 나쁜 소식이 들린 이후 하락장이었다가 상승 마감한 후에 더 두드러지게 나타났다. 다른 연구진 역시 도쿄거래소의 가장 활발히 거래되는 종목들에서 같은 패턴을 발견했다. 개인투자자들은 주가 모멘텀의 열기에 휩싸여 주식을 매수했다가, 다음 날 모멘텀이 주춤해지면 매도세로 돌아선다.

다른 투자자들의 열렬한 관심이 시들해지기 전에 돈을 버는 방법이 존재할까? 시슐스 교수는 효과적인 단기 트레이딩 전략을 발견했다. 상하이증권거래소에서 이뤄진 2,100만 건의 매칭 매매 데이터를 조사한 결과, 일부 트레이더들이 전날 장이 마감될 때 거의 상한가에서 주식을 매매한 뒤, 다음 날 장이 열자마자 평균 1.6%의 이익을 내고 매도하는 것으로 드러났다.

시슐스는 중국 텔레비전들의 저녁 경제 뉴스가 시초가 갭 상승이 발생하는 데 많은 영향을 미친다고 생각한다. 경제 뉴스를 본 개인투자자들이 다음 날 아침 최고 실적을 거둔 주식으로 우르르 몰려들기 때문이다.

트레이더들은 가격이 크게 올라간 종목에 관심을 쏟는다. **아마추어 투자자들은 '거래가 가장 활발한 주식'이나 '가격이 크게 변한 주식'을 매수하거나 매도하지만, 그들은 가격이 올라간 다음에 사고 한창 하락할 때 판다는 점에서 주식의 뒤만 따라가고 있을 뿐이다.**

불행히도 이런 모멘텀 전략은 투자수익을 내지 못한다. 모멘텀이 불러일으킨 열광을 어떻게 다뤄야 하는지 익힌 전문투자자들만이 이목을 끄는 종목에 투자하는 전략에서 수익을 낼 수 있다.

PART IV

심리투자
실전편

Chapter 15

리스크 감수에
영향을 미치는 것들

"모두가 똑같이 생각한다면, 누군가는 생각하고 있지 않은 것이다."
― 조지 S. 패터슨

짐은 직업정신이 투철한 재무설계사다. 그를 만나게 된 것은 한 세미나에서였다. 그는 가끔씩 고객한테 절망감을 느끼면서 나에게 고객 상담의 어려움을 털어놓고 싶어 했다. 특히 최근에는 셰런이라는 고객 때문에 크게 당혹스러웠다.

셰런은 남편인 톰이 갑자기 죽으면서 거액의 자산을 남겼다. 톰은 죽기 전까지 IP인터내셔널 페이퍼에서 근무했고 은퇴 계좌에도 상당수의 IP 주식을 보유한 상태였다.

사실 톰은 다른 주식을 보유한 적이 한 번도 없었다. 그가 가진 주식은 몽땅 IP였고, 부부의 자산에서 주식이 차지하는 자산 가치는 70%가 넘었다.

수익률을 거부하는 기억에 묶인 포트폴리오

셰런과 톰 부부는 한 번도 주식이나 채권을 사는 일을 의논한 적이 없었다. 그녀는 투자에 흥미가 없었다. 그녀는 은퇴 전까지 자산을 관리하기 위해 짐에게 찾아갔다. 처음 몇 번 상담하면서 짐은 재무적인 리스크 분산과 그 바탕이 되는 수학적 원칙의 개념을 설명해줬다. 그는 셰런에게 IP 주식의 일부를 판다면 재무 리스크를 크게 줄이고, 수익률도 더 높아질 수 있다고 말했다. 짐은 채권과 뮤추얼펀드 등 여러 다른 투자 방법을 포트폴리오에 추가하자고 제안했다. 다른 곳에도 투자하려면 일단은 IP 주식부터 줄여야 했다.

셰런은 IP 주식을 팔자는 짐의 제안을 정중하게 거절했다. 몇 번을 상담해도 셰런이 재무 리스크를 적절히 이해한다는 느낌이 도저히 들지 않자, 짐은 이번에는 좀 더 강력하게 분산투자를 주장했다. 그는 셰런을 예기치 않은 시장 리스크에서 보호해야 할 책임이 있다고 생각했지만, 그녀가 계속 IP 주식을 팔기를 완강히 거부하기 때문에 자기의 책임을 다할 수가 없었다. 짐은 상담할 때마다 셰런에게 포트폴리오의 분산투자를 적극적으로 주장했다.

6개월이 흐른 후, 셰런이 짐에게 말했다.

"이제 그만하시죠."

"무슨 말씀인지 모르겠군요."

"분산투자하라는 말 이제 그만하시라고요."

"좋습니다. 이유를 설명해주시면 그만하겠습니다."

셰런이 벌컥 짜증을 냈다.

"제가 몇 달 동안이나 말했잖아요. 저는 그 주식을 절대 팔지 않을 거예요."

"어째서입니까?"

"톰의 주식이니까요!"

"톰의 주식이라니요?"

셰런은 대답하지 않았다. 그녀는 시선을 피했고 짐이 보기에는 당황한 것 같았다. 짐은 자기가 말실수했다고는 짐작했지만 그래도 여전히 상황을 이해할 수가 없었다. **셰런은 단지 남편을 연상시킨다는 이유로 IP 주식에 집착하고 있었다.**

투자자들은 종종 여러 이유 때문에 특정 주식에 감정적으로 집착한다. 특별한 기억 때문일 수도 있고, 아니면 과거에 누린 재무적 보상에 대한 고마운 마음 때문일 수도 있다. 일반적으로는 여성이 남성보다 감정이나 기억과 관련된 편향과 집착에 쉽게 빠지며, 이런 편향들은 주식을 다루는 방식에도 영향을 미친다.

투자 심리의 젠더 코드, 남성성과 여성성으로 작동한다

고정관념처럼 들릴 수도 있지만 수많은 심리학과 뉴로이미징 Neuroimaging, 인간의 뇌 구조와 기능을 시각적으로 보여주는 기술 연구에서 드러났듯이, 여성이 남성보다 감정적 사건을 더 잘 기억한다.

한 실험에서 피실험자들에게 부정적 감정을 불러일으키는 사진외과 수술 사진 등과 감정과 관련이 없는 사진건물 사진 등 중 하나를 보여줬다. 실험 3주 후, 좋지 않은 감정을 불러일으키는 사진의 경우 여자들이 남자들보다 더 잘 기억해냈다.

기억하는 동안 여자들의 뇌는 부정적 감정과 관련된 부분좌측 편도체이 활성화된 반면에, 남자들은 사실적인 기억 체계를 더 많이 이용했다우측 편도체. 대체로 감정과 연관된 사건에서는 남성보다는 여성의 기억력이 더 강화된 것으로 보인다.

투자자들에게 몇 가지 투자 가설을 대입해볼 수 있다. 시장에서 돈을 잃은 여성 투자자는 투자에 대한 부정적인 기억을 그대로 가지고 있게 되고, 그 결과 침체장이 끝난 다음에도 돈을 묶어두고 관망세를 유지할 가능성이 높다.

남자들은 부정적인 감정을 회복하는 속도가 더 빠르기 때문에 심지어 뼈아픈 손실을 본 후에도 '강세장이 되자마자 다시 돌아올' 가능성이 크다. 이런 행동은 자기가 지금 무엇을 하는지 깨닫지 못하는 남자들에게는 불행한 결과를 가져올 수 있다. 뼈아픈 투자 실수에서 교훈을 얻지 못하는 것이야말로 남자 투자자들이 과다 트레이딩하는 주된 원인이 될 수 있기 때문이다.

인간이 가진 '남성성'과 '여성성' 수준은 서로 다르기 때문에, 일부 학자들은 피실험자들에게 본인의 남성성과 여성성에 점수를 매겨보라고 한 다음 그들의 기억 기능을 시험해봤다. 스스로 여성성이 높다고 점수를 매긴 실험 참가자들은 감정적 기억이 강하게 형성되는 경향을 보였으며, 반대로 남성성이 높다고 말한 사람들은 사실적이고 구체적인 기억이 강하게 형성되었다.

전체적으로 말해서 **남자와 남성성이 높은 여자는 데이터에 나타난 숫자 같은 사실 위주로 투자 정보를 처리하는 반면에, 여자와 여성성이 높은 남자는 투자의 감정적 측면에, 이를테면 투자의 사회적 책임 수준과 같은 측면에 초점을 맞춰 정보를 처리한다.**

경제학자들이 인간의 협력과 속임수 성향을 측정하기 위해 사용하는 한 가지 방법이 죄수의 딜레마 게임이다. 죄수의 딜레마 게임이 진행되는 동안 fMRI로 촬영한 결과, 여성들은 기만적 행동보다는 협력에 참여할 때 보상 시스템이 더 크게 활성화되었다. 다른 연구에서는 보복할 때 남성의 보상 시스템이 더 많이 활성화되었다.

이런 연구 결과들은 여성이 충돌보다는 협력을 중시심지어는 사기를 당할 때도 마찬가지다하는 반면에, 남성은 속임수를 당했다고 생각하면 대놓고 공격하려는 심리가 강한 이유를 설명해준다고 볼 수 있다.

나는 투자위원회 참여자들로부터 어떻게 해야 업무와 인간관계에 도움이 되는지 자주 질문받는다. 이런 집단에서 남성과 여성의 행동에 대한 조사는 흥미롭게 볼 부분이 몇 가지 있다.

투자위원회에 속한 남자들은 최적의 투자 결정을 내릴 때 협력보다는 정치력을 확보하거나 혼자 앞서가려는 욕구에 좌우되기 십상이다. 반대로 집단이 잘못된 결정을 내리면 남자들은 공격성의 욕구에 이끌려 맞서려 하지만, 여자들은 사회의 조화를 유지하기 위해 다수의 의견에 동의하려 한다.

남자들은 행동하기 전에 갈등을 해결하기 위한 소통을 잘 하지 않는 편이지만, 여자들은 대화를 통해 상대방을 이해하고 대인관계의 위기를 완화시키려 한다. 하지만 이때도 생물학적 성보다는 각 개인이 가진 남성성과 여성성의 정도가 투자위원회의 행동에 더 큰 영향을 발휘할 수 있다는 사실을 명심해야 한다.

숫자를 믿는 남자, 신뢰를 따지는 여자

금융자산 관리사로 일하는 마크는 성별과 관련해 잘못 이해하고 있었던 일을 내게 털어 놓았다. 마크는 자신의 회사를 차리기 위해 이름만 대면 아는 전국 규모의 투자자문회사를 그만두었다. 회사를 나오면서 그는 고객들에게 자신이 차리는 회사로 거래처를 바꿔줄 의향이 있는지 물어봤다.

마크의 자문을 받는 고객 중에서도 특히 40대의 이혼녀들이 마크의 회사로 옮겨가는 것을 마땅치 않게 여겼다. 그는 그들에게 새로 거래처를 옮길 때의 재무적 이득과 개인적인 이익을 설명한 다음, 결정을 내리기 전에 거래처를 바꾸는 것의 득실을 잘 따져 달라고 부탁했다.

그는 거래처를 바꾸려 하지 않는 고객들에게 잠재적으로 수수료도 아낄 수 있고, 수익률도 더 높아진다며 거듭해서 '사실'을 설명해줬다. 그는 고객들이 왜 확신을 하지 못하는지 도무지 알 수가 없었다. 마크가 내게 물었다.

"수수료도 낮고 맞춤 서비스를 받을 수 있는데, 왜 그 점을 이해하지 못하는 걸까요?"

그들과 마크의 공감대가 서로 다르다는 것이 문제였다. 마크 자신도 고객들이 어떻게 느끼는지 이해하지 못했기 때문에 그들의 욕구에 맞게 설명할 수 없었다. 여성은 숫자 분석사실적 정보을 통한 투자의 장점을 들을 때가 아니라, 자산 관리사에 대한 신뢰와 확신감정적 관계이 들 때 더 쉽게 설득된다.

게다가 마크는 여자가 남자보다는 리스크 회피 성향이 높다는 사실도 이해하지 못한 듯했다. 이 여성들이 보기에 새로운 회사로 거래를 옮기는 것은 감당할 수 있는 수준 이상의 리스크라고 여겨졌을지도 모른다.

내 생각을 말하자 마크는 다소 당황한 듯 보였다. 어떤 여성들은 데이터가 아니라 미묘한 감정과 기억을 더 중시한다는 것을, 그는 쉽게 받아들이지 못했다. 마크는 고객의 감정이 중요하지 않다고 생각했지만, 이런 태도는 잠재적으로 큰 위험이 될 수 있다. **마크는 자신이 인간의 경험에서 아주 커다란 영역을 차지하는 감정의 중요성을 잊고 있다는 사실을 깨달을 수 있을까?**

여성이 리스크 회피 성향이 강하다면, 남성은 본인의 리스크 관리 능력을 과잉 확신한다특히 젊을수록. 오딘과 바버 교수는 7년 동안 대규모 할인증권사 데이터에 있는 35,000개 계좌의 거래 기록들을 분석했다. 분석 결과는 과잉 확신 이론 모델의 예측대로, 남자가 여자보다 평균적으로 45% 이상 많이 거래하는 반면, 연간 리스크 조정 순수익률은 남자들이 여자들보다 1.4% 정도 더 낮았다.

또 혼자 살 경우 과잉 확신하며 트레이딩할 위험이 증가했다. 이런 차이는 독신 남성과 독신 여성에서 더 극명하게 드러났다. 독신 남성은 독신 여성보다 67% 이상 거래를 많이 하며, 그들이 버는 연간 리스크 조정 순수익률은 독신 여성의 순수익률보다 2.3% 낮았다.

일반적으로 젊은 남성은 젊은 여성에 비해 투자할 때 리스크를 추구하는 편이고, 주식 거래를 많이 하며, 전반적인 재무 리스크도 더 높게 감수한다.

생물학적으로 젊은 남성의 리스크 추구 성향은 노년기에 비해 보상 시스템의 도파민 회로가 상대적으로 둔감하다는 사실과 관련이 있다고 볼 수 있다. 병적 도박 중독자와 감정적으로 슬픈 상태에 빠진 사람들처럼, 젊은 남성들도 도파민 분비를 자극하기 위해 리스크와 새로움을 추구한다. 남성들의 리스크 감수를 부추기는 요인은 도파민만이 아니다. 젊은 남성들의 신체는 리스크 감수에 대비해 호르몬을 왕성하게 분비시킨다.

진화생물학자들의 가설에 따르면, 젊은 독신 남성은 젊은 시절 사회적·재무적 이득을 최대한 많이 확보하려는 욕구가 있기 때문에 목표를 추구하는 동안 리스크를 많이 감수하려 한다. 하지만 나이가 들면서 남자들은 리스크가 높은 새로운 기회를 찾기보다는 기존의 자산을 통합하고 이용하는 데 더 많은 시간을 보낸다.

젊은 뇌는 베팅하고, 노년의 뇌는 분산한다

나이를 먹을수록 뇌가 어떻게 변하는지에 대해서는 현재에도 무수한 자료들이 존재한다. 연령대에 따른 뇌의 변화는 재무 상태에 득이 될 수도 있고 실이 될 수도 있다. 대다수 사람은 우아하게 늙으면서, 자기 나이의 한계에 맞게 움직이고, 본인의 강점에 능숙하게 초점을 맞춘다.

나이를 먹으면서 인간은 신경증이 감소하고 성실성이 높아진다. 신경증적인 투자자들은 정서적으로 안정된 투자자보다 투자 실수가 많은 편이다. 평균적으로 나이가 많은 성인은 젊은 사람에 비해 신경증 성향이 현저히 감소했다_{반대로 정서적 안정은 높아졌다}. 더욱이 나이가 많은 성인은 젊은 사람에 비해 성실성도 높은 편이다. 더불어 자기 규율이 높아지고 더 체계적이 된다.

뉴로이미징 연구에 의하면, 나이가 많아졌을 때 정서적 안정성이 높아지는 이유는 변연계의 활동이 감소해서가 아니라 변연계의 무질서한 충동을 차단하는 전전두엽피질의 힘이 강해지기 때문이다. 정서적 안정은 70년의 수명 동안 조금씩 연속해서 증가한다. 기술적으로 말하면, 정서적 안정과 충동 조절 능력_{성실성}의 향상은 부정적인 감정 정보를 통제하는 중앙전두엽피질의 힘이 더 커진 데 기인한다.

중장년기 이상의 투자자들은 주식을 매수하기 전에 자료를 조사하고 전략을 짜는 데 많은 시간을 보낸다. 그리고 나이 든 사람일수록 재무 리스크를 적게 감수하는데, 특히 은퇴 이후에는 리스크 감수 수준이 확연히 줄어든다.

아동기에서 성인기로 접어드는 동안에 인간은 적은 정보를 질적으로 분석하게 된다. 전문성이 늘어날 때도 인간은 같은 식의 정보 처리 패턴을 보인다. 정신적 지름길로 인해 인지 능력의 효율성이 증대되고, 그 덕분에 과거에 겪어본 적이 있는 의사결정 상황이 오면 더 빨리 정보를 처리할 수 있게 된다.

70대 이상이 되면 전전두엽피질과 변연계 사이의 관계가 약해진다. 둘 사이의 관계가 현저히 손상되어 전전두엽피질이 자극적인 충동을 억제하지 못하거나 리스크 관련 정보를 통합하지 못하게 되면, 사기성이 농후한 투자 '기회'에 쉽게 속아 넘어간다.

대체로 도박 실험에서도 나이 든 참가자가 젊은 참가자에 비해 리스크 회피 성향이 높았다. 70세 이상의 노인들은 복잡한 재무 결정을 내려야 할 때 쉽게 당황하곤 했다. 이처럼 인지력이 둔화되어 쉽게 혼란에 빠지는 탓에 그들은 투자 자체에 관심을 가지지 않으려 한다. 대신에 젊은 식구에게 결정을 일임하거나 아니면 결정을 내리는 자체를 완전히 거부한다. 젊은 투자자일수록 과도한 리스크 감수로 인해 재무적인 실수를 저지를 가능성이 높다.

나이와 인지 능력의 상관관계

1903년 이후부터 여러 심리학자와 학자는 시애틀에서 수천 명의 동세대 출생자들을 대상으로 표준적인 심리 실험을 수행해왔다. 연구의 목표는 연령 증가에 따른 인지 능력을 추적하는 것이다.

연구진은 피실험자들에게 시험을 위한 배터리를 지급한 다음 7년에 한 번씩 다섯 번에 걸쳐 인지 능력을 시험한다. 시험의 내용은 언어 능력, 공간 능력, 추론 능력, 계산 능력 외에도 몇 가지 인지 기능으로 이

인지 능력과 각 능력이 감소하기 시작하는 나이

능력	정의	능력이 조금씩 감소하기 시작하는 나이
언어 능력	말로 표현된 개념들을 이해하는 능력.	81세. 하지만 오늘날의 젊은 세대는 전 세대에 비해 언어 능력이 뒤떨어졌다.
공간 정위	두세 가지 차원에 배치된 물건들을 떠올려 정신적으로 공간적 배열을 재구성하며, 상상으로 떠올린 공간 속 물체들의 방향을 유지하며, 각 물체 사이의 공간적 관계를 인식하는 능력.	67세
귀납 추론	새로운 개념과 관계를 인식하고 이해하는 능력. 예측과 계획을 위한 논리적 문제 해결이 포함된다.	67세
계산 능력	숫자 사이의 관계를 이해하고, 숫자들을 다루고, 간단한 계량 문제를 빠르고 정확히 해결하는 능력.	60세. 하지만 오늘날의 젊은 세대는 전 세대에 비해 대체로 계산 능력이 뒤떨어졌다.
인지 속도	빠르고 정확하게 수치를 찾아내고, 비교하고, 그 밖에도 시각적 인지가 필요한 단순한 과제들을 수행하는 능력.	60세
언어 기억력	의미 있는 단어들을 암기하고 기억해내는 능력. 주로 암기 목록을 제공해서 측정한다.	67세

뤄져 있다. 평가되는 능력의 목록과 정의에 대해서는 표에 자세히 나와 있다.

연구진은 연령대별로 각 개인의 인지 능력 점수가 어떻게 달라지는지에 주목했다. 나이가 들면서 특정한 능력이 줄어드는가, 늘어나는가, 아니면 두 현상이 모두 나타나는가?

다음으로 연구진은 동세대군의 측정 결과와 다음 세대_{10년 간격}에 태어난 집단이 같은 나이에 이르렀을 때 측정한 결과가 어떻게 차이가 나는지 검토했다. 50년 전에 태어난 동세대군과 오늘날 성인들의 인지 능력이 똑같을까?

1903년 처음의 측정 집단을 시작으로 이후 7년마다 인지 능력을 측정했을 때 가장 먼저 감소가 관찰된 인지 능력은 인지 속도와 계산 능력이었고, 감소 시기는 60세부터다. 공간 정위, 귀납 추론, 언어 기억력은 67세부터 감소하기 시작한다. 언어 능력은 81세까지는 별로 사라지지 않고 유지된다. 이 모든 인지 능력은 80세 전까지는 비교적 조금씩 감소하지만, 이후부터는 다소 빠른 속도로 줄어든다.

서술 기억Declarative memory, 사실과 지식 등 의식적으로 생각해낼 수 있는 기억도 정상적인 노화 과정에서 조금씩 감소한다. 서술 기억이 줄어들면 최근에 일어난 사건이나 관련된 사람을 기억하지 못하게 될 수도 있다. 서술 기억의 감소는 최근의 사건이나 대화, 일상의 상호 행동을 암호화하는 해마의 기능이 노화로 인해 조금씩 손상되는 것과 관련이 있다.

노화가 진행되면서 나타나는 뇌의 또 다른 중요한 변화는 전전두엽피질이 얇아지는 것이다. 전전두엽피질이 얇아지면 멀티태스킹, 암산,

신속한 주의 전환 능력이 줄어든다.

위의 변화는 노인들이 금융사기에 쉽게 속아 넘어가는 이유를 일부 설명해준다고 볼 수 있다. 계산 능력이 현저히 감소했는데 언어 능력은 그대로라면, 잠재적 투자의 기본적 위험을 이해하지 못할지라도 겉으로는 아무 표시가 나지 않을 수도 있다. 미국에서 노인을 대상으로 행해진 모든 사기 사건 가운데 절반 이상이 금융사기며, 피해자 수는 50만을 넘는다.

또한 노인들은 처리 속도가 상대적으로 늦기 때문에, 직접 시간과 노력을 들여 조사하는 대신에 조언자의 말을 '곧이곧대로' 받아들이기만 할 수도 있다.

나이가 들수록 인지 능력이 떨어지는 이유가 뭘까? 능력 트레이닝을 강화할수록 좋은 결과가 나온다는 사실을 감안하면, 반대로 사용 부족이 인지 능력 감소의 가장 큰 원인이 된다는 사실을 짐작할 수 있다. **한 마디로 '사용하라, 그렇지 않으면 잃게 된다'인 셈이다.**

1970년대에 시애틀의 학자들은 시험 참가자들의 인지 능력이 지속적으로 개선되면 퇴화를 차단하거나 방지할 수 있는지 알아보기 위해 한 가지 훈련 프로그램을 시작했다. 인지 능력의 감소 시기를 늦추거나 손상을 회복하기 위해 노년기의 참가자들에게 단순한 훈련 프로그램을 시행했더니, 훈련을 받은 참가자들의 인지 능력이 시간이 지날수록 지속적으로 개선되었다. 훈련을 받지 않은 사람들은 인지 능력이 급격히 저하되는 증상을 보였다.

노화가 진행되고 있는 뇌를 훈련하기 위해 아주 가까이에 간단하고 쉬

운 답이 있다. 바로 새로움이다. 새로운 활동이나 독특한 도전에 참여하게 되면 뇌가 튼튼해질 수 있다. 뇌도 근육처럼 사용해야 유지된다.

나이가 든다고 단점만 있는 것은 아니다. 나이가 들면서 정서적 안정성과 성실성이 늘어나고, 인간관계와 살면서 겪는 대소사의 패턴들을 이해하는 능력도 향상된다. 노년기에 접어들수록 익숙한 상황에 대한 사고 '휴리스틱지름길'이 자리를 잡기 때문에 일상적인 의사결정의 속도도 빨라진다.

또한 나이를 먹을수록 그동안 쌓은 전문 능력과 지식을 잘 관리한다. 세상과 본인의 업무에 대한 호기심과 흥미를 유지할 수 있고 신체적으로도 건강하다면, 적어도 80대 중반까지는 직업을 유지할 수 있어야 한다. 너무 많은 사람이 일찍 은퇴하는 이유는 해당 분야의 전문 능력이 줄었기 때문이 아니라, 으레 그래야 한다고 생각하기 때문인지도 모른다.

동양과 서양의 투자 심리

중국의 개인투자자들도 서구의 투자자들과 비슷한 행동 편향을 보인다. 중국과 미국의 학자들은 중국 5대 도시에 거점을 둔 46,969개의 개인 증권 계좌에 대해 4년 동안의 거래 기록을 추적했다. 이들 중국 투자자 중에서도 과잉 확신정보가 아주 적은 상태에서도 과다 트레이딩과 매수, 처분효과패배한 종목은 오래 보유하고 승리한 종목은 빨리 처분, 대표성 휴리스틱이 존재했다. 심지어 경험이 많은 투자자들도 이런 행동 편향에 빠져 있음을 보여주는 유의미한 증거도 발견되었다.

중국 투자자들도 실패한 종목을 너무 오래 보유하고 성공적인 종목은 너무 빨리 매도했다. 처분하고 한 해가 지난 뒤 매도한 종목과 매수한 종목의 실적은 전자가 후자보다 2.5% 높았다. 부정적인 수익률이긴 하지만, 오딘 교수가 미국의 6만 개 증권 계좌에서 발견한 실적 차이보다는 약간 낮은 편이다.

중국 투자자들 역시 과거에 승리했던 종목을 '뒤늦게 좇는' 성향을 보였다. 그들은 과거 4개월 동안 평균수익률이 17% 이상인 주식을 매수했다. 이런 주식들의 과거 1년 동안 평균수익률이 2.9%였다는 점으로 미루어, 투자자들이 주식을 매수할 때 가장 최근의 단기 실적에 초점을 맞추고 있다는 의미가 된다. 중국 투자자들은 단기에 고속 상승하는 종목을 주로 매입하는데, 이런 성향은 다른 지역 투자자들보다 훨씬 두드러지는 편이다.

연구진은 중국 투자자들이 분산투자가 미흡하고 거래를 자주 하기 때문에 이들이 '과잉 확신'의 편향에도 빠져 있다고 단정했다. 하지만 분석 대상 기간 동안에는 매매를 빈번하게 했던 트레이더들이, 그렇지 않은 투자자보다 실제로 수익률이 더 높았다는 사실월별 0.5%을 유념할 필요가 있다.

2002년 선전증권거래소의 투자자들을 대상으로 실시한 설문 조사에서 처분 효과의 확실한 증거가 발견되었다. 전체 응답자 중 54%의 개인 투자자들이 주가가 10% 상승하면 주식을 팔겠다고 답했다. 손실이 발생하면 어떻게 할 거냐는 질문에 포지션을 처분하겠다고 답한 투자자는 27%에 불과했다.

타이완의 TAIEX 지수옵션거래소의 시장 조성자들은 오전에 이익을 보면 오후에는 리스크 감소 수준을 평균 이상으로 높였다. 실제로 이 거래소에서 오전에 이익을 본 시장 조성자의 비율에 따라 오후 장세의 유동성과 변동성이 달라진다.

시카고의 전문 트레이더보다도 TAIEX의 트레이더들이 하우스머니 효과공돈 효과를 더 강하게 보이는데, 조사 결과에 따르면 성공적인 트레이더일수록 아침에 이익이 나면 오후의 리스크를 훨씬 많이 높였다. 그러나 경험이 많은 트레이더는 성공적인 오전장 이후에도 오후장에서 리스크를 높이는 행동을 별로 보이지 않는다.

과거의 주가 패턴을 대표적인 참조 기준으로 이용하는 쏠림 현상의 증거가 중국의 주식시장에서도 발견되었다. 특히 유동성이 낮은 클래스 B 주식의 경우 그 현상이 더욱 두드러졌다. 중국의 투자자들에게 트레이딩은 단순한 개인 활동이 아니라 사실상 하나의 팀 스포츠처럼 여겨질 수 있다. 거리상 가까이에서 일하는 투자자들이 같은 주식을 매수하는 경우가 많았는데이들은 대개 같은 지역의 지점에서 거래했다, 연구진은 '입소문' 효과를 주요 원인이라고 생각한다.

미국에서도 다루는 펀드는 다르지만, 같은 도시에 거주하는 뮤추얼 펀드 포트폴리오 매니저들 역시 똑같은 군집 행동을 보였다. 투자 아이디어가 국제적으로 전염되기는 하지만, 주식 매매를 일종의 '팀 스포츠'로 생각하는 중국에서는 그 전파력이 훨씬 강하다.

간단히 요약하면 다음과 같다. 남자와 여자는 트레이딩 패턴이 다르다. 여자들은 감정적 기억을 오랫동안 유지하고 리스크 회피 성향이 높은 반면에, 남자들은 재무 리스크를 과도하게 감수하면서 장기적으로는 낮은 수익을 거둔다. 연령대에 따라 리스크 감수의 태도도 변하는데, 이는 나이를 먹으면서 인지 능력이 변하고 리스크를 이해하기가 더 힘들어지기 때문인 것으로 보인다.

남자 투자자와 여자 투자자, 나이 든 투자자와 젊은 투자자 사이에는 생물학적으로 유의미한 차이가 존재한다. 하지만 서양과 동양의 투자자들 사이에는 유의미한 투자 행동 차이가 거의 존재하지 않는다. 또한 경제 발전이나 재무 교육의 수준 차이를 기준으로 설명할 수 있는 문화적 차이도 거의 없다.

Chapter 16

성공 투자를 위한 투자자들의 단련법

"잘못은 언제든 인정하라. 그러면 권위자들이 방심하게 되고 너는 더 많은 기회를 얻을 수 있게 될 것이다." - 마크 트웨인

조지 소로스, 워런 버핏, 폴 튜더 존스는 마치 태생적으로 투자 재능을 타고난 사람들처럼 보인다. 정말로 그들은 투자 재능을 타고났을까? 과연 그럴지 의문이다. 그들을 위대한 투자자로 이끌어준 심리적 특징은 무엇일까? 적응력, 자신감, 긍정적 성격, 정서 안정 같은 성격 특성이 뛰어난 실적에 도움이 되기는 한다. 하지만 어떤 한 가지 특성이 아니라 여러 특징이 두루 혼합되었을 때, 진정으로 탁월한 성과가 탄생하게 된다.

훌륭한 투자 성과를 이루기 위한 첫 단계는 교육이다. 자신이 지금 시장에서 어떤 행동을 하고 있는지 이해해야 한다. 내 투자 전략은 무엇일까? 그 전략은 왜 좋은 전략일까? 변동성은 어떻게 다뤄야 할까?

두 번째로는 자기 평가다. 본인의 강점과 약점을 알아내고 사용 가능

한 자원을 파악해야 한다. 내 심리적 아킬레스건은 무엇이며, 이것을 보호하려면 어떻게 해야 할까? 사회적 지원과 사업적 네트워크는 어디에서 확보해야 할까? 안전망을, 다시 말해 대비책은 어떻게 마련할까?

완전한 자기 평가는 결코 쉬운 일이 아니다. 수많은 자기기만과 인지 편향이 객관적인 평가를 방해하기에, 인간은 그로부터 완전히 자유로울 수 없다.

편향은 재무 실적을 심각하게 저하시킬 수 있다. 편향에 사로잡힌 포트폴리오 매니저와 투자자는 과다 트레이딩하고, 지나치게 낙관적으로 전망하며, 패배한 주식을 너무 오래 보유한다. 금융 애널리스트들은 특히 쏠림 행동 같은 사회적 편향에 빠지기 쉽다. 전문 트레이더들은 최근 거래에서 손해를 보면 다음에는 무모할 정도로 리스크를 감수한다.

뇌의 인지 체계와 감정 체계에 이런 행동 편향이 뿌리 깊이 박혀 있다. 잠재의식 깊숙이에서 시작되기 때문에, 이런 행동 편향들은 고치기는커녕 찾아내기도 결코 쉽지 않다.

심리적 행복, 정신적 훈련, 신체적 건강에 약간이라도 좋은 변화가 생기면 성공적인 의사결정을 내릴 확률이 개선된다. 몇 년에 걸쳐 조금씩일지라도 성공적인 의사결정 확률이 높아지면 장기적으로 더 좋은 결과가 나오기 마련이다.

이번 챕터에서는 마인드를 최적 상태로 만들어, 편향을 줄이고 투자 의사결정을 개선하는 데 도움이 될 방법들을 소개하고자 한다. 그 과정에서 기본적인 심리학 개념을 다시 살펴보고, 정서 적응성과 대응 능력을 간략히 설명한 다음, 자기 규율 개발에 필요한 단계를 대략적으로 설명한다.

이번 내용이 투자 여행을 시작하기 전에 어느 정도 도움이 되기야 하겠지만, '나라는 인간'이 근본적으로 바뀌지는 않는다. 결국 본인이 정보를 어떻게 해석하는가가 가장 중요하다. 동기부여 전문가인 짐 로빈스 말처럼 말이다.

"팔굽혀펴기를 대신해줄 사람은 아무도 없다."

돈이 아니라 열정을 위해 투자하라

어떤 투자자들은 말도 안 되는 금액을 벌거나 인생을 획기적으로 변화시킬 부를 쌓는 것이 투자의 목표라고 말한다. 하지만 이런 목표만을 추구한다면 순식간에 잘못된 길로 빠질 수 있다. 투자 결정에 자아가 개입되고 결과에 감정적으로 반응하게 된다. 더욱이 돈 자체를 목표로 삼는 행동은 개인의 행복감과 자긍심이 낮을 때 나타나는 증상이다.

재무적 성공에 대한 열망과 개인적으로 중요한 가치를 동일시하는 사람은 그렇지 않은 사람보다 심리적 활력과 자아 성취 수준이 낮으며, 신체적 통증도 많이 생긴다. 자기 수용Self-acceptance, 현재의 자신에게서 행복감과 만족감을 느끼는 심리, 소속감, 공동체 의식, 신체적 건강에 대한 열망을 우선시하는 사람은 평균적으로 더 행복하며 우울증에 적게 걸린다. 역설적인 말일 수도 있지만, 이익 추구를 가장 주된 목표로 삼는 것은 정신이 병들었다는 신호다.

물론 금융시장에 참가하는 사람들이 돈을 버는 데 관심을 가지는 것은 지극히 당연한 일이다. 그럴지라도 **돈이 즐거운 일의 부산물이 아니라 목표 그 자체가 되는 순간, 정서적 안정에 문제가 생긴다.**

최고의 투자자, 은행가, 경영자들이 좋은 성과를 올리는 이유는 금전적 보상 때문이 아니라 자기 일을 사랑하기 때문이다. 경영의 석학 피터 드러커는 금융투자에서 열정을 가질 수가 없었기에 그 분야를 떠났다.

"1930년대에 런던에서 나는 투자은행의 젊은 증권인수 담당자로서 꽤 좋은 실적을 올리고 있었고 내 장점도 십분 발휘할 수 있었다. 하지만 자산 매니저로서 사회에 공헌하는 내 모습이 그려지지 않았다. 깨닫고 보니, 내가 소중히 여기는 것은 사람들이었다. 공동묘지에서 가장 부자가 된들 아무 의미가 없었다. 나는 돈도 없었고 일자리 전망도 좋지 않았다. 대공황이 계속되고 있었지만 나는 투자은행을 그만뒀다. 그리고 그것은 옳은 선택이었다."

금전적 결과에만 초점을 맞추면 투자 결정도 한쪽으로 편향된다. 일부 트레이딩 서적과 논문들은 단기 손익에 집착하지 않는 '선禪' 접근법을 권한다. 이익과 손실에 자아가 집착하게 되면 단기의 성과를 기대치와 목표에 비교하기 때문에 감정적 반응이 더 커질 수밖에 없다. 결과에 초연하고 투자 의사결정에 초점을 맞추면 점차 전략이 다듬어지면서, 시장 변동성이 높은 기간에도 정서적으로 안정된 반응을 보이게 되고, 장기적으로도 수익률이 올라간다.

금전적 신호를 무의식에 새겨라

여러 연구에서도 드러났듯이 돈에 대한 생각이 행동에 무의식적으로 영향을 미치며 그 효과는 겉으로도 드러난다. 실험에서 금전적 신호를 보여줬더니 가령 현금이 그려진 포스터나 재무 관련 주제의 문장을 해석하게 했다 참가자들이 문제를 해결하는 방식과 문제들을 결부시키는 방법이 달라졌다. 금전적 신호를 본 참가자들은 자립심이 커졌으며, 의존과 부양에서 자유로워지려는 욕구가 생겨났다.

미리 금전적 신호를 본 피실험자들은 어려운 과제를 풀 때 다른 참가자들보다 더 오래 있다가 도움을 요청했으며 각각 314초와 173초, 당황한 동료를 도와준 시간은 다른 참가자의 거의 절반이었으며 각각 67초와 148초, 실험실을 나갈 때 '학생 기금' 모금함에 기부한 돈도 절반 정도였다 0.77달러와 1.34달러. 더욱이 금전 신호를 본 피실험자들은 혼자 놀고 혼자 일하는 것을 선호했으며, 얼굴을 처음 본 사람과의 물리적 거리도 더 멀리 유지하려고 했다 18cm와 80cm.

대체로 금전적 신호를 본 피실험자들은 자립심이 높아지고, 관대함은 감소했으며, 타인과의 거리도 넓히려 했다. 이와 같은 '금전 자각 Money consciousness'은 본인이 의식하지 않는 사이에 생겨나며, 위의 실험에서 보듯이 사회적 상호작용과 행동에도 심층적인 영향을 미친다.

책의 앞부분에서 참가자들의 감정을 무의식적으로 조종했더니, 판단력과 행동이 바뀌었다는 실험을 소개한 바 있다. 실험 참가자들은 잠재의식적인 감정을 유도하기 전이나 후나 느낀 감정은 같았다고 말했다.

무의식적인 감정은 의식 '아래에서' 영향을 미치지만, 인간이 의사결정을 내리는 방식에 근본적인 효과를 발휘한다.

무의식적 감정을 이해하고 관리하기 위해서는 그런 감정이 어떻게 유발되는지 이해하는 것이 도움이 된다. **무의식적인 감정이 발생하도록 자극하는 것은 대부분은 개개인의 내적 성향이지만, 시간이 흐르면서 학습되거나 사건에 대한 반응으로 감정이 발생하기도 한다.**

행복까지 지켜내는 투자 심리

일부 사람들은 '장밋빛 색안경'을 만성적으로 끼고 산다. 그들의 긍정적인 행복감은 대부분 물려받은 것이다. 일반적으로 개개인의 평균적인 행복감은 부모의 행복감과 관련이 있다. 여러 연구에 따르면 행복감은 최대 80%까지 유전될 수 있지만, 일반적으로는 50% 정도가 유전된다고 알려져 있다.

모든 인간에게는 기본적인 수준의 행복감이 있으며 그 수치는 주로 유전자 특성에 좌우된다. 순간순간 느끼는 행복감은 큰 차이가 날 수 있겠지만, 장기적인 평균은 기본적으로 물려받은 행복감 수준 근처에서 머물게 된다.

유전적 요인 외에도 성공, 실패, 안락함, 역경에 대처하기 위해 개인이 학습한 대응 전략도 행복감 수준에 영향을 미친다. 또한 무의식적인 감정도 단기적인 행복감에 영향을 미친다. 예를 들어 뜻밖의 재무 이익

같은 단기 사건이 발생했을 때, 여기에 반응해 뇌의 비교 기제가 만들어내는 무의식적인 감정도 영향력을 발휘한다. 그러나 단기 감정의 영향력은 오래 지속되지 않는다.

놀랍게도 중대 사건을 겪은 후 새로운 상황에 감정적으로 적응하게 되면, 행복감은 원래의 기본적인 수준으로 돌아간다. 이를테면 횡재를 한 사람은 처음에는 아주 기뻐하지만 1년이 지나면 삶에 대한 만족감이 거의 기본적인 상태로 돌아가게 된다. 이런 현상을 심리학은 '쾌락 적응Hedonic adaptation'이라고 부른다.

행복감 연구가 입증했듯이 **복권 당첨자는 당첨되지 못한 사람보다 1년 후에도 더 행복한 것은 아니며, 신체가 마비된 사람도 1년 후에 보면 그렇지 않은 사람보다 아주 약간만 불행할 뿐이다. 인간은 새로운 상황에 얼마든지 적응해서 여기에 맞춰 기대치를 재조정하기 때문이다.**

심리 치료는 환자로 하여금 사고와 감정, 의사결정 사이의 연결고리를 자각하게 함으로써 심리적 적응 능력을 길러주는 것을 목표로 삼는다. 한 연구에서는 살면서 겪은 최악의 경험을 3일 동안 15분씩 말하게 했더니 4주 후에 삶에 대한 만족감과 신체적, 정신적 행복감이 증가한 것으로 측정되었다. 방법을 조금 바꿔 단지 최악의 경험을 생각만 하고, 분석하거나 남들 앞에서 말하거나 종이에 적지 않았더니 행복감이 늘어나지 않았다.

인간은 자신 깊숙이 자리한 감정을 의식하지 못한다. 그런 이유로 서양의 심리 치료든 동양의 명상법이든 본인의 감정을 깨달아 해소하기 위한 도구를 제공한다. 이들 도구는 사용법이 간단하지도 쉽지도 않다.

오히려 많은 시간과 노력을 기울여야 한다. 그리고 현재 본인이 이런 방법들을 사용하려고 고민 중이라면, 본인의 필요에 들어맞는 심리 치료사나 명상 방법을 찾기 위해 충분한 시간과 노력을 할애할 준비가 되어 있는지 스스로에게 물어봐야 한다.

신경 가소성과 투자 심리 훈련

자신의 잘못된 측면을 확인하고, 잘못을 고치는 데 노력을 집중하고, 체계적으로 실천에 옮기다 보면 뇌의 회로도 서서히 바뀌게 된다. 일종의 신경 재구성과 재배치 과정인 이른바 '신경 가소성'을 통해 고착되어 있던 편향들이 일부나마 경감되거나 완화될 수 있다.

신경 가소성이란 새로운 환경의 요구에 적응하기 위해 신경의 구조와 기능이 바뀌게 되는 성향을 의미한다. 피아니스트를 예로 들면 빠른 손놀림을 위한 신경 협응과 통제가 방대한 네트워크를 이루게 되며, 이 부분과 관련된 뇌의 물리적 영역도 일반인보다 더 커진다. 이런 방대한 신경 네트워크 구축은 연습과 집중 사용을 통해 오랜 시간에 걸쳐 진행된다. 피아노를 치지 않는 사람은 이것과 관련된 방대한 신경 네트워크가 구축되지 않는다.

마찬가지로 감성 지능을 향상시키는 방법을 연습한다면 주의력을 발휘하고, 자의식을 유지하며, 충동 조절하는 능력이 강화된다. 티베트 승려들은 하루에 몇 시간씩 명상한다. fMRI 연구에서는 기쁨과 자비심을 키우는 자비 명상을 1만 시간 이상 수행한 승려들과 자비 명상 초보자들의 뇌를 비교 분석했다.

자비 명상을 오랫동안 한 고승들의 뇌는 대조 집단에 비해 긍정적 감정과 관련된 부분_{왼쪽 전전두엽피질}이 더 크게 활성화되었으며, 두려움과 분노 같은 부정적 감정을 불러일으키는 부분_{오른쪽 전전두엽피질}은 약하게 활성화되었다.

피질의 뇌파를 확인하는 뇌파 검사에서 연구진은 자비 명상을 오래 한 고승들은 명상에 입문한 지 얼마 안 되는 승려들에 비해 명상할 때 감마파 동조 현상이 매우 높다는 사실을 확인했다. 고승들은 명상을 통해 초점을 맞춰서 뇌의 활동을 동조화하는 방법을 학습했고, 그 결과로 주의 집중력이 향상되고 정서도 개선되는 것으로 나타났다.

〈월스트리트 저널〉 논평에서는 이렇게 말한다.

"이 연구는 매혹적인 가능성을 열어줬다. 뇌도 신체의 다른 기관처럼 의도적으로 고칠 수 있다. 에어로빅이 근육을 다듬어 주는 것처럼, 정신 훈련은 뇌의 회백질_{Gray matter, 뇌와 척수에서 신경 세포체가 밀집되어 있어 짙게 보이는 부분}을 단련시킬 수 있다. 과학자들은 이제 막 어렴풋이 그 방법을 이해하기 시작했을 뿐이다."

신경 가소성은 주의 깊게 훈련하고, 자주 사용하며, 자기 규율을 마련한다면 뇌의 구조와 기능이 바뀔 수 있다는 중요한 교훈을 전해준다. 정신과 감정 훈련 역시 본질적으로 운동선수들의 훈련과 다르지 않다. 올바른 방향을 세우고 꾸준히 노력한다면 신체와 정신이 훈련되어 목표 달성에 도움이 된다.

정신적 '선수'는 결정의 순간이 닥쳐야 비로소 자신이 지닌 진짜 재능을 드러낸다. 그들은 새로운 정보에 대응하는 방식, 가격 변동성과 손익을 다루는 태도, 분석과 직관을 결합해 판단을 내리는 모습에서 투자자의 탁월함을 보여준다.

약물로 조작된 수익은 반드시 무너진다

음식물에 함유된 화학 물질, 약물 치료, 불법 약물 모두 재무적 의사결정에 숱한 영향을 미친다. 지방 섭취, 카페인 섭취, 알코올 소비 등 식이성 물질들이 의사결정에 근본적인 변화를 일으킬 수 있지만, 식이성 물질을 심각한 문제로 여기는 투자자는 거의 없다.

아마도 트레이더와 투자자들이 화학 물질과 식단을 무시하는 것은 그 영향이 미묘하기 때문일지도 모른다. 게다가 카페인을 비롯한 일부 물질은 어떤 투자자에게는 인지적 유연성을 손상시키지만, 어떤 투자자에게는 오히려 도움이 되기도 한다.

식단의 변화가 상황에 맞는 유연한 의사결정을 일으킬 수 있는 반면에, 약물 치료의 경우 어떤 방법도 모든 시장 상황에서 똑같은 결과를 일으키지는 못한다. 이미 알려진 의학적 질환이나 정신적 장애를 앓고 있는 투자자에게는 일부 약물 치료법이 재무적 의사결정과 행동을 개선해주는 효과가 있다고 여겨진다.

일부 투자자들이 고혈압이나 실적에 대한 불안감을 완화하기 위해

베타 차단제를 복용했더니, 나중에 투자를 평가하는 과정에서 도움이 되었다는 결과가 보고되기도 했다. 베타 차단제는 군중의 불안 심리를 객관적으로 바라볼 수 있게 해준다. 또한 CEO들은 리더의 자리에서 오는 불안감을 줄이기 위해 선택적 세로토닌 재흡수 차단제SSRI를 복용하기도 한다.

양극성 장애조울증를 앓는 한 트레이더는 내 처방을 받아 리튬 제제를 복용하기 시작했다. 그는 며칠 동안의 야근이나 빠른 사고, 창의성이 필요하다고 싶을 때 스스로의 판단에 따라 복용량을 조절했다. 개인적인 견해이긴 하지만, 투자 의사결정을 개선하기 위해 약물을 복용하는 것은 권하고 싶지 않다.

어떤 투자자들은 일종의 자가 치료 수단으로 알코올, 코카인, 암페타민을 비롯해 불법 약물을 복용한다. 하지만 오히려 장기적으로 수익률을 악화시키는 결과를 낳는다. 트레이더가 일과가 끝난 뒤 맥주 한 잔으로 심사를 달랜다면, 그는 업무를 하면서 겪게 된 불안감과 과잉 각성을 화학적으로 달래고 있는 셈이다. 불행하게도 알코올 섭취는 오히려 숙면을 방해하기 때문에 다음 날 쉽게 인지적 피로가 찾아오고 판단력도 눈에 띄게 저하된다.

트레이더가 코카인이나 암페타민 등의 각성제를 복용한다면 순간적으로는 도파민 기능이 촉진되고 자신감이 늘어나겠지만, 대개는 부적절한 오남용일 가능성이 높으며 약물 중독과 영구적인 부작용에 빠질 위험이 높다.

한 전문 포커 플레이어는 암페타민 제제를 처방받아 복용했기 때문에 오랜 시간 게임을 한 후에도 다른 사람들에 비해 각성도가 줄지 않았고, 그 덕분에 수백만 달러를 따는 데 도움이 되었다고 말한다. **포커나 체스처럼 인지 능력이 쉽게 소모되는 게임에서는 각성 상태의 증가가 도움이 되기도 한다.** 특히 상대편이 약을 복용하지 않았을 때 더욱 유리하다. 하지만 투자자에게도 똑같은 도움을 주지는 않는다.

투자는 감정보다 자기 규율

자기 규율이라는 성격적 특성은 개개인마다 정도 차이가 심하다. 무엇보다도 개인의 자기 규율 수준은 그 사람의 부와 상관관계가 있다. 대체로 즉각적인 만족감 추구는 성공에 도움이 되지 않는다. 자기 규율은 이 책에 나오는 모든 자기 회복 운동을 수행하기 위한 선행 조건이다.

자신을 변화시키는 과정에 들어서기 전에 자신에게 변화를 시작하려는 의욕이 있는지, 탐험하려는 호기심이 있는지, 그리고 시련 앞에서도 나아갈 수 있게 해주는 규율이 있는지 스스로 점검해야 한다. 주저하는 마음이 든다면 다시 시작해야 한다. **자기 규율이 없는 투자자에게는 투자의 '규칙'도 소용이 없다.** 그렇다면 자기 규율이 없는 투자자가 체계적인 투자자로 변모하려면 어떻게 해야 할까?

자기 규율의 핵심은 감정 관리며, 감정 관리는 감정 억제와는 다르다. 감정 관리는 감정에 대한 억압과 대치하는 것이 아니라 감정의 자각과 방향 유도에 초점을 맞춘다. 원하지 않는 감정을 억압하고 대치하면서 내부에 갈등이 발생하면 인지 자원이 혹사당한다. 지그문트 프로이트는 감정 억압이 정신병의 근본적 원인이라는 이론을 펼치기까지 했다. 개인의 행복감과 타인과의 조화로운 관계를 유지하기 위해서는 강력한 감정이 생산적으로 배출되도록 유도하는 것이 중요하다.

자기 규율은 한 가지 투자 전략에만 고집스레 집착하는 것이 아니라 초점과 체계를 갖춰 투자를 검토하는 마음과 정신을 의미한다. 대다수 투자자는 시장의 역할과 적절한 경계선을 이해할 정도로 경험이 충분하지도 교육을 많이 받지도 못했다.

'주식시장의 마법사'로 불리는 마크 D. 쿡과 같은 트레이더는 감정의 자각과 자기 규율을 어떻게 활용해야 하는지 잘 안다. 역사상 가장 성공적인 단기 트레이더로 손꼽히는 쿡은 이렇게 말한다.

"시장에서 가장 큰 두려움에 사로잡힐 때마다 감정은 나로 하여금 롱 포지션과 매수 행동을 취하게 이끈다. 두려움이 압도적으로 커질 때마다 자기 규율은 매수를 하라고 말한다. 자기 규율이 반드시 이기거나 내가 지거나 둘 중 하나다."

감정적 충동을 찾아내는 것도 중요하지만, 쿡은 이런 충동을 역투자 매매 신호로 이용한다. 강력한 감정적 충동에 반대되는 행동을 하려면 그 역시 상당한 용기를 끌어모아야 한다.

투자자의 자기 규율을 향상시키기 위한 방법들은 다음 표에 소개되어 있다. 자기 규율과 인지적 유연성이 균형을 이룰 때, 규칙을 적용해 실적을 향상시킬 수 있으며 과도할 정도로 엄격하게 규칙을 고집하지 않아도 된다.

자기 규율에서 일탈하게 만드는 감정 유발 요인 식별하기

자기 규율	일탈 진단을 위한 질문
자각	어떤 감정이 들 때 자신이 세운 규칙을 깨게 되는가? 특별한 패턴이 존재하는가? 이 때 내세우는 이유나 합리화는 무엇인가?
인식	자기 규율을 실행에 옮기면 무엇이 사라지는가?
용기	전략이나 자기 규율의 마인드가 생기지 못하도록 방해하는 요인은 무엇인가? 다루고 싶지 않은 힘든 주제는 무엇인가?
체계	강점을 잘 살릴 수 있지만 더불어 다른 중요 요소도 간과하지 않는 분석 프로그램을 설계할 수 있는가?

아래에 적는 아이디어는 단기투자자와 트레이더에게 큰 도움을 주지만, 애널리스트와 포트폴리오 매니저도 많은 도움을 받을 것이다.

① **새로운 마음가짐으로 하루를 시작하라.** 옵션 전문가 리처드 프리슨은 최근에 어떤 실적을 거뒀든 상관없이 시장에 숨어 있을 리스크를 매일 새롭게 상기한다. 그는 이렇게 주문을 외운다. "오늘도 나를 향해 날아오는 총알이 있을 테니, 그 총알이 어디에서 날아올지 그리고 어떻게 멈춰야 할지 미리 알아둬야 해." 이런 주문은 과잉 확신을 줄이고, 겸손함을 키우며, 준비정신을 되새겨준다.

② **감당할 수 있는 돈만 투자하라.** 이번 트레이딩에 사용한 투자 자금 때문에 두렵거나 흥분된 마음이 가시지 않는다면, 본인의 판단력은

아무 도움도 되지 않으며 명료하게 생각하지도 못하게 된다. 잃어도 큰 문제가 되지 않는 수준 이상의 액수는 투자하지 마라.

③ **계획을 짜고 예상하되, 감정적으로 반응하지 마라.** 린다 브래드포드 라쉬케는 이렇게 말한다. "시장이 문을 열기 전에 자신이 무엇을 해야 할지 미리 알아둬라." 마크 쿡은 이렇게 말한다. "계획은 트레이딩의 객관적인 부분이다. 최악의 시나리오에서 시작해 거기서부터 진행하라. 일단 트레이딩에 뛰어든 다음에는 감정에 지배되기 마련이다. 따라서 투자 활동을 시작하기 전에 계획부터 세워둬야 한다."

투자 일지 기록하기

일부 학자들은 트레이더가 과거의 실수를 깨닫고 교훈을 얻을 때 더욱 합리적으로 행동하는 방법을 익히게 된다고 믿는다. 이때 권해지는 방법이 바로 투자 일지 작성이다. 투자 결정을 이끌었던 기본 가정과 투자의 결과를 투자 일지에 기록하면, 의사결정에서 습관적으로 나타나는 본인의 약점과 강점에 대한 귀중한 통찰력을 얻을 수 있다.

투자 일지는 다음 표와 비슷한 형태를 따르면 된다. 본인의 의사결정 과정에 맞게 얼마든지 형식을 수정해도 상관없다. 투자 심리학자 브렛 스틴바거가 지적하다시피, **투자 일지를 기록하는 것은 트레이더가 매일 훈련하고 연습해야 하는 중요한 부분이다.** 운동선수들이 훈련하고 신체적 기법을 갈고 다듬듯이, 투자자는 투자라는 정신 게임에서 본인의 장단점을

투자 일지를 만들 때 도움이 되는 질문들

투자 일지 : 다음의 질문을 스스로에게 던진 후에 답변을 기록하라.	
투자 결정을 내리기 전	내가 이 종목에 투자하려는 본질적인 이유는 무엇인가? 중요도의 순위를 매기고 목록을 작성하라. 이번 투자에 대해 어떤 감정이 드는가? 이번 결정에 대해 어느 정도 자신이 생기는가? 내 장점은 무엇인가? 다른 투자자가 이 기회를 인식하지 못한 이유는 무엇인가? 어떤 객관적인 변화가 발생하면 투자 결정을 번복해야 하는가? 구체적인 매도 기준은 무엇인가?
투자 결정을 내린 후, 결과가 나오기 전	결정에 대해서 의심스러운 느낌이나 다른 어떤 특별한 감정이 드는가?
결과가 나온 후	정확한 결정이었는가? 판단이나 의사결정 과정에 오류가 있지는 않았는가? 이번 결정과 과거의 결정에서 비슷한 패턴이 존재하는가? 투자 철학에서 벗어나지는 않았는가? 이번 결정에서 가장 잘한 부분은 무엇이었는가?

※ 이것은 계량적 통계 수치의 보조 장치로 활용해야 한다.

분명히 인지해야 한다.

투자 일지 작성이 성가시고 시간만 든다고 생각될 수도 있지만, 운동선수들이 한 시간 동안의 시합을 위해 수백, 수천 시간을 연습하고 훈련한다는 사실을 기억하자. 여기서 제시한 투자 일지 형식을 따르기가 힘들다면 적응되기 전까지 최대한 단순한 형태로 기록해도 괜찮다.

수십 건의 투자 결정을 모니터링하고 나면 수집한 데이터를 검토하는 데 도움이 된다. 자신의 감정과 결정에 패턴이 존재하는지 찾아봐야 한다. 감정이란 우리가 정보를 평가하고 결과를 판단하는 방식을 왜곡하기 때문에, 감정과 판단이 조금이라도 관련이 있는지 없는지 잘 관찰해야 한다.

투자 일지는 계량적 통계 수치를 정리한 표준적인 스프레드시트의 보조 장치로 사용해야 한다. 스프레드시트에는 트레이딩 스타일_{초단기 매매, 데이트레이딩, 장기투자}, 손절매 경계선_{시간과 금액}, 목표가격, 뉴스, 시간, 펀더멘털 가치를 정리해둔다.

중요하게 감안해야 할 데이터는 기대 리스크/보상 확률, 트레이딩 건당 기대 및 실질 손익, 장단기 거래의 횟수, 성공적인 매매와 실패한 매매의 횟수, 패배한 종목을 보유한 기간과 승리한 종목을 보유한 기간, 다양한 시장 환경에서 각 투자 전략이 달성한 수익이다.

투자 일지에 답할 때만이 아니라 통계 데이터에서도 본인의 투자 편향을 간파할 수 있다. 예를 들어 성공한 포지션과 실패한 포지션의 보유 기간을 비교하다 보면 손실 회피 편향의 여부가 드러난다_{성공한 종목보다 실패한 종목을 오래 보유}.

성공적인 트레이딩의 횟수가 강세장이나 침체장 한쪽에 치우쳐 있다면, 시장 분위기가 자신에게 맞는 기간에만 투자 전략이나 의사결정 과정이 편향되어 있다는 의미가 될 수 있다. 편향의 종류가 무엇이든 겉으로 완전히 드러내기 전까지는 계속해서 문제의 소지가 된다.

Chapter 17

행동재무학이 이끄는 새로운 투자 나침반

"사람들이 과거에 했던 실수를 미래에도 계속하게 된다는 추정이, 성공적인 주식투자 원칙의 바탕이다." – 토머스 F. 우드록

이 책은 개인의 투자 행동을 한쪽으로 기울게 만드는 심리 편향을 주로 다뤘다. 하지만 **시장의 개인들 모두가 똑같은 편향을 보이는 순간, 다양성의 실패가 발생하고, 갑자기 주가 예측이 가능해진다.** 투자 집단의 편향으로 발생하는 시장 패턴에 대해 알아보자.

내가 집단 편향에 관심을 가지게 된 계기는 계량 분석 작업을 수행하면서였다. 1995~1997년까지 나는 신경 네트워크 기반의 주식 예측 소프트웨어를 설계했다. 이 소프트웨어는 임의적 예측에는 약간의 우위를 발휘했지만, 시간이 지날수록 그마저도 별 의미가 없어졌다.

계량적 예측 시스템들은 모방이 쉬워서 갈수록 수익성이 떨어지기 때문에 나는 방법을 바꿔 투자자 행동을 모델링하기로 했다. 내가 생각하기에는 수학적 차익 거래로는 유기적으로 움직이는 강력한 시장 가격

패턴을 제거하기가 힘들 것 같았다.

행동재무학을 연구하면서, 심리학 기반의 투자 전략을 이용하면 투자수익을 향상시킬 수 있다는 사실이 분명하게 드러났다. 다행히도 심리학 기반의 투자 전략은 계량화가 가능하기 때문에 검증하고 통계적 확인도 할 수 있다.

나는 연구를 하면서 **가장 뛰어난 행동투자 전략은 장기적 전략이며, 가끔씩 큰 폭의 하락도 발생한다는 것을 발견했다.** 이런 투자 전략으로 남보다 훨씬 많은 수익을 거두지는 못하지만, 대다수 펀드매니저가 몇 년 연속 시장보다 낮은 실적을 내고 있는 상황에서 시장투자자들의 행동을 감안한 **투자 전략은 벤치마크를 이기는 중요한 열쇠가 된다.**

여기서 기술하는 전략들은 결코 완벽한 것이 아니며, 이미 잘 알려져 있기 때문에 점차 시장에서 사라지게 될 가능성도 높다. 어쩌면 별로 오래 살아남지 못할 수도 있다. 실제로 처음에 가치투자와 모멘텀투자를 비롯해 '행동투자'라고 여겨졌던 투자 전략들 상당수가 현재는 주류 재무학의 일부로 편입된 상태다.

우선 제일 먼저 전문투자자인 짐 리트너가 다른 투자자들의 리스크 인지 편향을 어떤 식으로 이용하는지 살펴보자. 그런 다음 가치주와 글래머주_{Glamour stocks, 성장 잠재력이 높다고 판단되어 투자자들에게 인기가 있는 우량주}를 비교하고 모멘텀 투자, 기타 심리학 기반 투자 기회의 장점들을 검토할 것이다.

리스크 프리미엄의 수확

두려움에 딱 들어맞는 금융 언어는 '리스크 인지'다. 리스크 인지가 높아지면 '리스크 프리미엄'도 올라간다. 리스크 인지가 실제 리스크와 다른 경우가 많은 이유는 앞서 설명한 여러 편향 때문이다.

두려움으로 인해 확률이 낮은 재앙을 과대평가하고, 시간 할인으로 인해 즉각적인 위험을 인식하고, 투자자들은 쏠림 행동에 휩싸여 다른 투자자들의 행동을 시장 신호로 여기고, 정부가 발표한 통계 수치가 모호할 경우 불확실성과 불신이 자리잡고, 손실 프레임으로 인해 잠깐의 유예를 기회가 아닌 리스크로 바라보기 때문이다. 이런 경우 리스크 인지를 이용한 차익 거래 전략이 성공을 거둘 가능성이 높아진다.

팰컨 매니지먼트의 짐 리트너는 통화시장에서는 리스크 인지의 차이가 채권 이자율수익에 대개 반영된다고 주장한다. 평가 절하의 위험이 높은 통화로 표기된 채권은 으레 이자율이 높기 마련이다. 투자자들은 해당 정부가 ① 채권의 원리금에 대한 지불을 유예하고, ② 통화 공급을 급증시켜 인플레이션을 촉발하고, ③ 적자 예산 등 다른 방편을 이용해 통화 가치를 떨어뜨리는 등의 행동을 할 때 통화 가치가 떨어질 확률이 높다고 믿는다.

가치 하락의 위험이 높다고 여겨지는 통화로 표기된 채권은 당연히 이자율이 올라가게 된다. 투자자들의 두려움과 근시안이 복합적으로 작용한 결과가 리스크 프리미엄이다.

과거 2002년, 브라질 정부가 브라질 레알화로 표기된 채권에 대해 채무불이행을 선언하는 것은 시간 문제라고 여겨졌다. 가까스로 채무불이행 사태를 모면하는 순간이 몇 년을 이어지자, 투자자들은 대표성 휴리스틱에 빠져 브라질 레알화의 가치 하락 위험을 계속해서 높게 인식했다. 브라질의 채권은 투자자를 끌어모으기 위해서는 채권 이자율을 상대적으로 높게 책정해야 했다.

하지만 리스크 인지에 항상 실제 리스크가 반영되는 것은 아니다. 투자자가 브라질처럼 재정이 불안정하다고 여겨지는 나라는 금리가 떨어지고 미국처럼 재정이 안정적인 나라의 금리가 상승한다는 데 돈을 걸었다면, 몇 년에 걸쳐 금리가 부분적으로 수렴되면서 차익을 거뒀을지도 모른다.

리트너는 이런 식으로 고수익 통화와 저수익 통화의 리스크 프리미엄 차이를 이용해 트레이딩한다. 이런 매매 포지션은 몇 년은 보유하고 있어야 한다. 리트너가 이용하는 것은 다른 투자자들의 리스크 인지 편향이다.

"가끔은 상황이 나빠지지만, 시간이 지나면 결국 이익이 난다."

옵션 프리미엄에는 미래의 가격 변동성에 대한 예측이, 다시 말해 투자자 집단의 리스크 인지에 대한 예측이 포함되어 있다. 리트너는 잠재적 손실에 대한 두려움으로 말미암아 투자자들이 옵션 가격을 잘못 산정한다는 사실을 알게 되었다.

"단기 변동성이 대단히 높은 이유는 단기물 옵션에 보험 프리미엄 요소가 반영되어 있기 때문이다."

즉, 투자자들은 포지션의 단기적인 가격 실적을 지나치게 걱정하기 때문에 옵션으로 제공되는 포트폴리오 '보험'에 서슴지 않고 높은 가격을 지불한다.

투자자들의 계산 착오 같은 과잉 확신과 두려움으로 인한 근시안을 이용하는 기법은 리트너의 주장과도 관련이 있다.

"장기물 옵션은 미래의 일일 변동성에 비하면 가격이 비싼 편이지만, 미래 현물 가격의 추세에 비하면 싼 편이다."

시장의 미래 가격 추이에 대한 신뢰 구간을 정확히 추정하는 사람은 거의 없다. Chapter 6 〈과잉 확신과 자만 ; 무너지는 투자자〉에서도 나왔듯이 80%의 신뢰 구간에서 1년 후의 주식 종가를 근접하게 예측한 CFO는 응답자의 30%에 불과했다. 투자자들은 보유 포지션의 단기 변동성을 두려워하면서 옵션 프리미엄의 매수 호가를 너무 높게 부른다.

하지만 계산이 처음부터 잘못되어 있기 때문에 이렇게 높아진 옵션 가격이 장기적으로 또 다른 추이가 될 수도 있다는 것은 예상하지 못한다. 한마디로 정리해, 장기적인 전망을 해야 할 때 투자자들은 자신들의 가격 예측 능력을 과잉 확신하고, 옵션 단기물을 매수할 때는 근시안과 두려움에 휩싸인다.

리스크 프리미엄과 기대치

마이클 모부신과 앨프레드 래퍼포트의 《기대투자》는 투자자들의 근시안적 기대를 이용하는 전략을 기술한다. 두 저자는 현재 주가에 반영된 투자자들의 단기적인 현금흐름 기대와 기업의 장기적인 현금흐름 추이 사이의 편차를 통해, 시장 초과수익률인 알파를 얻을 수 있다고 주장한다. 그들의 주장에 따르면, 정+의 알파를 얻으려면 다른 투자자들의 기대치 변화를 예측할 수 있어야 한다.

2002년 여름 브라질의 채무불이행 위험이 코앞에 닥쳤을 때 〈이코노미스트〉는 투자자들의 기대가 가격을 움직이는 중요한 역할을 한다고 언급했다.

브라질은 이웃 나라인 아르헨티나의 재정이 무너진 이후 리스크 인지가 확산되면서 금리가 상승하고 있었다. 당시 브라질은 기존 금리 상태에서는 재정적으로 안정적인 편이었지만, 레알화의 가치가 떨어지고 금리가 급상승할 경우 혹시라도 원리금 상환 의무를 이행하지 못하는 사태가 닥칠 수도 있었다.

이런 위험을 알고 있었기에 투기꾼들과 리스크를 회피하는 투자자들이 브라질 국고채를 내다팔기 시작했다. 그들의 매도 행진에 채권 이자율이 더욱 올라갔다. 이자율이 브라질의 상환 능력 이상으로 올라가기 직전이었고, 갑자기 채무불이행 리스크가 가시화되었다.

브라질이 채무불이행 사태에 처할지 아닐지는 결국 채권투자자들의 신뢰에 달려 있었다. 투자 대중이 디폴트 사태를 예상하면서 채권을 매도하면 금리가 너무 치솟아 정부가 이자를 제때 지불하지 못하게 될 수도 있었다. 만약 투자자들이 브라질 정부의 상환 능력을 계속 신뢰해준다면 이자율도 떨어지고, 따라서 디폴트 위험도 피하게 된다.

채무불이행이 되느냐 아니냐는 시장 참가자들의 리스크 인지와 기대가 관건인 셈이었다. 〈이코노미스트〉는 복잡계 이론과 기대의 관점에서 브라질이 처한 문제를 설명했다.

> 최근에는 한 가지 이상의 결과가 나올 수도 있다는 '다중 평형' 이론이 지지를 받았는데, 이런 상황에서는 시장의 기대가 일반적인 결정 요인이 된다.
> 브라질의 국가 채무는 그것이 정부의 외채든 아니면 민간의 외채든, 시장이 어떻게 기대하느냐에 따라 버틸 만한 수준이 될 수도 있고 아니면 감당하지 못할 정도로 커지게 될 수도 있다.

브라질은 채무불이행을 선언하지 않았다. 세계 유수의 은행들에서 상황 호전에 대한 소문이 퍼지면서 급속도로 신뢰가 회복되고 리스크 인지가 줄어들었다.

어떤 경우에는 기업 공식 보고서에서 리스크가 분명히 보이는 데도 투자자들은 리스크를 높게 인지하지 않기도 한다. 미시간 대학교 리펭 교수는 기업의 순이익만이 아니라 내부자 주식 보유량 등 중요 공개 정보가 담긴 10-K SEC 기업 연차 보고서를 총 34,000건이 넘게 분석했다.

그는 이 보고서들에서 '리스크, 리스크가 높은, 불확실한, 불확실성' 등과 같은 말이 얼마나 많이 등장했는지를 세어 봤다. 보고서에서 리스크와 관련된 단어의 사용 빈도가 갑자기 늘어난 기업들은 약간만 늘어난 기업들에 비해 연간 최대 10%나 성과가 저조했다. 펭은 이렇게 결론을 내렸다.

"연차 보고서에서 리스크가 크게 강조될수록 미래의 순이익은 낮아질 가능성이 높다. 또한 연차 보고서의 리스크 인지가 미래의 수익률을 예측해줄 수도 있다."

이런 맥락에서 따지면 심지어 기업이 주식 리스크를 노골적으로 언급해도 투자자들은 무덤덤한 반응을 보일 수 있다. 투자자들이 기대치를 설정할 때 잘못된 정보에 초점을 맞추고 있을지도 모른다.

가치주 VS 글래머주

시장에서 확인되는 뚜렷한 이상 현상 가운데 하나는 '값싼' 가치주들이 비싸고 '화려한' 종목글래머주들에 비해 장기적으로 더 높은 실적을 안겨준다는 것이다. 오랫동안 사용되고 우수한 실적을 거두면서 가치투자는 이제 현대 재무 교육의 일부분으로 통합되었다.

가장 대표적인 가치투자자는 워런 버핏이다. 가치주는 물리적 자산건물, 공장, 설비, 특허권, 브랜드 파워, 시장 침투력의 실제 기본 가치나 예상되는 이익성장률, 또는 현금흐름 잠재력에 비해 저평가되어 싸게 거래되는 주식을 말한다. 주식의 가치를 측정할 때는 일반적으로 ① 주가순자산비율PBR, ② 주가수익비율PER, ③ 주가현금흐름비율PCR이 많이 사용된다.

PBR은 현재의 주가를 순자산 가치로 나눈 비율을 의미한다. PBR이 낮을수록 주식 가격이 상대적으로 비싸지 않다는 뜻이며, PBR이 1보다 낮으면 자산 가치보다 낮은 수준에서 거래가가 형성되어 있다는 의미가 된다.

PER도 가치를 측정하는 또 다른 방법이다. 기업의 현재 이익이 주가에 비해 높으면 PER이 낮게 나오고 주가도 상대적으로 낮은 편이다. 어떤 종목은 평균 이하로 주가가 형성되기도 하는데, 특히 순이익 기대치가 낮거나 인기가 시들한 사업일 경우에는 그 정도가 더욱 심하다.

가치투자 전략은 20세기 초 벤저민 그레이엄에 의해 소개되었고, 20세기 후반에 들어서는 데이비드 드레먼에 의해 더욱 알려지게 되었다. 가치투자 전략을 연구한 결과 대단히 높은 실적을 거뒀다는 사실이 드러났다.

1992년 유진 파마와 케네스 프렌치 교수가 1963~1990년까지 미국 주식들의 수익률을 분석했다. 두 사람은 PBR에 따라 대상 종목들을 10개 층으로 구분했다. PBR이 가장 낮은 종목인 '가치주'는 PBR이 가장 높은 '글래머주'에 비해 매달 평균수익률이 1.6% 높았다. 전 세계 증시에서 가치주의 높은 실적이 고루 발견되었다.

나는 재무 데이터 소프트웨어인 팩트셋을 이용해 PBR과 PER이 모두 낮은 가치주들을 분석했다. 시가총액이 2억 5천만 달러 이상인 미국의 모든 상장주를 두 비율에 따라 각기 순위를 매겼다. 그런 다음 두 비율을 합산한 순위를 다시 정했다.

이렇게 순위가 정해진 종목들을 다시 차례대로 100개씩 묶어 집단을 분류했다. 분석 대상 기간은 1990~2004년까지 15년이며, 해마다 1월 1일에 순위를 다시 계산해 수익률을 분석했다.

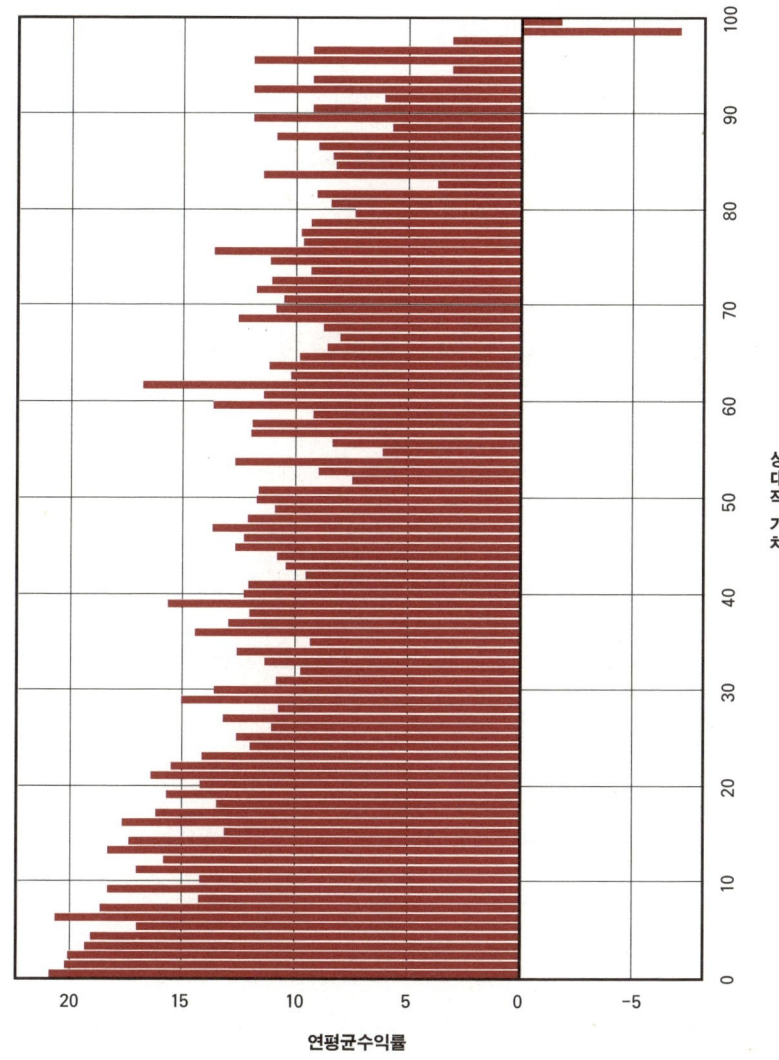

※ 상대적 가치에 따라 순위가 분류된 미국 상장 종목들의 연평균수익률(가장 왼쪽은 저평가된 가치주며, 오른쪽으로 갈수록 가격이 높은 종목들)이다. 각각의 막대는 PER과 PBR을 합산해 차례대로 100개씩 묶은 종목들의 수익률을 의미한다. 해당 기간은 1990년부터 2004년까지다. 왼쪽의 막대일수록 '가치주'의 성격이 크며, 오른쪽으로 갈수록 '글래머주'다.

앞의 도표는 이렇게 100개 종목씩 묶인 집단들의 지난 15년 동안 연간수익률을 보여준다. 도표에서도 보이듯이, 싸게 거래되는 가치주 집단왼쪽은 글래머주 집단오른쪽보다 거의 두 배의 연간수익률을 올렸다. 가장 오른쪽에 표시된 막대는 비상장 주식의 실적이다.

최적의 포트폴리오, 단기 모멘텀과 장기 인덱스의 균형

가치주가 정기적으로 높은 성적을 거둘지라도, 단기적으로 최상의 실적을 내주는 종목을 찾아내려면 다양한 기술이 필요하다. 연구 결과에 따르면 과거 6개월 동안 상승한 종목들이 이후 2년 동안 시장보다 높은 실적을 낼 확률이 높은 것으로 드러났다. 모멘텀 전략은 주가를 훨씬 높게 끌어올리는 '가격 모멘텀'을 활용하는 전략이다.

에모리 대학교 나라시만 제가디시 교수와 텍사스 대학교 세리던 타이트먼 교수는 주식들을 과거 실적에 따라 10개 집단으로 분류한 결과, 모멘텀 이상 현상을 발견할 수 있었다.

두 사람은 1963~1989년 동안의 데이터 확보가 가능한 미국의 모든 주식을, 이전의 6개월 실적에 따라 10개 집단으로 분류했다. 과거 6개월 동안 가장 실적이 우수했던 종목은 가장 저조했던 종목보다 연평균 수익률이 10%나 높았다. 연구 후반부에는 성공적인 종목들이 패배한 종목보다 최대 3년까지 더 높은 실적을 거둔다는 사실을 입증했다.

그 밖에 다른 모멘텀 전략에 대한 연구도 수행되었다. 찰스 M. C. 리와 바스카란 스와미나탄은 1999년 거래량과 모멘텀 투자 전략을 분석한 '가격 모멘텀과 거래량'이라는 제목의 논문을 발표했다.

논문은 과거의 거래량을 감안한 세 가지 모멘텀 전략의 수익률을 기술한다. 초기 단계의 모멘텀 전략에서는 거래량이 적고 실적이 높은 종목을 매수하고, 반대로 거래량이 많고 실적이 저조한 종목은 매도한다. 후기 단계의 모멘텀 전략에서는 거래량과 실적이 모두 높은 종목을 매수하고, 거래량과 실적이 모두 낮은 종목은 매도한다.

초기 단계의 모멘텀 전략이 후기 전략보다 4년 동안 유의미하게 높은 초과 실적을 달성했다35%의 초과 실적. 후기 단계 모멘텀 전략은 1년 후부터 시장보다 수익률이 낮아지기 시작한다. 이런 결과는 거래량이 적고 성공적인 종목이 차후에도 높은 실적이 유지될 가능성이 높은 반면, 거래량이 많고 실적도 낮은 종목은 차후에도 계속 하향할 가능성이 높다는 교훈을 전해준다.

타당한 이유가 없는 모멘텀은 단기적으로 금세 역전되기 쉽다. 최근의 새로운 사건이 뒷받침되지 않는데도 주가가 급등한다면 다음 달에는 방향이 전도된다. **근거 없는 주가 상승에서는 가격 모멘텀이 존재하지 않는다.**

모멘텀 전략을 통해 이론적으로는 시장보다 높은 수익률 달성이 가능할지라도, 갈아타기를 빈번하게 해야 하므로 보유 기간이 짧을 수밖에 없고 따라서 거래 비용도 올라간다. 더욱이 모멘텀 전략은 2006년부터 입지가 흔들거리기 시작했다. 월스트리트의 한 대형 은행은 모멘텀 전략의 실적이 저조해지자 2006년에 해당 트레이딩 부서를 폐쇄했다.

모멘텀 효과는 장기적으로는 흥미로운 반전을 보이는데, 3년 내지 5년 동안 실적이 저조했던 종목이 평균적으로 이후 3~5년 동안 시장보다 높은 수익률을 달성한다는 점이다.

리처드 탈러 교수는 1926~1982년 동안 뉴욕증권거래소에서 거래된 모든 주식의 수익률을 3년 단위로 측정했다. 각 3년마다 최상위 실적을 달성한 35개 '승리' 종목과 최하위 실적을 이룬 35개 '패배' 종목들의 목록을 정리했다. 한 차례 3년 동안 패배했던 종목들은 다음 3년 동안은 승리한 포트폴리오보다 약 8% 정도 높은 실적을 달성했다.

또 소형주들이 대형주들보다 장기적으로 높은 실적을 거두는 것으로 나타났다. 1963~1990년까지 시가총액을 기준으로 모든 주식의 수익률을 비교했다. 뉴욕증권거래소, 아메리칸증권거래소, 나스닥에 상장된 종목들을 시가총액에 따라 10개씩 한 집단으로 분류했다. 10분위수로 묶인 집단 중에서 시가총액이 가장 작은 소형주로 구성된 집단이, 시가총액이 가장 높은 종목들의 10분위 집단보다 월간 0.74% 높은 수익률을 기록했다. 리스크 차이만 가지고는 이런 수익률 차이를 설명하기에 충분하지 않다. 그렇다면 시장을 이기는 포트폴리오를 구성하려면 이런 시장 이상 현상들을 어떻게 결합해야 할까?

에머리 대학교 S. P. 코타리와 제이 샨켄 교수는 소형주와 가치, 모멘텀 이상 현상을 결합해 최적의 자산 배분을 찾아내는 방법을 알아내고자 했다. 두 저자는 1963~2000년까지의 종목들을 표집으로 정했다. 세 가지 이상 현상을 모두 반영한 포트폴리오가 벤치마크 실적을 초과해서 달성한 알파수익률이, 과거에는 컸을지라도 미래에는 여기에 훨씬 못 미칠 수 있다는 가정도 세웠다.

분석 결과, 비록 미래에 기대되는 포트폴리오 알파가 과거의 $\frac{1}{4}$에 불과할지라도 가치주에는 절반 이상을, 그리고 모멘텀주에는 $\frac{1}{3}$을 배합하는 것이 최적 포트폴리오 배합이라는 결론이 나왔다. 이와 같은 포트폴리오 전략은 리스크가 일정하다고 가정할 때 연간 기대수익률을 시장 지수보다 0.6% 높여줬다. 알파를 과거의 절반 수준으로 잡았을 때 연간 기대수익률의 격차는 더 높아져서 거의 2%에 가까워졌다.

Chapter 1 〈투자 심리를 지배하는 보이지 않는 손들〉에서도 나왔듯이 개인투자자든 전문투자자든 포지션을 적극적으로 운용하면 돈을 잃기 십상이다. 그렇기 때문에 학계는 개인투자자는 인덱스펀드ETF를 구입하고, 장기투자자라면 10년 동안은 주가에 전전긍긍하지 말아야 한다고 권한다. 인덱스펀드는 가격이 높지 않으며, 장기적으로는 주식 프리미엄 퍼즐이 반영되면서, 채권보다 상당히 높은 수익률을 달성한다.

또한 인덱스펀드는 개별 종목으로 이뤄진 포트폴리오보다 리스크를 관리하기가 쉽다. 산업별, 국가별, 통화별, 원자재 등 다양한 인덱스펀드를 균형 있게 배합하면 포트폴리오 분산투자와 함께 전체적인 리스크가 낮아지는 효과도 있다. **대부분의 투자자에게는 인덱스펀드의 장기 보유 전략이 최고의 수익률을 올려주는 투자 방법이다.**

하지만 아무리 인덱스펀드일지라도 수시로 가격을 확인하면 리스크가 더 많이 보이게 되면서 팔고 싶은 마음도 커진다.

소문에 사고 뉴스에 판다

'소문에 사고 뉴스에 파는BRSN, Buy on the Rumor and Sell on the News' 가격 패턴은 긍정적인 사건이 기대될 때는 주가가 오르지만 정작 사건이 발생한 직후에는 가격이 떨어지는 현상을 의미한다. 이런 현상이 생기는 이유는 여러 편향이 작용하기 때문이다.

대다수 트레이더는 긍정적인 사건이 예상될 때 주식을 매입한다. 이를테면 기대 이상의 순이익 보고서나, 과장된 신제품 소식이나, 긍정적인 경제 뉴스가 기대될 때 주식을 매입한다. **트레이더들이 '소문이 돌 때 사는' 이유는 좋은 사건이 아직 실제로 발생한 것이 아니기 때문이다. 기대한 사건이 실제로 발생한 직후에는 대개 주가가 하락한다.** 생각과는 정반대의 결과가 나오는 것이다.

예기되는 사건에 대한 투자자의 긍정적인 기대가 중격의지핵의 활동을 자극한다. 중격의지핵은 과도한 리스크 감수를 부추긴다. 사건 발생 시간이 가까워질수록 중격의지핵의 작용으로 흥분, 시간 할인, 과장된 기대가 생겨나면서 '기대 이상' 뉴스를 원하는 투자자들의 기대치도 올라가게 된다.

과도한 낙관주의의 부작용으로, 투자자들이 실망하게 될 확률도 그만큼 상승한다. 인터넷 거품 기간 동안 소문에 사고 뉴스에 파는 'BRSN' 가격 패턴이 일관되게 발생했음을 입증한 연구도 있다.

UC 버클리의 브렛 트루먼 교수와 연구팀은 인터넷 종목의 순이익 발표 전후에 'BRSN' 가격 패턴이 발생했음을 확인했다. 연구팀은

1998~2000년까지 393개 인터넷 기업들의 1,875건 분기별 순이익 발표를 분석했다.

순이익 발표가 나기 전 5일 동안은 해당 인터넷 종목에 대한 매수세가 이어졌지만, 순이익 발표 직후 장이 열리자마자 매도세가 이어져서 시장의 조정수익률은 평균 4.9%였다. 5일 후의 시장 종가에서 쇼트커버링_{Short covering, 공매도 상환을 위한 주식 매수}이 행해졌다면, 순이익 발표 직후 장이 열리자마자 같은 종목의 쇼팅에서 거두는 시장 조정수익률은 평균 6.4%였다. 인터넷 종목을 둘러싼 낙관주의가 순이익 발표 즈음해서 과열로 바뀌었다는 증거였다.

시장에 존재하는 대부분의 다양성 실패가 그러하듯이, 분위기나 행동 지표에만 초점을 맞추는 것은 시장을 이기는 투자 전략으로서는 부적합하다. '소문에 사고 뉴스에 파는' 가격 패턴을 유발하는 상황은 한두 가지가 아니다.

아래에 열거한 목록을 포함해 특정한 심리적, 신경과학적 요인들 모두가 'BRSN' 가격 패턴을 증폭시키는 역할을 한다.

- 확보할 수 있는 회계 정보가 상당히 제한되거나 모호할 때
- 트레이더가 과도한 유동성을 이용할 수 있을 때
- 특정 개념을 대단히 생생하게 상상할 수 있을 때_{심지어는 자극적인 명칭도 'BRSN' 가격 패턴을 부추긴다}
- 매출과 관련해 사실상 무한대의 잠재적 시장이 존재할 때
- 집단 사고와 쏠림 행동이 존재할 때_{확인되지 않은 소문과 언론의 언급이 여}

기에 속한다
- 아직 실재하지도 않는 기업이나 시장 부문을 미리부터 낙관할 때
- 잠재적 보상의 잠재적 규모가 대단히 높은 수준일 때
- 보상이 확실하다고 인식될 때
- 최근의 가격 추세에 변동이 있을 때
- 실제 사건 발생이 임박했을 때
- 트레이더가 대단히 충동적으로 잠재적 이익을 뒤쫓을 때

트레이더는 소문에 팔고 뉴스에 사는 전략에서 위의 요소들을 하나하나 고려해볼 수는 있겠지만, 이때 이용하게 되는 전략은 소문에 사고 뉴스에 파는 행동과는 그 성격부터 다르기 마련이다.

차익 거래의 한계, 알아도 못 사고 못 판다

'차익 거래의 한계Limits to arbitrage, 가격 결정의 오류가 더 커질 수도 있다는 위험 때문에 현명한 투자자들도 가격 결정의 오류를 충분히 이용할 수 없게 되는 현상'로 인해 가격 왜곡을 발견해도 쉽사리 거래 이익을 추구할 수 없게 된다. 다시 말해 시장에서 가격 패턴을 발견하기는 쉽지만, 거래 비용이나 공매도 제한 같은 여러 구조적 장벽을 감안한 후에도 거래 이익이 날 수 있는 가격 패턴을 찾기는 훨씬 어렵다.

차익 거래의 한계는 세 가지 범주로 구분되는데 공매도쇼팅 **제한, 규모의**

제약, 거래 비용이다. 장외시장 게시판이나 일부 해외시장 등 특정 시장에서는 미리 조건을 달아 공매도를 차단한다. 일부 시장에서는 시장 조성자들만이 공매도가 가능하다. 아니면 규제로 인해 공매도 자체가 금지된 시장도 존재한다.

대다수 증권사는 일정 금액 이하의 증권 쇼팅은 허락하지 않으며, 특히 소액 고객일수록 공매도를 허가해주지 않는다. 게다가 브로커일지라도 공매도를 위한 주식 빌리기를 할 수 없는 경우가 있다.

규모의 제약이란 대규모 차익 거래 포지션에 진입할 경우 시장의 차익 거래 기회가 사라지는 것이 불가피하게 되는 현상을 의미한다. **최악의 경우 대규모 차익 거래 포지션이 시장에 쏟아져 나오면, 과거의 비효율적인 수준으로까지 가격이 폭락한다.** 롱텀 캐피털 매니지먼트가 포지션에서 퇴장하려 했을 때 이런 최악의 사태가 목격되었다.

거래 비용은 투자에서 가장 흔하게 간과되는 부분이다. 거래 비용을 산정할 때는 일반적으로 매매 수수료, 슬리피지Slippage, 사고자 하는 가격이나 팔고자 하는 가격과 다른 가격으로 실제 거래가 체결됐을 때의 가격 차이를 말한다. 가격의 미끄러짐 현상을 말하며, 일반적으로 호가 공백이 생기거나 주문 실행 시점이 늦어 매매하고자 하는 가격보다 불리한 가격으로 매매가 체결되는 경우를 가리킨다, 뮤추얼펀드의 선취 수수료와 중도 해약 수수료 등이 포함된다.

대형주의 경우는 한 번씩 주식을 사고팔 때마다 자본의 0.1% 정도가 거래 비용으로 소모될 수도 있다. 소형주와 초소형주에서는 거래 비용이 훨씬 가파르게 상승하기도 하는데, 심지어 호가 차이가 벌어지면 최대 10%까지 거래 비용이 발생할 수도 있다. 선물의 경우는 거래 비용이 가장 낮아서 대개 0.05% 미만이다. 적극적인 투자자는 거래 비용으로 인해 이익의 상당 부분을 잃을 수도 있다.

차익 거래 기회를 아예 할 수도 없었던 단적인 예로는 3Com의 자회사인 팸의 'IPO기업 공개'를 들 수 있다. 2000년 3월에 3Com은 자사가 전량 주식을 보유하고 있던 자회사인 팸에 대해 5%의 주식을 공모했다. 나머지 95%는 공모하지 않고 그대로 모회사가 보유했다. 주식 공모를 통해 3Com의 주주들은 한 주당 팸의 주식을 1.5주씩 간접적으로 보유하게 되었다. 팸은 9개월 뒤 완전 분사가 행해질 예정이었다.

공모 첫날 팸의 종가는 95달러였고, 이는 3Com의 가치가 142달러를 넘는다는 의미였다 95×1.5=142. 그러나 3Com의 그때 실거래가가 81달러였으므로, 시장이 팸을 제외한 이 회사의 가치를 주당 −60달러 정도로 142−81 잡고 있다는 의미가 되었다. 어차피 9개월 이내에 가격이 수렴할 것이기 때문에 바보라도 차익 거래를 생각해낼 수 있었지만, 실제로는 공매도 제약 여기서는 빌릴 수 있는 주식이 제한되어 있었다으로 인해 차익 거래 자체가 불가능했다. 차익 거래를 하기만 하면 확실한 이익이 보장되었지만, 대다수 트레이더는 기회조차 잡을 수 없었다.

행동재무학, 시장을 이기는 투자 전략

행동재무학은 투자자의 심리에 대한 원칙들을 투자에 적용하는 학문을 의미한다. 행동재무학에 따른 투자 전략을 이용하는 플래그십펀드 대표펀드들은 지난 수년 동안 벤치마크보다 상당히 높은 실적을 거뒀다. 가장 주목할 만한 행동재무펀드 가운데 하나는 풀러 앤 탈러 에셋 매니지먼트다. 이 펀드는 창립 이후 벤치마크보다 평균 4% 이상의 초과수익률을 달성했다. 그러나 최근에 행동재무 전략으로 옮겨가는 펀드들이 늘어나면서 풀러 앤 탈러가 누렸던 전략적 우위도 상당 부분 사라졌다.

리히텐슈타인의 LGT 캐피털 매니지먼트는 행동재무투자, 기술 분석, 펀더멘털 접근법을 혼합해서 포트폴리오를 설계한다. LGT의 몇몇 전략은 투자자들의 다양한 투자 시각 외에도 비대칭적인 리스크 인지를 고려한다. LGT의 투자 안내서에는 이렇게 적혀 있다.

"금융시장은 현실이 아니라 기대에 의해, 더 정확히 말하면 '기대치의 변화'를 다루는 곳입니다."

LGT의 펀드들은 출시 이후 시장보다 꾸준히 높은 수익률을 달성했으며 변동성은 낮았다. 모건스탠리 글로벌 인덱스는 45% 상승에 그쳤지만, LGT의 플래그십펀드는 1998년 12월 31일에 출시된 이후 최대 65%의 수익률을 달성했다.

디멘셔널펀드 어드바이저스는 유진 파마와 케네스 프렌치 교수 밑에서 수학한 두 학생이 세운 펀드로 운용 자금은 690억 달러다. 파마와 프렌치는 20세기 후반부에 효율적 시장 가설을 가장 적극적으로 주창한 사람들이었다. 그러나 프렌치 교수는 본인의 웹사이트에 시장을 이기는 포트폴리오의 우수한 사례들을 소개하고 있으며, 파마와 프렌치 모두 디멘셔널의 자문위원이다.

디멘셔널은 종목을 선택할 때 세 가지 원칙을 따른다. ① 이 펀드는 주식 리스크 프리미엄을 활용해 채권보다는 주식에 자산을 더 많이 할당한다. ② 장기적인 수익률이 더 높기 때문에 대형주보다는 중소형주 위주로 투자한다. ③ 가격이 낮은 가치주에 자원을 많이 배분한다. 이는 가격이 낮은 가치주 종목이 가격이 높은 성장주에 비해 기대수익이 더 높기 때문이다.

개인투자자 입장에서는 감정 편향을 적절히 수용해주는 투자상품을 고르는 것이 득이 되기도 한다. **현재 노후에 대비해 충분히 저축하는 미국인은 많지 않다. 이는 아마도 절약의 고통을 나중으로 미루려는 시간 할인 편향, 우유부단에 빠져 아무것도 하지 않으려는 타성, 시장 위험에 대한 두려움으로 인해 주식투자를 회피하려는 심리, 나중에라도 얼마든 저축할 수 있다는 과잉 확신의 심리 등 여러 편향이 결합되었기 때문일 것이다.**

UCLA의 슐로모 버나치와 시카고 대학교 리처드 탈러는 저축률을 높이기 위한 목표로 이른바 스마트 플랜이라는 은퇴 계좌상품을 설계했다. 리처드 탈러는 이렇게 말한다.

"우리는 저축을 더 많이 하고픈 마음은 있지만, 그런 마음을 실행에 옮길 의지가 부족한 직장인들을 도와주기 위해 이 상품을 설계했습니다."

스마트 플랜 가입자의 평균 저축률이 40개월 동안 3.5%에서 13.6%로 올라가면서 이 상품은 원래 의도했던 목표에서 대성공을 거뒀다.

스마트 플랜이 행해지는 방식은 다음과 같다. ① 임금이 인상될 것으로 예상되는 시기보다 3개월 전에 가입자들에게 계좌의 납입금을 높이라고 권유한다. ② 가입자들이 납입금 인상에 동의하고 연봉이 실제로도 인상되면 연봉이 올라간 첫 달부터 계좌에 납입되는 금액이 같이 올라간다. ③ 미리 정한 최대치에 도달하지 않는 한, 임금이 올라가면 납입액도 계속해서 같이 올라간다. ④ 가입자들은 언제라도 이 상품을 해약할 수 있다.

직장인들로 하여금 스마트 플랜에 가입할 마음이 생기도록 만들기 위해 두 교수는 저축의 고통을 나중으로 지연시켰다. 게다가 미래의 임금 인상분을 저축하도록 만들었기 때문에 단기적인 고통도 최소화되었다. 더구나 상품에는 자동성이 함께 설계되어 있기 때문에 가입자들은 저축하기 위해 따로 무언가 조치를 취할 필요가 없다.

2006년 가결된 법안에 따라 미국 정부는 '옵트아웃Opt-out, 직장에 들어간 즉시 임금의 일정 금액이 은퇴 계좌에 자동으로 납부되는 은퇴 플랜이며 본인 의사에 따라 언제라도 계좌의 해약이 가능하다. 그전까지 은퇴 계좌는 가입 여부를 선택하게 했던 반면에 바뀐 법안 이후에는 해약 여부를 선택하게 되었다는 점이 다르다' 은퇴 계좌의 가입을 의무화하고 있다. 다시 말해 옵트아웃 프로그램이 적용되면 직장인들은 은퇴 저축 계좌에 자동으로 가입되어 일정 금액을 계좌에 납입하게 된다. 따로 해약 의사를 밝히지 않는 이상 계좌는 매년 자동으로 갱신된다. 이런 자동성 덕분에 개개인의 우유부단함이 개입될 여지가 사라진다.

스마트 플랜 외에도 금융상품을 설계할 때 같이 고려할 수 있는 행동재무 원칙은 무수히 많다. '목표 중심 투자Goal based investing, 벤치마크에 비교해 얼마나 높은 수익률을 달성했는지를 성공의 척도로 삼는 전통적 투자와 달리, 개인의 재무 목표 달성에 초점을 맞춰서 성공을 평가하는 투자 접근법'는 목표가 서로 다른 포트폴리오에 저축을 나눠서 배치함으로써 '정신 회계Mental accounting, 리처드 탈러가 처음 소개한 회계 개념으로, 인간이 경제적 결과를 암호화하고 범주를 나누고 평가하는 과정을 설명하는 회계'의 심리적 편향을 이용하는 투자 전략이다. 투자 과정을 단순화해서 이해하기 쉽게 만드는 것이 목표 중심 투자의 목적이다.

'생애 주기 자산 배분'이란 나이가 들수록 리스크가 높은 주식투자를 줄이고 고정 이자를 제공하는 채권 같은 투자에 자산을 더 많이 배분하는 전략이다. 이 전략은 상품 가입자의 연령에 맞춰 자동으로 자산 배분을 변화시킨다는 점에서, 퇴직 이후 자연스럽게 늘어나기 마련인 리스크 회피 성향을 반영한다.

주식투자의 9할은
심리 싸움이다

투자 심리로 해부한 '주식투자의 본성!'

ⓒ 리처드 L. 피터슨, 2025

초판 1쇄 발행 2025년 12월 5일
초판 2쇄 발행 2025년 12월 24일

지은이 리처드 L. 피터슨　　옮긴이 조성숙
펴낸이 이종록　　펴낸곳 스마트비즈니스
등록번호 제 313-2005-00129호　　등록일 2005년 6월 18일
주소 경기도 고양시 일산동구 정발산로 24, 웨스턴돔타워 T4-414호
전화 031-907-7093　　팩스 031-907-7094
이메일 smartbiz@sbpub.net
인스타그램 smartbusiness_book
ISBN 979-11-6343-078-0　　03320

* 이 책은 저작권법에 따라 보호받는 저작물이므로 무단전제와 무단복제를 금합니다.
* 책값은 뒤표지에 있습니다.
* 잘못 만들어진 책은 구입하신 서점에서 교환해드립니다.

대한민국 주린이를 위한 '주식투자 필독서!'

주식 거인들에게 배우는
잃지 않는 투자 원칙 49

**주식 대가들의
원금보전 투자 철학을 배운다!**

▶ 사고파는 것에 중독되면 주식투자는 끝장이다.
　 소음에 귀막고, 원칙을 지켜라!

김명환 지음 / 300쪽 / 17,000원

주식 고수들만 아는
애널리스트 리포트 200% 활용법

**생산적 주식투자를 위한
애널리스트 리포트 완전정복!**

▶ 대한민국 상위 5%만 제대로 활용하는
　 애널리스트 리포트 사용설명서!

김대욱 지음 / 276쪽 / 18,500원

손절을 익절로 만드는 한 끗 차이,
투자의 감

**이론을 뛰어넘고, 경험을 앞지르는
주식 고수들의 돈 버는 한 끗!**

▶ 투자 이론은 빠삭하지만,
　 도통 수익이 나지 않는다면 반드시 읽어라!

알렉스 강 지음 / 324쪽 / 22,000원